U0889787

父母教练 | Parenting
推动摇篮的手推动世界

数字时代，

如何保护孩子童年和家庭关系

[美] 凯瑟琳·斯坦纳-阿黛尔——著
魏 薇——译

长江出版传媒 | 长江少年儿童出版社

图书在版编目（CIP）数据

数字时代，如何保护孩子童年和家庭关系 / （美） 凯瑟琳·斯坦纳·阿黛尔著 ; 魏薇译. — 武汉 : 长江少年儿童出版社, 2021.5
书名原文: The Big Disconnect: Protecting Childhood and Family Relationships in the Digital Age
ISBN 978-7-5560-9322-9

Ⅰ. ①数… Ⅱ. ①凯… ②魏… Ⅲ. ①家庭教育一儿童教育 Ⅳ. ①G782

中国版本图书馆CIP数据核字(2019) 第049239号
著作权合同登记号：图字17-2018-054

The Big Disconnect: Protecting Childhood and Family Relationships in the Digital Age

SHUZI SHIDAI RUHE BAOHU HAIZI TONGNIAN HE JIATING GUANXI

数字时代，如何保护孩子童年和家庭关系

[美] 凯瑟琳·斯坦纳·阿黛尔 / 著　魏　薇 / 译
责任编辑 / 傅一新　陈　晶
装帧设计 / 钮　灵　美术编辑 / 周艺霖
出版发行 / 长江少年儿童出版社
经销 / 全国新华书店
印刷 / 深圳市精彩印联合印务有限公司
开本 / 787×1092　1 / 16
印张 / 18.5
印次 / 2021年5月第1版，2021年5月第1次印刷
书号 / ISBN 978-7-5560-9322-9
定价 / 55.00元

策划 / 海豚传媒股份有限公司
网址 / www.dolphinmedia.cn　邮箱 / dolphinmedia@vip.163.com
阅读咨询热线 / 027-87391723　销售热线 / 027-87396822
海豚传媒常年法律顾问 / 湖北珞珈律师事务所　王清　027-68754966-227

译者序

一
手机是个大问题

手机，用对了能带来极高的效率，用错了会带来不可挽回的后果。所以怎么用手机，就成了一门学问。

你可能会说，上班“996”，下班带娃，人间如此辛苦，在手机上刷刷小视频、玩玩小游戏，已经是上有老下有小的中年老母亲唯一的自由了。我又不影响别人，为什么不可以?

这本书，分年龄、分阶段地告诉我们，若想成为合格的老母亲，还真要时刻战胜自己在孩子面前掏出手机、逃离现实的本能。否则，孩子可能会因为你躲在屏幕后面寻求一时的放松，给你带来意想不到的“惊喜”。

你不仅要战胜本能，还要拥有驾驭“社交媒体”这匹野马的超能力。这样才能在孩子走出童年、步入青春期的当口，帮助孩子远离是非，走上正轨。

说起来容易做起来难，好在这本书不仅讲明白了道理，还罗列了诸多的案例与指导方案，连青春期性教育的谈话内容，都按男生版和女生版分别写出。对于懒人来说，一字不落地背下来直接用，也未尝不可。对于善于思考、总结和分析的超级爹妈来说，相信你们能发挥批判精神，在本书的指导原则下，结合自家孩子的实际情况，得出更加深刻的个性化育儿方案。

二
说说我自己的一些感悟

我的孩子在两三岁的时候，只要看到我拿着手机就会表现得很烦躁，甚至直接抢走。最近孩子到了五六岁的阶段，因为要看大量的英文绘本，有些绘本一看而过，并没有太大的保存价值，所以我就用平板电脑和孩子一起读电子版。结果孩子很不喜欢，宁可跑去一边自己翻看纸书。无奈之下，我只好接着买纸质书，把平板电脑扔在了一边。

我想，孩子内心其实是非常渴望和母亲联结的。手机和平板电脑被孩子视作这种联结的障碍物。母亲本应凝望孩子的双眼，现在却盯在了屏幕上。这就让孩子很恼火，非常想做些什么事情来扫除障碍，改变现状，重新建立与母亲之间的顺畅联结。如果这个障碍物一直存在，孩子在几经努力之后发现无能为力，便很可能会关闭与母亲的联结通道，两人从此渐行渐远。

没有联结，何谈信任？没有信任，等孩子到了青春期，荷尔蒙恣意迸发时，我们该怎么与孩子相处？

简直是“细思极恐”。

虽然如此说，但亲子关系问题的“锅”，也不能全让手机来背。不可否认，互联网和各种电子产品有着极大的价值和积极意义。记得我家孩子在天文敏感期和数学敏感期时，特别喜欢提出一些我无法轻易作答的问题，比如，一个土星相当于几个水星。每当这个时候，我就可以果断地拿起手机，查到地球的体积约是水星的18倍，土星的体积约是地球的745倍，由此推算出水星和土星的体积比，再借机给这个5岁的小娃启蒙一点乘法知识。这番操作放在没有智能手机的时代，几乎不可能完成。

所以说，问题其实并不在手机，而在于人们使用电子产品的方式。其实人与人的各种关系，从古至今，本就充满了矛盾与冲突，亲情尤甚。若是再随波逐流地滥用电子屏幕和社交媒体，人与人之间直接沟通的渠道就会被阻碍甚至切断，亲人间的矛盾很可能会更加激化，问题层出不穷。

三

中国家庭中的亲子关系有着自身的特点

这本书讲的是美国家庭的现状与问题。这就与中国家庭中的一些现状形成了鲜明的对比。

中华民族，从大禹时代就开始宣扬“三过家门而不入”的集体主义精神。当下恰好是中国经济快速发展的时期。在全球化的竞争环境中，中国的爹妈们不得不义无反顾地投身于“996”的工作文化中，无法自拔。有时我不禁会想，其实很多进步，都是这一代人凭借“三过家门而不入”的牺牲精神换来的。“大禹”们功成名就的同时，背后一定有“丧偶式育儿”的家庭。过去两千多年的封建社会里，妈妈和孩子作为弱势群体，只能选择隐忍。现在不一样了，无论是经济地位还是社会地位，女性早已崛起，与“大禹”们并驾齐驱。这时候再让妈妈们里外兼顾地独自肩负育儿重任，实在说不过去。于是爷爷奶奶们顺理成章地成了育儿主力，妈妈们也心安理得地回归“996”，与孩子相处的时间少得可怜。

这种亲子联结的断裂，带来的伤害更大，造成的影响也更恶劣。爹妈们一天24小时为了工作随时用手机待命的现状，也令“家庭”这个温馨的港湾受到了影响。

此题无解。我们不能要求为了打拼事业而每天超负荷运转的爹妈，回到家里还能精力充沛、心情愉快地陪娃做游戏、写作业，更不能要求家庭的经济支柱放弃工作，专心带娃。但至少，下次我们在陪孩子阅读时，可以自己也读读书，而不是拿着手机刷朋友圈；下次和孩子出游时，能够全身心地与孩子交流，而不是一直惦记着有没有人给自己打电话；下次下意识地想要拿起手机随意翻看时，记得自己是孩子的行为模范，不能任由本能支配自己。

在如今这个节奏飞快、焦虑横行的社会中，做个合格的家长并不容易，也找不到放之四海而皆准的标准方案。谨希望书中的文字，能帮助读者在育儿这条迂回上升的道路上，找到更好的灵感和方法，发现更好的自己。

魏　薇

目 录

CONTENTS

引子

客厅里的革命

世界上所有的育儿智慧，其本身都无法代替人类亲密的情感联结——也就是家庭关系，它是人类发展的核心。这就跳出了所有优秀心理学思想的范畴。

——塞尔玛·弗雷伯格《魔法岁月》

（*The Magic Years*）

警觉，在人脑中发生速度极快；意识的产生则相对缓慢。意识是一个认知过程，一个有关于理解的现象，需要动用思维大脑的另一个部分。然而，在数字化时代，“为人父母”这件事则以人脑和心灵都无法及时、快速处理的阵势挑战着我们。诸多看似彼此无关的事件和经历，以迅雷不及掩耳之势席卷而来，还没来得及被看清又呼啸而去。偶尔，当我们感觉自己看到了全局中某个很重要的部分正在身边显现出其真实面貌时，内心会油然而生一种震撼，整个人便会暂时停驻在那种震撼的状态中，但很难说清楚那个时刻究竟是怎么回事。

我身兼多职——心理学家、专注于儿童和家庭的治疗师、学校顾问、两个孩子的母亲。多年的经历，给了我太多体会。

萨莉是四个孩子的母亲，孩子们分别是4岁、8岁、11岁和15岁。一次，她来参加我组织的家长茶话会。她说起前一晚家里发生的事，坦言自己是真的没办法了。当时，她正在洗衣间一边叠衣服，一边看孩子。孩子们都在旁边的客厅中沉浸在各自的活动里，但站在洗衣间里面并不能一览客厅全貌。萨莉同时做着好几件事：叠衣服，在手机上查邮件，过一会儿就走到客厅去看一眼孩子们。这样的场景，我们许多人都很熟悉。后来，她发现有几只袜子配不上对了，需要一整块时间去找一找。她让几个大孩子看好4岁的小弟弟。当时，15岁的姐姐正在玩平板电脑，8岁和11岁的两兄弟正在用游戏机玩双人赛车游戏。4岁的小弟弟正围着几个哥哥姐姐边跑边笑，一副典型的4岁小朋友的样子。听到妈妈的要求，哥哥姐姐们一如往常，眼皮都不抬，默默点头以示同意。于是，妈妈把孩子们全留在客厅，自己抱着叠好的衣物上了二楼，还顺手在楼上回了几封电子邮件。5分钟之后，她下楼回到客厅，发现除了4岁的小弟弟之外，其他人都还在原处一动没动。只见小弟弟正拿着一根鲜艳的紫色粗头水彩笔，画出了一条蜿蜒曲折的长线，笔迹途经硬木地板和精美的实木柜子，一直蔓延到整个客厅。简直是《阿罗有支彩色笔》的现实版。

萨莉对我说，眼前的一幕，让她立刻暴跳如雷。她对大孩子们喊道："你们怎么可以让他满屋子乱画？！"而就在她嚷出这句话的一刹那，还没等孩子们抬头看看妈妈为什么发火，她就自己找到了这个问题的答案。这几个大孩子是如此全神贯注地盯着各自的屏幕，根本没有注意到4岁的小弟弟在满屋疯跑，还在地板和墙壁上创作了一幅"装饰画"。同样的情境放回到以前的时代，大孩子们也很可能因为被电视机或书籍吸引了注意力而忽略对小弟弟的关照。但就在那一刹那，萨莉觉察到令她深感担忧的迹象。她内心猛地一沉，一种不祥的无力感瞬间袭来。首先，她意识到，当她将注意力转移到电子邮件上时，就算时间再短，她作为母亲本能的“第三只眼”——家长对孩子的感知系统，便瞬间失去了所有信号。说实话，她自己也记不清到底在电子邮件上花了多少时间，是真的“只有5分钟”还是远远不止5分钟，她无从得知，就好像她自己在另一个世界中迷失了自我一样。然后，就是她那三个年龄大一些的孩子，都全身心地扑在自己的屏幕之中。“我知道，就算没有平板电脑和游戏机，这样的事情也有可能发生，”她说道，“但是我感觉，就是那些屏幕里的东西，将我的孩子们从我身边抓走了。我和我的兄弟姐妹在成长过程中也看电视剧，但那个时候的我们并没有像现在的孩子这样六神无主。”

在座的其他母亲都点头称是。她说的没错——我们眼前的屏幕，将我们统统捕获，无人幸免。而在20世纪70年代的美国，电视剧最火热的时候，人们也根本达不到如今这种痴迷程度。令萨莉不安的，不是对电视剧年代的怀旧，而是她想起了自己童年时看电视剧的情景。你可能很喜欢看电视剧，但看完之后，你会离开屏幕，继续真实的人生：写作业，去户外玩耍，与朋友们共度放学后的时光，和父母、兄弟姐妹热热闹闹地共进晚餐……固定电话的铃声响起时，接电话的人会问：“请问您是谁？”然后对着家人吼一嗓子，让大家知道是谁打来的，要找谁。电视有着自己独特的吸引力，几代忠实的“沙发土豆”，便是其吸引力的最佳证据。但从本质上来看，看电视属于一种被动的、克制的、有时间限制的活动，而且看电视这个活动，总是全家人共同参与。这就与如今的网络和技术为我们呈现的刺激性的、互动性的、令人无法自拔的一天24小时连轴转的体验，形成了鲜明对比。

技术——我们的新家

我们生活在数字化时代的光芒之中，与各种电子产品形影不离。这些电子产品，种类越来越多，花样不停翻新，其设计初衷就是为了实现我们的每一个愿望。没有几个人会愿意将如今这种时刻连线的生活方式，换回到以前那种没有电子产品的田园牧歌般的日子。我们早就心满意足地适应了电脑时代的便捷与四通八达。我们的孩子，在数字文化中出生，可谓是数字化时代的原住民。他们说着这个时代的专属语言，而技术就是他们的观点和理论框架，更是他们的思维方式。恺撒家庭基金会（Kaiser Family Foundation）2010 年的一份报告指出，8~18 岁的孩子，在电子产品上花的时间（可能）超过了除睡觉外所有活动的时间。他们每天与电子产品共度的时间是 7.5 小时，每周 7 天（也就是每天不间断）。不止如此，孩子们还会在电脑上同时做好几件事情:发着信息，上传着视频，发着朋友圈，还时刻不停地在网上搜索着乱七八糟的新鲜资讯。在电脑上度过的所谓的休息时间，实际上被过量信息充斥，大脑根本得不到休息。这样的体验，对人的神经、心理，甚至情绪，都会造成极大的紧绷感。正如精神病专家兼创造力大师金·科恩所言，刺激、超联结的状态、互动性，“就像巧克力对大脑发挥的作用一样”，让我们心心念念，极度渴望。

电子产品的设计初衷，就是为我们服务，让我们愉悦，给我们信息，带我们娱乐，将我们联结。随着时间的推移，这些电子产品也决定着我们的一切。每一天，我们在员工、家人、友人等几个角色之间不断转换。手机揣在兜里，笔记本电脑拎在手上，游戏和线上人生只需轻轻点击便唾手可得。对于我们许多人来说，我们与技术之间的关系，就是我们唯一一个持之以恒、始终不变的亲密关系。这些电子产品构成了我们的数字化生活背景和主题音乐。在任何时候，只要一声振铃，电子产品就向我们发出召唤，而我们也很可能会立即回复，放任自己从真实的环境中脱离出来，抛开活生生的存在于我们身边的人，走进由另一个地方和另一群人所构成的虚拟世界。无论我们是利用这些产品去工作、购物还是社交，无论是与我们的孩子进行交流还是和孩子的老师保持沟通，无论是出于美好的原因还是迷恋毫无意义的令人上瘾的东西，效果都完全一样：我们将注意力从身边的人和事上转移开了。

我们用“上瘾”这个词，揶揄那些发信息和上网的习惯。我们总是像患了强迫症一样，时不时地掏出手机看一眼，半开玩笑地感叹说我们沾上了电子邮件的“瘾”，要么就是抱怨说我们需要看段视频、刷刷朋友圈才能“放松”一下。我们总是想着，今天到此为止，不在看手机。但坐在那里，就为了查最后一件事、看最后一眼，接着就忍不住看了又看。我们拿着手机上床,我们拿着手机去卫生间,我们出门不能不带手机。“我本以为，等孩子们到了一定年龄，我就可以不必时刻将手机带在身上。但是现在，我还是整天手机不离手。”说这话的母亲，有三个孩子，孩子们现在都已经二十多岁了。这位母亲对自己的这个习惯有一些思考和认识，她说道：“每当我把手机放在一边，内心就有个声音——谁知道呢，万一有事怎么办？还是带上吧。”

《流行病学与社区卫生期刊》(*Journal of Epidemiology and Community Health*) 于 2010 年发表的一篇文章提到，经常使用手机的孕妇，她们的孩子出生后有行为问题的概率更大，那些从幼年便开始使用手机的孩子的问题更严重。另一项研究显示，男性若将手机随时揣在裤兜里，可能会影响到精子的质量。美国儿科学会（American Academy of Pediatrics）考虑到儿童健康问题，已经呼吁联邦政府开展针对手机辐射标准的调查。难道这些风险还不足以督促我们改变一下自身的习惯吗？

我们知道，技术的某些方面的确会令人上瘾，而且某些类型的大脑也的确比其他类型更加脆弱。虽然我们成天拿电子产品上瘾开玩笑，但赤裸裸的现实就摆在眼前：研究结果显示，当我们与电子产品共处时，大脑愉悦中心所接收到的神经化学刺激（其中最值得注意的就是神经递质多巴胺）让我们乐在其中。上瘾的说法绝不夸张。在一些电子产品使用者的日常生活中，上瘾征已经成为临床事实。作为成年人，我们有充分的自由，可以任凭自己往脑子里输入乱七八糟的东西，拿自身的神经系统下赌注。但我还从未见过哪位爱子心切的家长，会在知情的情况下用这样的方式毁掉孩子的未来。尽管如此，我们还是亲手将自己认为可能会让孩子上瘾的电子产品交到他们手中。而在上瘾的问题面前,孩子比成人更加不堪一击。让孩子们每天周而复始地沉浸于电子产品中，会对孩子们正在发育的大脑产生更加难以修复的负面影响。我们是否正在熟视无睹地培养着新一代“手机儿童”？我们是否怀着作为电子产品先行者的热情，为了不让孩子输在起跑线上，而生生地将他们置于险境之中？

事实上，我们因使用电子产品而造成的分心和走神，已经实实在在地将孩子们置于险境之中。从医院急诊室到疾病控制中心，许多医生和研究人员都将电子产品的使用与越来越多的儿童受伤事件联系起来。很多时候，家长或看护者都在事故发生的那一刻因电子产品而分神，没能监督和保护好年龄尚小的孩子。关于这个话题,《华尔街日报》专门请相关专家做了研究和访谈。疾病控制中心的数据显示，从 2007 年到 2010 年，年龄小于 5 岁的儿童受伤事件的发生频率上升了 12%。而 2007 年之前，该频率已经连续下降了 10 年之久。人们在驾驶时同样会因电子产品而分心。有 14% 的成年人称，他们曾在驾驶时因电子产品分心而撞上东西，其中

22% 的司机曾撞过人。加拿大圭尔夫大学（University of Guelph）的心理学教授芭芭拉·莫隆吉埃罗（Barbara Morrongiello）对成人看护儿童与儿童受伤之间的关系进行了研究。她在《华尔街日报》上称，绝大多数人都意识不到他们因电子产品而分心。“如果你向正在发信息的家长或看护者提问,”她说道，“问他们是不是在看孩子，他们会回答‘当然了’。”人们总是低估做一件事情所需要的时间。

技术所引发的效应，已经改变了我们日常生活的方方面面。从工作到家庭再到外出度假，这些变化一点点浮出水面，逐渐揭露出一幅全新的、令人倍感不安的家庭图景。虽然家长和孩子们都非常喜欢通过互联网与每一个人保持便捷而即时的联系，但与此同时，他们无法在自己家里很好地维护人与人之间的亲密关系。这就是这个时代父母的困境：在此之前，从来没有过任何机会，能让全家人在近在咫尺的同时，又相隔天涯。

约翰最近正因家庭和婚姻中出现的问题而愁眉不展。问题的导火索就是家人的在线活动——社交网络、网上聊天等占据了家人太多精力。他妻子的办公室离家很远，她每天都要在上下班路程上花很多时间，也经常要通过聊天软件和他以及他们的两个孩子（一个 8 岁，一个 14 岁）进行沟通。就算她到家了，所有人都在家的时候，她还是习惯于用聊天软件沟通。她是个狂热的技术支持者，总是喜欢将最新款的电子产品带回家，也从来不会因为孩子们玩这些东西而有所顾虑。约翰更喜欢面对面交流，或者类似打电话这样的声音接触。他们夫妻二人经常因为无孔不入的电子产品是否会对孩子的成长造成负面影响这个问题而争吵不休。两人之间感情上的挫折，因为电子产品引发的争吵而被进一步放大。

约翰担心，孩子们终日沉浸在线上生活、发信息沟通和社交网络中，这成了他们注意力的默认模式。以前每次开车出门，孩子们在车上要么会聊聊天，要么就是安静地坐一会儿，但现在一切都变了。无论去哪儿，孩子们不是因谁能玩平板电脑而争吵不休，就是埋头在手机里而对身边的一切浑然不觉。他回忆说，上一次全家一起出门时，儿子一路上从始至终都在手机上发信息。车上还有一部手持数字电影播放器。“其实一路上他们也在看电影，但他们的脑袋一直就这么低着（他低头看向大腿），还在手机上玩着游戏，就是那种傻乎乎的游戏，把小方块放进盒子里，或者让车子跳来跳去之类的。”回到家中，要是在以前，每次晚餐前全家人都会共同度过一段休闲时光，聊聊一天发生的事情，说些无关紧要的话。而现在，这段时光也不复存在。孩子们都在自己房间里看着自己的笔记本电脑，等家长做好晚饭才出来。然后，他们就会拿着手机坐在饭桌边，继续“找东西，你知道的，不是在网购鞋子，就是在找什么歌听”。

他说道：“这就像带着紧张情绪没事找事地做一些小动作，比如咬指甲之类的。人们现在不咬指甲了，开始发信息、上网。而且说到底，年轻人还能做什么？他们彼此之间交换的是什么样的信息？——嘿？哈？吼？你干什么呢？超级无聊……”他不禁想：这样的事情究竟有什么意义？这种联络究竟有何质量可言？

约翰从更大范围的社会环境，以及对孩子之间友谊的反思过程中，感到了另一层困扰。“其中有一种怪异的社会氛围。”他指的是当人们进行面对面交流时，依然会手眼不停地发信息、接电话。“这就是我在我的孩子以及他们的社交关系中看到的现象……我儿子有个朋友到我家来玩，当时我儿子正在玩滑板，然后他朋友就站在一边发信息。就是这样。”他在试图控制孩子使用网络的频率，缓解家庭中因电子产品引起的冲突时，屡感挫败，“没错，我们好像已经与电子产品合为一体，不可分割了。而这正是问题的症结所在。因为如今整个社会都通过这些电子产品连成了一片。”

无论我到哪里，无论是在家长论坛还是在餐桌边交流，人们对电子产品和家庭的顾虑中，始终存在着同样的困惑。

“每次事情一多，开始忙起来的时候，你的各种关系就变成了彻头彻尾的实用主义，使人不得安宁。”海伦想起她与丈夫、两个十几岁的孩子共同度过的家庭生活时，这样说道。关于家庭交流的主要内容，她脱口而出各个待办事项的截止日期和日程安排：家庭作业、夏令营申请截止日期、游戏、运动、音乐会、体育锻炼、家庭社交日程。“就好像我们在上班一样，为了应付差事而不得不互动一下。如果你想要与人联络，要么就发个视频，要么就发条信息……我们很久都没有直接交谈，很久都没有看向对方的眼睛。”

另外一位母亲告诉我，有一天她突然意识到，家庭生活中某些最基础的东西正在发生变化，而许多家长体会到的那种令人无法应对的不安感，便是这种变化的体现。“我总有一种感觉，好像一家人不过是在房子的各个角落，以各自手中的屏幕为据点，各自安营扎寨。不知道为什么，我总觉得家人之间的关系因此而被削弱了很多。”她说道。

作为家长，我也切身体会过同样的感觉。自从家里的电子产品开始主宰孩子们的时间和注意力，我就开始产生一种很不自在的感觉，觉得一家人组成一个家庭的那种融洽感，正在一点点地消失。现实情况完全超出了我的预期，尤其是我儿子丹尼尔在十几岁的时候，总是用大量的时间去玩电脑游戏和在线社交。他是第一代数字化原住民，出生于 20 世纪 80 年代早期，是看着大块头家用电脑、软盘和形如板砖的手机长大的。那个年代，只有家长在工作时才会用到这些电子产品。这一代孩子在读小学时，亲眼见证了第一批电脑涌入教室。我们给孩子看电视的时间设限很容易（去上学就自然看不了电视），就算到了周末，也可以对看电视的时间做明确规定。但是丹尼尔和与他同龄的孩子们一样，在对电子产品精通的情况下进入了青春期。他的聪明才智全用在了软件升级上，他的胃口也都被吊在了游戏上。突然之间,他的课后社交生活转移到了一个全新的“游乐场”——电脑游戏上。家庭作业也需要用电脑，还要用互联网去做探索性研究。于是，我们允许孩子们使用电脑，还允许孩子们接触新技术，以及更多的电脑游戏。虽然我们偶尔也会为此感到迟疑，但似乎这些东西是十几岁的孩子与朋友保持联络的必需品。另外，电脑也将丹尼尔的学术水平带到了全新的高度，我们所有人都倍感兴奋。他在屏幕中的奇幻战争世界所取得的成功，为他的社交生活带来了变化，也令他自己和我们都倍感欣慰。技术浪潮一波接一波，席卷着家庭中的各个角落。儿子对技术的感情，也完全在意料之中。他毫无保留地爱上了这些新东西。然而，我们的内心十分矛盾。看着他拥有全新的美好体验是件很有意思的事情，总比不停地和他就玩游戏的时间和选择进行争辩与谈判要强。之后便是那种无法逃避的感觉：这个东西正在入侵我的家庭，要将我儿子生吞活剥。我不喜欢它。即便丹尼尔的学习成绩和行为都算正常，他自己也没什么不对劲，但电脑那种极富魔力的吸引，总是让人感觉哪里不对。

我本人还有一次经历，令我对如今这种不断变化而令人不安的现象深有感触。这一次不是在家里，而是在华盛顿。那时，我和丈夫弗莱德去河对岸的弗吉尼亚参观阿灵顿国家公墓。行走在公墓的土地之上，我们依然能清晰地感觉到战争的伤痛带给人的震撼。然而我们发现,不管走到哪里，都有人在大声地打着电话，不仅完全无视周围的人，更是将自己的隐私弃之不顾。由几代人扶老携幼组成的一个大家族，围绕在一块墓碑周围，哀悼着逝者，而他们旁边站着一个人，通过电话大声与人争吵，还时不时地冒出几句脏话。另一处墓碑旁，家长双膝跪地正在默哀，而孩子们就在旁边，不是在发信息，就是在有说有笑地讲电话。国家公墓的肃穆气氛本应引人静静地思考，至少也能让人对逝者安眠的这片土地心存一份敬意。但心存敬意的精神，早已不再是世间常态。

后来，我们来到街边一处熙熙攘攘的咖啡馆歇脚。坐在我们对面桌的，是一个十几岁的女孩，她旁边那位中年女子看起来像是她的母亲。整顿饭的时间，女孩对近在咫尺的母亲只说过三句话，而就这三句话，也是言简意赅，敷衍了事。其余的时间，女孩一直低着头在手机上发信息。一种令人无法忽视的沉默，充斥在母女二人之间。母亲偶尔用充满希望的眼神瞥一眼女儿，而女儿的眼里只有手上的小屏幕，她只管埋头打字，对周遭的一切浑然不觉。看到这一幕，我心里很不好受。她们母女俩虽坐在一起，却天各一方。这样让人失落的情境，我们谁都不陌生。这就是数字化时代咫尺天涯的典型家庭写照。

我在工作中身兼二职，在做心理咨询师的同时也在学校做顾问。在关于技术与人的关系这个问题上，我始终认同家庭关系中一个永恒不变、毋庸置疑的真理：孩子需要家长投入时间和关注，而当家长与孩子培养出稳固而健康的关系时，整个家庭的方方面面都会欣欣向荣，孩子的行为举止也会与家庭氛围保持和谐。但是，这样的现实，在虚拟世界的急切呼唤之中，在我们将注意力转移到手机和电脑上时，竟是如此不堪一击。

孩子眼中的世界：家长缺席

许多人总是喋喋不休地指出，孩子们日益脱离现实，活在线上的虚拟世界之中。但老话说得好，一个巴掌拍不响。更加令我感到忧虑的是，家长在与家人共度的时间里选择消失，将自己掩埋在手机屏幕之中，并以实际行动给孩子做了“榜样”。每一天，谷歌都会推送二十几条关于孩子和电子产品的新闻。它为什么不推送关于家长与电子产品的问题？我们整天抱怨孩子与电子产品形影不离，但是孩子们，就连那些手机不离手的孩子们，也都不约而同地指出，他们的家长在家庭生活中常处于缺席状态，要么是在打电话、发信息，要么就是对着电脑屏幕工作或消遣。有一群七年级和八年级的孩子曾向我这样讲述他们父母的技术习惯——

有时候他们看起来真像是染上了电脑的瘾，我觉得我爸爸基本上无时无刻不在电脑前面。如果他半夜 1 点钟醒来，第一件事就是去看看家里的小狗，然后就会打开电脑，开始工作。到凌晨 5 点钟的时候，他会回到床上，想着还能再多睡 5 分钟。等到第二天，他就会特别特别累。（科林，12 岁）

※

我希望父母对技术的态度能够有所转变，不将技术当作他们的整个世界。对他们来说，技术是个全新的东西，因为他们年龄大了。他们总是一惊一乍："我的老天呀！又有一个新东西上市了。"但是他们这样的态度非常让人讨厌，因为不管怎么说，他们还有个家庭，我们就不能在一起好好待一会儿吗？然后他们就会说："等一等，我得在手机上查点东西，我得给办公室打个电话，看看有没有什么事。"（安吉拉，13 岁）

※

只要父母打开电脑或者手机，他们整个人就好像钻了进去。他们染上了电子产品的瘾，任何时候都沉迷其中——先是拿起手机，然后打开电脑，之后就是那些乱七八糟的东西。他们小时候还没有这么多产品，所以这可能也是他们如此痴迷于电子产品的原因吧。我们这一代人是在新的技术时代长大的，可能家长之所以这样做，

就是为了更好地融入这个时代吧。（卡洛斯，13 岁）

年纪更小一些的孩子直言不讳地讲，为了赢得父母的注意力，自己不得不与电子产品展开竞争。而在这场竞争中，孩子并不总能成功。一群小学生向我讲述了各自家中使用电子产品的情形——

每次吃晚饭的时候，我妈妈基本上都是边吃饭边看电脑。每次她都说："我就查一下。"（泰勒，7 岁）

※

我总是求妈妈陪我玩一会儿、陪我玩一会儿，可她总是在手机上发信息。（佩尼，7 岁）

※

有一次，有半个小时的时间，我爸爸都不理我妈妈，于是我就一屁股坐到了他的键盘上。后来我爸妈命令我回自己的房间去反省。我只不过是想帮帮我妈妈，却因为好心而给自己找了麻烦。（欧文，9 岁）

※

每次我爸妈生气吵架，就会在电话里破口大骂，我坐在车里听着蓝牙耳机里传出来的对话，感觉非常害怕，总觉得好像要发生什么特别不好的事情。我很担心他们会离婚。（萨曼莎，10 岁）

※

很多时候，在家里，我父母对着电脑工作时，我都感觉自己不存在。因为他们假装我并不存在。他们根本不会和我说话，完全忽视了我这个人。我觉得很伤心（叹气）。（艾娃，7 岁）

一次，在游戏环境中，我为安娜贝尔提供了心理咨询。7岁的安娜贝尔讲到，当她觉得自己无法获得父母的注意时，内心所感受到的孤独和压力。“我父母总是对着电脑工作,要么就是打电话、发信息。”她跟我说,“他们这样的做法让我非常沮丧，我内心觉得很孤独。”

“每次发生这样的事，你会怎么办？”我问道。

听到我的问题，她便在原地为我表演了起来。那生动的眼神、面部表情和声音，令我心碎不已。

> 每次我爸爸一开始打电话，我就会在心里对他说：“嘿，记得我吗？记得我是谁吗？我是你的女儿，你有了我，是因为你想要一个孩子。但是现在我并不觉得你真的想要我，我觉得你心里惦记的只有你的电话！”
>
> 但我不会将这样的话说出来，他们一定会生我的气的。而且说了也没用，只能让我心情更差。所以，这段话就是我说给自己听的。

从小孩子关于家人和家庭场景的绘画中，也能看到同样的故事。我们经常会参考儿童的绘画作品，因为从中能看出孩子所处的环境、孩子的内心世界，而这些都是年幼的孩子无法用语言表达清楚，或者不愿意说出来的东西。有的时候,他们也会画出家庭成员。这些人都有各自不同的特征，搞笑的发型、眼镜、鞋子，等等。有的时候，画作中还会有家里的宠物，因为一想到家庭，他们就会首先想到家里的小动物。几年前，我对幼龄儿童进行心理咨询时开始注意到，以家庭为主题的绘画发生了变化。除了棕色的眼睛、卷曲的头发、眼镜和牛仔裤之外，妈妈和爸爸常常是拿着手机在打电话。有些父母嘴边还会冒出一个泡泡，里面写着象声词。而有的画作中，爸爸还可能戴着蓝牙耳机，哥哥和姐姐要么是身上挂着耳机，要么是坐在屏幕前面玩电脑。孩子们也经常将自己画在电脑的旁边，或者是自己手里拿着一个平板电脑。当然，情况也不总是这样。我记得一个8岁的女孩，她的画作中所有的家庭成员都在开开心心地玩着电子产品，只有一个孤独的小身影站在一边，手里什么都没有。“那个就是我。”她说道。

一位在小学里工作的咨询师给我讲了一个寡言少语的小男孩的故事。这个小男孩用塑料小模型和沙盘来展示全家人共进晚餐时的情形。“这是我见过的最让人伤心的情景。”咨询师叹道。

> 前面全都是沙子，妈妈在这个角落，爸爸在那个角落，小弟弟在另一个角落，然后他和狗在中间。一家人彼此之间毫无互动。等他完成整个作品之后，我请他向我介绍里面的情形和其中的每一个人。妈妈在打电话，爸爸在用电脑工作，弟弟在一边吃晚饭一边玩电脑。小男孩跟我说：“有小狗跟我做伴，我吃饭的时候，狗狗就会坐在我的脚上。”

在游戏咨询环节中，我总能听到年幼的孩子们说：“爸爸那个傻乎乎的臭电脑！”就好像他们和电脑是相互嫉妒的竞争对手一样。他们会跟父母说：“我讨厌你的电脑！”“你的电话是个坏电话！”学步期的孩子，会将父母的手机扔到垃圾桶里，用这样的方式换取父母的注意力。年幼的婴儿会想要拿到电话，抓住不放，在上面吐口水。手机就是爸爸妈妈的安抚玩具，就好像婴儿手里成天拿着的安抚毛毯一样。

记得有一次，我和朋友家快3岁的孩子在公园里面玩假装去超市购物的游戏。游戏玩到一半，竟发生了一个出其不意的转折。这位小朋友名叫安德斯，他当时正在攀爬架下面扮演商店里的售货员，而我则假装用钱买日用品和书籍。安德斯想要和我交换角色，他想扮演买东西的人，还要求买一部手机。我假装递给他一部手机，没想到他突然发起脾气来："不要！我要真正的手机！"我当时根本没有办法安抚他的情绪，更没办法让他继续跟我做游戏。他的奶奶温迪也试着安抚了一下他。我们两人都意识到，"手机"这个词，激起了一些更深层、更情绪化、更强大的东西，而这些东西的影响力远远超过了"超市购物"这件事。安德斯不顾一切地想要马上拿到真正的手机，就和我见过的许多年幼的孩子一样，到了两三岁的年龄，就不再想要玩具手机，他们要货真价实的手机。他们能感觉到玩具手机和真手机之间的区别。从某种深刻的心理层面上讲，真正的手机可以让他们与父母联结得更加紧密。

对于父母来说，用电脑和手机同时处理多项任务，似乎可以合理有效地在工作与生活中实现平衡。他们可以在一边工作一边进行感兴趣的事情的同时，还能"陪伴"在孩子的身边。而在孩子看来，父母成天抱着电脑和手机不放的行为，只会带来无尽的困扰、疲惫和损失，并非平衡。在过去那个年代，座机电话铃声响起，你会去接听，然后对着听筒讲一会儿话。电话不会到处走，也不具备在任何时候、任何地点将你随时带跑的能力。

那位用沙盘进行心理辅导的咨询师这样说："只要你把头低下，做出那个拿着手机的标准动作，你就开始分神，不再是面对面对话中的一部分。就这样，你人在这里，心却去了另外一个世界。只要你开始盯着你的手机或电脑看，发现收到一封某人发给你的电子邮件，然后你就会非常想看看里面的内容。一瞬间，你就从面对面的对话中抽身脱离了出来。"

孩子为什么需要真实的东西

家长若长时间地分心，会对孩子造成深刻而持久的影响。心理学家在这方面有着非常丰富的经验，他们见过太多的孩子在那些不管不顾的自恋家长身边长大，知道这样会造成什么样的后果。这样的孩子在成长过程中总是面临各种困难，各方面的表现都不会太好。家长随时处于分心状态，不仅会增加孩子意外受伤的风险，而且从某种程度上讲，以电子产品为中心，随时处于分心状态的家庭关系，在孩子的眼中，就好像家长本身非常自恋，或者家长在情感上缺席，在心理上忽略自己。

在非临床的环境之中，尤其是全国各地学校里的焦点小组访谈过程中，我从各个年龄阶段的孩子那里都听到了同样的信息：他们切身感受到了家庭中咫尺天涯般的关系。他们能感觉到，当家长的注意力转移到电脑屏幕或手机上时，就开始忽略自己的存在，而且这种感觉随时都在产生。用孩子的话来说，被忽略的感觉"非常糟糕，非常让人伤心"。他们不愿意成为家长生活中那个永远等待接听的电话。从初中生和高中生的口中，我常常能听到"虚伪"这个词。每当到了上学的时间，孩子要走出家门的时候，发现爸爸还在电脑前面忙着或在打电话，如果孩子此时催促他说上学时间到了，他还会发火。这样的信息总是让人非常困惑。每次当孩子想要做正确的事情（比如按时到校），却因此遇上了麻烦，就会产生强烈的挫败感。对孩子来说，从家长那里得到自相矛盾的信号，会极大地影响他们对家长的信任和安全感。放大来讲，前后不一致的言行，对每个人的安全感和稳定性都会造成伤害。

在多次失望之后，孩子就会放弃。家长做出的承诺没有兑现，孩子的希望落空，许许多多这样的小事叠加在一起，量变就成了质变。爸爸本来应该跟我一起看书的，妈妈还说要跟我玩桌游来着……而十几岁的青少年，也会因为同样的问题而发出类似的感慨："我不知道为什么我和妈妈说话的时候，她就非得停下来接那个电话。每次碰到这样的事，她就跟我说，让我在一边乖乖等着。""我知道我爸爸很忙，但好像我做的事就完全没有重要性一样。"

孩子并不需要我们一直围着他转，但在他需要我们的时候，是真的需要感受到我们作为家长为他提供的支持，体会到我们是发自内心地与他紧紧相连。孩子对家长的需要，从婴儿、学步期、八九岁到十来岁，每个阶段都有所不同。但不管是哪个年龄段，在日常生活中，每当他们想要与我们沟通时，他们都需要我们以关切的姿态回应。当我们整个人都扑在电话和电子邮件上时，向孩子传达的信息实际上就是，其他人比你更重要，其他事情比你更重要，无论打电话的人在电话里说了什么，都比你要跟我说的话更重要。与此同时，孩子正在等着与父母沟通。也许孩子是想跟父母玩一会儿，或者是在家庭作业上需要父母的帮助，或者他们想讲一下某次考试的事情，或者是他们喜欢上了某个人，或者是他们有了某些困惑。就好像一个十几岁的女孩跟我说的一样："我觉得，在过去那个年代，家庭的意义可能更重要。现在我总感觉，人们开始慢慢地忽略家庭的重要性。"

苹果公司创始人史蒂夫·乔布斯曾经说过一段非常有名的话，向公众介绍了他是如何从一个大学辍学生蜕变成为改变世界的技术大师的：抱着向前看的眼光，我们没办法将貌似无关的事情联结为一个整体，但若是回头看，人生中许多事情之间，都存在着关联。如果用这样的想法来理解当下的技术进化，是完全讲得通的。但是我们不能抱着同样的眼光去看待生存于技术时代的自己和家庭关系。因为我们内心最珍爱的孩子和家庭，正在以某种方式离我们越来越远。这种疏离感，主要是由技术无处不在的存在感造成的，而非我们内心的主观感受。为了看清现状，我们不能再等待，也无须等待。技术、社交媒体，以及数字化时代，已经深深地改变了家庭。一开始，只是改变了家庭之中的活动方式，现在则是威胁着要取代那最深刻、最具活力的人与人之间的关系。而家人之间的亲密感，是孩子健康成长所必不可少的因素。因为能给孩子提供一个富有价值感的童年而颇感自豪的家长，现在越来越觉得，自己已经与孩子那技术主导的生活毫无关系，而他们的这种感受是正确的。在如今这个时代，孩子不仅成长的速度比以前快，而且正在日益深入一个不再为童年施加保护的世界之中。孩子比以往任何时候都更需要家长的守护与支持，而当今的家长很难做好这份工作。

随着电脑、智能手机、平板电脑、电子书和互联网成为日常生活不可分割的组成部分，技术不仅向我们展示出其巨大的吸引力，而且实际上也承担了一份育儿的职责。当今社会正在持续不断地宣传数字化互联生活，让孩子参与其中，用技术为孩子提供信息和娱乐，甚至让技术起到了行为模范的作用。如果我们太过忙碌而没有时间和孩子相处，如果我们太过忙碌而没有时间听孩子说话，或者在技术的大举入侵之下感觉无能为力而做不到给孩子以回应，那么，在现实世界中的那些“亲密的陌生人”，就会以各种各样的形式，随时准备着向孩子们张开怀抱。无可否认，技术让我们以全新而美好的方式与他人实现互联。但不幸的是，在很多情况下，通过技术方式实现的互联，数量要超越质量，宽度要超越深度，图像要超越亲密感。技术文化，正在深入我们的理念之中，迫使我们去接受这种不可置疑的常新常态，并且在训练着我们的孩子接受同样的思维方式。

让技术来共同承担育儿职责，其问题就在于技术能做到的事情和技术做不到的事情上。从某些角度来看，技术能够取代我们的位置，作为价值观、信息、环境、社区等内容的来源，还能为孩子的生活出谋划策。但无论技术公司的营销文案多么冠冕堂皇，技术本身并不能提供直接、丰富而独特的人类关系维度，而人与人之间建立起来的关系，对儿童的神经和心理的健康成长来说，是不可或缺的。

如今，我们与技术之间的关系，正在重新定义着人类自诞生以来就延续至今的互动形态。我们总是忙不迭地想要赶上技术进步的速度，还要对其加以最大化利用。但是我们每向前走一步，就必须要想一想，技术对我们造成的影响，不仅仅是占用了我们的时间和精力而已，更会影响到我们与生命中最重要的那些人之间不可替代的实质关系。

在多种文化聚合、冲撞与坍塌的路口，家庭何去何从

如今我们所在的这个时代，就是媒体理论家亨利·詹金斯（Henry Jenkins）所谓的“聚合文化”时代。关于聚合文化，他这样讲道：这个年代，沟通方式、讲故事方式和信息技术的变化，正在重塑着当代人生活的方方面面，其中包括创意、消费、学习、互动等。在工作过程中，无论是面对家庭的一方面，还是为学校提供服务，我感到聚合文化已经改变了人们的内心，也冲击着家庭之中的社交与情感基础。

这种历史性的文化变迁，看起来就像是一本巨大的画册：每翻一页，你就能发现技术在其中占据的比例越来越大。技术对生活的影响，令人震惊，令人兴奋，令人愉悦，但也给人们带来了困扰。技术在转瞬之间就占领了我们的生活，从原本那个为人提供帮助和无害的消遣的工具，变成了家庭生活中占据主导作用的核心角色。如此的变革，无异于一场革命。

聚合文化为我们带来了诸多技术与社会挑战。在此基础之上，这些挑战所引发的心理问题，也暗藏着诸多风险。如今我们面对的，是各式各样混为一谈的沟通谜题。电子邮件的内容和语气，很可能不够明确或令人反

感，让人不知道应该如何恰当地予以回复。而大量的电子邮件、信息、语音留言和其他类型的沟通内容，总是让人无暇应对，倍感疲乏。社交网络能让我们在斟字酌句的基础之上，创造出自身的在线角色和评论，如今已有超过10亿名活跃用户。社交网络对“朋友”这个词赋予了全新的含义，还创造出“取关”一词，用来形容一种前所未有的关系模式。无论是无意为之还是存心如此（你永远不得而知），回复时间上的拖延，会进一步增加人们的困惑情绪，甚至导致负面的误解。技术正在重新定义沟通中的基本信号、内容和节奏，以及人与人之间随性而发的独特联结方式。

技术以迅猛的态势改变了我们的社交方式与内容，而我们根本来不及认真思考究竟想要的是什么。历史上代代传承的基本礼节和文明行为，如今已消失不见。我们再难看到沿袭多年的礼仪和规矩。人们在公共场合扯开嗓门与人说着本应在私下探讨的话题，完全无视在街上、机场或商店中擦肩而过的陌生人的感受。这些似乎已经成为完全可以被接受的行为方式。这样的行为，不仅仅是会惹人厌烦而已。如果是在虚拟环境之中，那么我们身边的人就变得无关紧要，等同于空气。我们在打电话时，会放任自己大声喧哗，无视他人的感受。而仅仅一代人之前，这样的行为还会被看作非常不礼貌、不文明的做法。

上面所说的问题都很重要。孩子们在家里随时随地地观察着我们，看着我们打电话。他们还会在每一个貌似微不足道的细节上寻找线索，作为自己探索人生的思路。作为父母，我们与技术的关系，以及我们在使用电子产品时所表现出来的行为方式，自然而然地成了孩子们在塑造自身与技术的关系时的直接参照物。每当孩子们钻进屏幕里不出来而忽略我们的存在时，我们总会抱怨。其实，孩子们也只不过是“有样学样”而已。

人与技术的关系，人与人的关系

在心理咨询的过程中，我从孩子、年轻人和成年人那里总能听到关于技术摧毁人与人之间关系的说法。人性中的脆弱和怯懦到了技术面前，总能被放大。人与人之间关系所面临的诸多挑战，其实并非新生事物。情感、追求、亲密程度，以及人与人之间的互动，都是关系之中亘古不变的元素。但是，如今的沟通所处的大环境与以往完全不同。无论是使用社交软件、微博、短信，还是内容更长的电子邮件，许多对话都通过在线方式进行，变成了呈现于屏幕之上的一串串文字。技术不仅加快了沟通的速度，也改变了我们表达自我的方式。

因为我们看不到对方的面部表情，意识不到自己的行为会产生什么样的影响，无法根据对方的回应而调整自己的语气，所以在线沟通方式很可能会放大人们的情绪，纵容我们在不计后果的情况下随意表达态度。每当我们心情不好的时候，就会用发信息、电子邮件或在线留言的方式说出一些当面说不出来的话，而由此造成误解的可能性也非常大，因为在线交流中我们无法接收到面对面交流时那种细微的感官回馈信号。就算是真心实意地道歉，或诚挚地表达同情、同理、理解或支持的态度，人们从文字中也体会不到直接对话时才能反映出来的独特的共鸣。读到“我理解”或“我也经历过”这样的文字，对方本意可能是表达一种关切的想法，但用心理层面的耳朵来倾听，就感觉其中的情感是如此稀薄。人声能传达出更多的内容。就算是两人在谈话间歇默默地相处一会儿，也能传达出许多超越文字的内容。

尤其是发信息，其实这种沟通方式不能很好地达到交流的目的，但由于社交软件使用方便，我们又总是忙到马不停蹄，就逐渐开始越来越多地利用聊天软件进行沟通。实际上，哪怕是打个电话或来一段视频聊天，也比仅仅发信息能产出更好的沟通成果。当我们没办法进行面对面交谈时，实实在在的语音沟通也是可以接受的。但不断发展的社会习俗令快速简便的文字回复变成了比打电话更为人所接受的做法。如果不得不在电话里说，事情又不是特别着急，我们很可能就会先把这些事情放在一边，等有时间、有心情的时候再去打电话。专家认为，我们通过技术方式实现的沟通，主要利用了寻求秩序的那一部分大脑，也就是以组织和完成任务为主导的左脑。在技术面前，我们不由自主地产生了"赶快做事"的冲动和刺激性的神经反馈，在神经层面将对话转化成了任务。这些任务成了左脑中的"待办事项"，排在了"多任务同时处理"的队列中。因此，虽然在你手头忙着某件事的时候，本不必要去打那通电话或发那条信息，更有甚者，在此时打电话、发信息可以说是不经大脑的鲁莽行为，左脑却是一副箭在弦上的状态：冲动——行动，想到——做到，任务完成！立即回复的冲动，开始让你感觉这件事很有必要，根本不计后果。

对于那些父母总是吵架，或者正因离婚或抚养权等问题而吵闹不休的家庭来说，这些东西就像是给他们开辟了一个全新的空间。在这里，人们会陷入更深的深渊而无法自拔，永无休止地用发信息的方式相互指责，还将自控力的极度缺乏赤裸裸地展现出来，因为这实在是太容易了——媒介的即时性随时随地鼓励着人们去采取冲动行为。以前有些问题需要你在淋浴时思考再三，如今在等红灯的时候你就能发个信息出去——这可不是什么好事。对于孩子和成人来说，在怒火中烧的状态下，利用电子产品总是会火上浇油。这就极大地改变了关系动态。我们需要去了解，当我们在利用电子产品时，大脑内部的连线会出现怎样的变化，这样才能清楚地想明白，什么时候利用电子产品发信息没有问题，什么时候会引发问题（例如在强烈的失望、愤怒、伤心、失落或暴躁的状态进行沟通的时候）。

有人认为，其实人本身没有改变，而科技只不过改变了人们的沟通方式。这些人认为，人与人之间关系的本质也没有改变，只不过现如今的关系存在于“信息”或“在线”的全新环境之中。从社会学角度来看，这个观点也许是正确的，但从心理学角度来看，我不敢苟同。在心理上，我们的确存在于一个全新的疆域之中。技术改变了人与人之间关系的基本构造，将原本一对一的联结变成了三角关系。就这样，技术成了对话之中无所不在的第三方，有时帮助我们建立联系，而更多的时候则是打断我们的对话，终结我们的关系。

技术的本意是给沟通提供便利。现在，技术却驱动着、苛求着，甚至扭曲着人与人之间的沟通。除了在冲动的状态下进行沟通之外，我们还发现自己被技术驱使着不停地进行沟通，以致超越了原本健康的沟通程度。之前，我们从没想过自己能在任何时候、任何地方，对他人都随叫随到。“电灯泡”这个说法，是指那些不请自来、如影随形的“另一个人”。而现在，技术本身成了永远亮着的“电灯泡”，有时的确有用，有时着实烦人，但似乎一直在占据着我们的注意力。我们在此前的工作、生活中，从未使用过如此需要随机应变的工具。而现在，这个工具正在一点点耗尽我们的能量。由技术的过度使用而导致的关系疲劳，已经在孩子和家长身上初现端倪，因为人们时刻处在与人沟通的压力之中，时刻需要与屏幕去竞争他人的关注，时刻想要在所有人心目中树立起永不间断的“存在感”。

最后，人们开始接受一种现实，那就是，我们被人忽略、遭人轻视的现象属于常态。我们认为情感断联所带来的感受和情绪没什么大不了。而事实上，这些事情的的确确会影响到我们，而且也理应影响到我们。在以前那个年代，如果在人与人之间的关系中，我们受到这样的对待，或我们对人拿出这样的态度，那么这段关系就会被认为是不健康的。对这样行为的正常反应，就是“太不替人考虑了”“太粗鲁了”“太伤人了”。

那种感觉自己无关紧要、没有存在感或不被人喜爱的情绪，从古至今一直存在。但我们此前从未有过现在这样的生活方式，让屏幕沟通成为最重要的事情，让屏幕沟通成为忽略他人的原因，也让说着半截话突然转身回信息、打电话的行为变成完全可以接受的正常举动。研究证明，我们的感受是真实的：我们在线或用在电子产品上的时间，正在占用着我们与身边的人进行沟通的时间。加利福尼亚大学安能伯格数字化未来中心（University of California’s Annenberg Center for the Digital Future）的研究报告称，因为使用互联网而减少与家人共度时光的人们的百分比，从2006年的11%上升到2011年的28%。同样，数字化未来中心的报告显示，从2006年到2011年，家庭成员每个月的共度时光，从平均26小时减少到17.9小时。这份对2000户美国家庭进行调查的大学研究报告也提到，同一时段，因家庭成员使用互联网而感觉自己被忽略的人数，增长了40%。

互联网为所有人提供了无限的可能性，让我们可以尽情发挥创造力，汲取新知识，建立新关系。互联网让我们能随时随地从枯燥乏味的日常生活中逃离出去。但同时，互联网也将我们囚禁于那个无所不及的世界之中。互联网成了我们工作上的领导。这位领导不是一个人，而是一种全新的工作要求。它让我们一天24小时连轴转，无视我们内心想要停下工作，想要和家人加强联结的需求。从更宽泛的意义上讲，互联网这个媒介本身，已经成为一个对你要求越来越高的领导，是一个由所有人、所有文案、所有五花八门的内容和需求构成的数字化领导。这个复合而成的妖妇、奴隶主、巫师根本毫无界限可言。随时随地不断推送的花边新闻、商业对话、家庭事件、娱乐教育信息、游戏、打折促销信息、时政要闻，以及转瞬即逝的评论文字，总是将我们全盘占据。我们总觉得自己不得不与世界建立联系，还要时刻与内心的负罪感，以及随之而来的疲惫感做斗争。

作为成年人，我们可以无拘无束地选择不健康的习惯，但我们不可以这样对待孩子们。无论我们的孩子在这个技术驱动的文化中看起来有多么饱经世故，但他们的街头智慧几乎为零。孩子们在与成年人的互动，以及与各个年龄段的人们构成的各种关系之中，尚处于学习阶段，他们通过技术建立联系的能力,常常超越了他们对技术引发的情绪的管理能力。而且，他们也意识不到将自身暴露于社交网络中可能对他们下毒手的人们面前，会带来什么样的危险。

我的工作内容有很大一部分涉及家庭。这些年来，我亲眼看见家庭成员因为发信息、玩游戏、上网等造成家庭矛盾的现象有低龄化的趋势。我在学校里见到的现象，是技术的普及对孩子们的玩耍、好奇与探索欲、学习成绩，以及社会与情感发展状况，都造成了负面影响。每当从家庭和学校中传来孩子因上网或使用社交媒体而误入歧途，导致灾难性后果的消息时，我总是倍感惋惜。现状依然可以让我们寻清原委，想办法扭转局势，但我们需要对一些旧有的假设和全新的选择进行深刻思考和重新评判。

数字化童年：我们想要给孩子的究竟是什么

我对技术并不持反对意见。事实上，在与家人、朋友联络时，在做研究和工作时，在发展我对绘画和园艺的爱好时，我都会积极利用所有类型的技术。我在学校工作，亲眼见证了技术在教育环境中的应用，我也一直对其巨大的潜力、强大的力量和极大的吸引力叹为观止。如果运用得当，技术会是一种能激励人心的工具，能调动学生的积极性，扩展学习领域。

但同时我也认为，如今这个令我们习以为常的数字化生活方式，正在对家庭凝聚力和孩子童年的幸福感造成比我们想象中更加严重的负面影响。研究结果已经指出，技术的负面因素已经深入到婴儿与儿童发展的过程之中，其对神经发育造成的影响，正在弱化婴儿大脑发展出终身学习能力的潜质。然而，我们依旧将电子产品放心地交到婴儿和幼龄儿童手中，纵容他们以此为乐。即使我们因为孩子在电子产品上投入了大量时间而不断斥责他们，我们还是无法改变技术成瘾的现实，以及我们对自身成瘾行为的接纳与无视。我无法预知，电子产品的泛滥会对我们的文化造成何种影响，而我们又该何去何从。我真心地希望，我们能对技术持一种审慎的态度，能在将技术与生活结合的过程中，拿出更加主动、更具掌控力的态度。我真心地希望，我们利用技术的方式能令我们受益，而不是我们五体投地、毫无条件地将自己全盘交到技术手中。

1982 年，教育者、理论家兼媒体文化评论家尼尔·波兹曼（Neil Postman）在《童年的消逝》（*The Disappearance of Childhood*）一书中写道，电视和充斥着电视节目的文化，已经摧毁了儿童与成人世界之间的保护屏障，剥夺了儿童按自然步伐生长发育的时间和空间。这部著作出版之时，个人电脑刚刚开始走进千家万户。那一年，《时代周刊》以“电脑”取代人的位置，将其命名为“年度机器”（而非“年度人物”）。“脸书”创始人马克·扎克伯格当时尚未出生，他创建“脸书”，还是 22 年之后的事。

波兹曼将目标直指电视文化，同时提出一种观点，认为受到保护的童年从很早以前就开始消失，其标志性事件是出版、无线电报等能快速、广泛地进行思想传播的技术发明。他认为，贯穿几个世纪的技术发展，使得“在人们心目中原本对童年本质的笃定认识，现在开始受到质疑”。

如今，我们来到了一个全新的十字路口。我们面前有着前所未有的大量证据，可供我们对技术为儿童带来的风险与利益进行全面的评估。我们拥有足够充分的信息，去获得“对童年本质的笃定认识”。现在，我们必须想明白，童年的本质究竟是什么，而我们又希望孩子们拥有怎样的童年。

在此，我还想补充一点。儿童的技术体验，不仅会影响到他们对外界的探索，而且也会影响到他们的社交能力、情绪和智商发展，而这些是童年阶段最基础的内在成长因素。这场思想与网络紧密联结的大规模实验，在人类社会中进行了二十多年。科学研究正颠覆着我们在初期“蜜月阶段”建立的一些假设。科学家帕特里夏·库尔（Patricia Kuhl）认为，新的研究成果提出一种新颖的观点，即“儿童的思想有着极大的开放性”。利用神经科学领域的新型工具，“我们正在步入儿童大脑发育研究的伟大的黄金时代”。

科学家们不断努力，日益拓展我们对大脑的了解，而其中的一些研究，也让我们有机会正视技术与神经生物学之间的关系。有一点十分明确：大脑对“中介式互动”（mediated interaction）的处理方式，与对“人与人之间互动”的处理方式是不同的。最重要的是，各项研究不断得出同一个结论，那就是，家长要担负起自身的职责，去透彻地了解孩子，读懂他们的需要，在“真实的人生”中与孩子保持紧密联系。

为人父母：角色扮演游戏终极版

一天早上，我举办了一场聚会，邀请10位妈妈出席。这些妈妈中，有人是职业女性，有人是全职妈妈，她们全部都是曼哈顿一所幼儿园的孩子家长。这所幼儿园邀请我举办演讲活动，主要是探讨在日新月异的数字文化中，如何看待家长角色的转换，如何培养出有品格的孩子。我问这些妈妈，技术给她们的家庭生活带来了怎样的改变。一听到这个问题，妈妈们全都不假思索、争先恐后地讲了起来，语气中充满焦虑。关于如今这个被电子产品所充斥的时代，她们分享了自己的观点和带孩子时经历的一些事情。

一位妈妈用形象的语言讲述了一种司空见惯的现象：“现在每天晚上，我们家里都出奇宁静，因为每个人都拿着自己的那部小机器，盯着自己的那个小屏幕。就算孩子们都睡下了，我和丈夫也没有真正的二人世界。我们就面对面地坐在餐桌旁，互相无视对方的存在，直勾勾地盯着自己的笔记本电脑。”

还有一位妈妈这样说道：“我读到一篇文章，里面讲到，4 岁的孩子里，会下载 App 的比会系鞋带的还要多。”她提到的这篇文章介绍了 2010 年针对 2200 名母亲进行的一项国际范围的调查。调查发现，2~5 岁的孩子中，会玩智能手机的人数，比会系鞋带的人数要多。

一位坐在桌角的语调温柔的年轻妈妈说道：“我女儿 6 岁了。现在她还没有对互联网表现出强烈的兴趣，但我很担心，一眨眼她就会长大。突然之间，我就有了一个 13 岁的女儿，为了玩社交软件而完全忽略我的存在。然后我就会后悔，为什么在女儿年幼时花了那么多时间和朋友发信息、发邮件。这就让我想起了那首歌，里面唱到一位父亲从来不知道停下脚步与儿子共处，后来儿子长大了，同样的事情又翻转到父亲身上。”

她提到的那首歌就是《摇篮里的猫》（*Cat's in the Cradle*）。这是哈里·蔡平（Harry Chapin）于 20 世纪 70 年代推出的一首民谣，歌词里讲了一个引人深思的故事——因时光的流逝，彼此的忽视，父亲与儿子所产生的无比懊悔的心情。在儿子小的时候，他非常想和父亲建立情感联结，但父亲总是忙于其他事情，忽略了儿子的需要。多年之后，父亲年老，希望有更多的时间与他已经成年的儿子共处，这个年轻人却没有将时间留给父亲：男孩长大后，变得和当年的父亲一模一样。

这首歌令人久久无法忘却。虽然是近40年前的作品，如今听来，却依然与我们的生活非常贴近。这首歌时刻警示着我们，在孩子年幼的时候，真正与孩子共处的机会转瞬即逝。在这些无比宝贵的机会中，我们作为家长，要全然存在于当下，将关注点集中在最重要的事情上——孩子通过观察我们的一举一动而学到的延续一生的习惯。

这次聚会和我在全国各地组织的各类焦点小组、心理咨询以及家长对话一样，我听到了许多来自家长的顾虑与为难。他们想要成为合格的父母，希望给孩子最好的一切，包括电子产品。但他们也能感觉到某些东西的消逝与缺失，不知如何把握、如何挽回。我的一个朋友，将为人父母的工作称为“角色扮演游戏终极版”。我也认为，全新的数字化浪潮会让人不知所措，感觉自己受到了威胁。我脑海中浮现出一幅画面：一群虚拟世界中的父母化身，怀着好意，却在游戏中输得很惨。某个时候，这场游戏看似好玩又有趣，但没过一会儿，哪怕走错一步，我们或我们的孩子就会误入危险的疆域，而且我们还不能按下重启键，让一切重新开始。在游戏里，人物发展和情节转变的过程中，技术并非罪魁祸首，却有着双重潜质，既有可能暗中为害，又有可能令人心驰神往、爱不释手。我们不断在追寻的目标，就是与技术发展出一段健康的关系，能在这段关系中抓住主动权，有能力随时将其放在一旁，为孩子以身作则，找到方法正确地利用技术，令其为家庭的整体利益服务。

威妮弗雷德·加拉格尔（Winifred Gallagher）在其著作《全神贯注：注意力与心智集中的人生》（*Rapt: Attention and the Focused Life*）中，将“大一统心理学理论”简化为一句话：你的人生，就是你所关注事物的总和。我们利用技术与全世界随时随地建立联系的全新能力，无疑正在将我们越拉越远，使我们逐渐忘记家庭才是儿童和成年人生活中最重要的一部分。不知不觉间，我们将关注点从“培养、促进孩子需要的正常家庭关系”，转移到自利、工作，以及其他形式的满足感实现途径上。如果给孩子一部属于他自己的电子产品，他必然也会去做同样的事情。

随着时间的推移，家庭接二连三地受到每一波技术新浪潮的冲击，从台式电脑到笔记本电脑，从翻盖手机到智能手机，从短信到社交软件、微博。每一次全新体验，都让我既警觉又惊喜，既疲惫又兴奋。我会担心自己的孩子钻进屏幕里出不来；而没过一会儿，我又会因为这种新型、富有创意的高效沟通方式而惊叹不已，因瞬间触及全世界的便捷而倍感震撼。所有这些现象令我深刻地意识到，家庭生活以及人与人之间沟通的能力，已经发生了不可逆转的改变，而且还会以我们无法想象的方式继续改变下去。

许多家长、教育界人士、心理专家、儿科医生、公共政策制定者，以及对社会问题深表关切的社区工作者，都存在同样的顾虑。我们眼睁睁地看着界限的消失而慌了手脚，面对界限重建的问题而不知所措，感受着席卷而来的跨文化思想大海啸而毫无招架之力。

我们无须全身而退，也不用幻想着回到数字化时代之前能重新找到力量的源泉。而且，我们也不用以超前的眼光，去看待电子产品产业之中的各路精英及其市场营销团队。我们自己就能将与技术的关系带回正轨，并以明智的方式将技术融入生活，打造出富有活力的可持续家庭关系。

无论技术如何改造着我们周边的世界，有一件事是亘古不变的，那就是，家庭中亲人之间的关系与联结，会以特有的方式影响着孩子的大脑、思想、身体和灵魂，而这些都是技术永远无法取代的。诚然，数字化文化之中的许多东西都远远超出了我们的控制能力，但研究表明，为了孩子，我们作为家长、教育者和倡导者的权利核心，本质上并没有改变，依旧停留在我们与孩子的关系空间之中。我们给予孩子的关注，我们以笃定、温暖、充满爱心的方式与孩子建立联结的能力，以及我们所具备的力量，是任何其他东西都无法相提并论的。在爱的面前，屏幕和技术都相形见绌。但如果我们放手不管，屏幕和技术依然可以取代最本真的爱。

作为一名心理学家，我认为，对人与技术、人与人之间的关系了解得越深刻、越全面，我们在面对越来越多的选择时，就越能为自己和孩子做出明智的决定，而无须牺牲掉许多人心目中最重要的东西——充满爱的可持续家庭环境。家长、教师、祖父母、保育员、儿科医生、心理专家，所有这些与孩子打交道、对孩子充满关心的人们，已经开始加入这场对话。本书的写作，着眼于生活中那些点点滴滴却富有深意的小事，让我们能以全新的视角去进一步解开技术浪潮背景之下的心理学动态。需要强调的是，我们尤其要关注技术的应用对孩子心理可能产生的附带后果，以及这些附带后果给我们家长带来的影响。

在随后的章节中，我将与读者分享我为孩子和家庭提供心理咨询服务时的所见所闻，我作为学校顾问所经历的事情，以及为了写作此书而对学生和教育界人士进行的大量访谈，并详细阐述技术与网络在儿童发展的每一个阶段所带来的风险。让我们带着全新的视角、开放的心态，以及采取行动的意愿，抓住机会，重新培养家庭之中的亲密关系。在即时即刻改变着家庭生活和人类未来的数字化时代之中，保护好孩子，帮助孩子准备好迎接富有意义的人生。

第一章
失　联

技术效应将儿童发展置于险境

刺激代替了联结，我认为这就是你要小心的事情。

——内德·哈洛韦尔（Ned Hallowell）

精神病学家，《失魂落魄》（*Driven to Distraction*）一书作者

汤姆是一位单亲爸爸。他是我认识的最有想法、最关心孩子、最投入父亲角色之中的一位爸爸。他有 4 个儿子，分别是 4 岁、7 岁、9 岁和 12 岁。他们都是好孩子。汤姆经常带着孩子们去远足，参加体育训练，和孩子们一起养小动物，带他们一起周游世界。他不是一个痴迷于技术的男性，对于电视和电子游戏，他十分审慎，总是深思熟虑之后才有选择地让孩子们使用。做到这一点是个很大的挑战，因为孩子们的年龄和发展有差异，这意味着要给两个大孩子和两个小孩子分别设定不同的界限。

对于有些东西，比如暴力血腥的战争游戏，他可能允许大孩子玩，但绝不让小孩子看到。而对于《侠盗猎车手》(*Grand Theft Auto*)这个极端恶俗的游戏，他根本不想让它出现在自己家里。在这个游戏中，玩家是一个反社会的在逃车手，通过撞倒行人和其他无辜生命来赚取分数——基本就是撞死任何一个出现在眼前的人，并以此为乐。在杀戮的时候，玩家沉浸在一个犯罪世界之中，其身份并非警察或英雄人物，而是一个彻头彻尾的恶棍。

汤姆告诉我："玩家可以去逛脱衣舞俱乐部。里面有色情内容，有毒品，有射杀警察的场景，非常可怕。所以我一直说，'不行，我们不能玩这个游戏，绝对不行'。"他一直坚持自己的态度。后来，最大的儿子山姆过 13 岁生日时，他的好朋友将《侠盗猎车手》光盘送给他当生日礼物。

汤姆当时非常气恼，但又希望能动之以情，晓之以理。他没有逼迫山姆交出礼物，而是换了一种策略。他只允许山姆一人玩这个游戏，而且只能在其他孩子不在场的情况下玩。这个策略没有见效。他又制定了新规则，孩子们则拿出"道高一尺，魔高一丈"的精神与他对着干。于是，他把游戏光盘藏了起来，孩子们又给找了出来。最后，他觉得自己终于将局面控制住了。两个大孩子遵守了游戏的规则：让 5 岁的本和 7 岁的泰迪这两个小孩子，既看不到也拿不着这个"游戏"。

没过多久，有一天，汤姆开车带着两个小孩子出门。孩子们坐在后座上安静地玩游戏。这时，他发现 7 岁的泰迪正在自己的手机上玩《侠盗猎车手》。泰迪玩的是这个游戏的触屏网页版。汤姆之前从来没有想到过孩子们还能这样玩。泰迪之所以 7 岁就有了自己的手机，是为了方便与离婚的父母在需要时保持联络。汤姆从来没想过，这部手机也能成为他精心维护的防火墙上的一个安全缺口。

汤姆本可以就此放弃，在技术的狂妄声势下彻底投降，放下父亲的权威，但他没有这样做。事情刚刚发生，他就开始策划自己的下一步动作：删除手机上的技术功能，升级家长控制权，以便他随时严密监控孩子们在手机上的一举一动。这一回，他严禁家里的任何人接触《侠盗猎车手》，虽然他知道大儿子可能去朋友家玩这个游戏，但至少这次他立下的规矩足够明确、足够起效。

数字化时代，父母的 IT 职责是个永远没有尽头的挑战。汤姆希望孩子们能享受到技术带来的好处和快乐，他希望孩子们熟练掌握电子产品，通晓网络应用之道，但在家里，屏幕上的工作和娱乐已经太过泛滥。他说，他最不想看到的，就是让孩子们各行其道，在电子产品上"乱逛乱学"，然后他双手合十指望就此培养出技术天才。这样做的风险高到令人无法承受。

大约 15 年前，我开始陆续接到来自学校的邀请，校方希望我与家长共同探讨如何培养孩子的性格。家长们很担心，随着文化规则的瓦解、消费主义的盛行、犬儒主义和娱乐的粗俗化、生活节奏的日益加快，以及学校中通过竞争取得成功的压力越来越大，孩子们的道德观和人生观会出现扭曲。自从电子屏幕、技术和上网成了孩子生活中司空见惯的事物，甚至连学龄前孩子的家长和教师都开始意识到，孩子们在屏幕上玩游戏和在线社交，正在影响他们的学习、社交、情绪发展，甚至家庭关系，以及整个校园生活。教师们纷纷表示，技术给孩子们的校园生活带来了细致入微却极其普遍的影响。4 岁的孩子会在操场上模仿电脑游戏中的人物，却不愿意动手玩积木，不喜欢读绘本；小学生每次看到有问题需要解决，就产生畏难情绪，哪怕是很简单的任务，也要让成年人帮忙才行；高中生只要碰到比短时记忆要求更高的任务，就会不知所措，比起去博物馆实地参观，他们更喜欢来一场虚拟旅行。

家长的态度更是带着恐慌情绪。孩子玩游戏成瘾；被抓住用别人的笔记本电脑看色情影片；妈妈偷看15岁女儿的社交网络页面，发现她正打算与一个网上认识的40岁的男人偷偷跑出去看电影；12岁的孩子将自己的照片发到网上一个叫“我丑不丑”的平台，邀请人们匿名评判她的相貌。

与此同时，我还听到家长对孩子去朋友家过夜这件事表现出前所未有的担心。其中最大的顾虑，就是朋友家有年龄较大的孩子，而这些大孩子受到了某些视频网站中色情内容的影响，很可能带着自家孩子偷偷看这些东西，将孩子暴露在低俗内容之中；要么就是怕别人家的网络可能没有防火墙，孩子们可能会借机上网乱逛，一不小心就会看到不该看的内容。一位妈妈说道：“以前，我一直觉得这样的事情不可能发生。现在我不得不假定这些事很可能发生。”这样的假定不仅很有必要，而且着眼未来，还是明智且值得一直坚持下去的。技术创新的本质，就是要将人类带入未知疆域，而且会继续改变日常生活的方方面面，让我们在不自觉间被技术所奴役。而针对实践型创新对人类生活的影响所进行的研究，无论是以脑突触为课题还是以去朋友家过夜这样的交往体验为课题，都会不可避免地被抛在后面。每一件新事物、每一次升级，都将使我们沿着网络文化的大斜坡往下滑。在这条路上，我们要时刻准备好去面对不断涌现的全新挑战。

摆在所有家长面前的技术困境，既会给孩子惹上大麻烦，也能以无法想象的方式为孩子的人生注入深刻而充盈的美好体验。技术彻底改变了家人和朋友之间的联结方式，也彻底改变了人们对工作和生活的管理与安排。我们的孩子，可以利用技术接触到大量资源，发展健康的兴趣爱好，也能通过技术与志趣相投的人们建立联系。技术彻底改变了“学生”的定义，改变了教育的整个过程，为人们提供了前所未有的终身学习的机会。技术还彻底改变了“全球公民”的意义，以及我们以陌生人的角度去看世界的移情、理解和欣赏的能力。技术带来的无限可能性，令人叹为观止、激动无比、灵感迸发。

然而，我们都知道，技术存在黑暗的一面。研究已证明，技术对正处于发育期的儿童大脑，以及儿童早期学习和情绪发展都会造成不利影响。我们都清楚，在线娱乐和网络文化很多时候都带有反社会、粗俗、有辱人格的特质，而且孩子们不费吹灰之力就能接触到这些内容。在这样一个时代，孩子们比任何时候都更需要成年人的监管，家长却说，他们从没像现在这样觉得自己无能为力。家长无法控制网络之中的内容，无法控制孩子在网络上的体验。他们很想信任孩子，相信孩子们知道应该去看哪些东西、不去看哪些东西，知道应该怎样保护自己，知道在网络文化的喧嚣与道德泯灭之中如何去尊重他人。但是，这个问题的本质并非信任与否，而是孩子们是否准备好以安全而明智的方式行走于这个对于我们所有人而言都是全新疆域的网络世界。关于信任，你能给予的最大信任，就是相信孩子们都是好孩子，但这些好孩子全都不可避免地会误入技术中的是非之地。孩子毕竟和成年人不一样。成年人有着发育成熟的大脑，能看出什么是对的，什么是错的，什么是开玩笑，什么是霸凌行为，什么是有品位的内容，什么是垃圾，而且成年人有能力在使用电子产品时，控制自身的冲动，做出成熟的判断。我们的孩子还做不到这些。

人类的特别之处，就在于出生之后需要一定的时间，才能发育出成熟的大脑。如今，关于儿童发展的话题，总是围绕着孩子的潜质以及如何更快地挖掘出这些潜质来展开，我们应该更多地去关注儿童独有的思维方式，发展中的儿童大脑对自身经历和体验的处理方式，以及我们应该如何以健康的手段去支持孩子的成长。现在我们知道，大脑前额皮质，也就是让我们有能力（该能力叫作执行功能）将后果与行为联系为一体的那部分大脑，需要 25 年的时间才能发育完全。青春期青少年的大脑执行功能，依然处于发育过程中，从神经学角度来看，青少年不具备完整的决策能力。由此看来，决策的责任就落在了我们成年人的身上。成年人年纪更大，从神经学理论上来讲也更富智慧，因为我们的大脑有能力对行为产生的后果进行斟酌。但有的时候，我们自身与技术之间的爱恨情仇也会迷惑我们的视野，使我们看不清技术习惯对自己的孩子会产生什么样的严重后果。

我们每个人都活得艰辛，在生老病死的大事和日常琐碎的小事之间翻转腾挪，不断寻找着平衡，想要尽可能地做到更好——有能力掌控全局，不伤害别人，发挥出自己最优秀的一面——从而不顾做事过程中随时随地冒出来干扰我们的无数琐事。对技术的负面影响拿出一副视而不见的态度，简直太容易了。我们会对自己说："没事的，其他人都这样。""根本没有那么可怕，我知道其他家长对孩子更放任。""这些家长早晚也会遇到同样的问题。我什么也做不了。"

于是，我们选择性地删除脑海中的记忆，忘却那些边开车边发信息而造成危险的新闻报道，无视关于儿童社交媒体应用与焦虑症、侵犯行为、上瘾、注意缺陷与多动障碍（ADHD）、发育迟缓、肥胖、进食障碍等健康问题之间的关联，忽视那些以悲剧结尾的故事。只要这些事情还没有发生在我们身上，无论是车祸、危机、疾病诊断，还是学校给家长打来的电话等令人担忧的事情，我们就会觉得，这些事情根本不可能发生。但是，现实情况是，这些事情正实实在在地发生在我们周围。研究和行为发展趋势已经显示，当技术过早地持续暴露在儿童的生活之中，很可能会对家庭关系和儿童发展造成负面影响。在保卫家庭、保护孩子的这场斗争中，我们的许多关键阵地即将失守。从心理学角度来看，儿童发展和健康成长的基础因素的缺失，很可能会令孩子在学习和生活中遭遇各种各样的问题。

技术取代了家庭的首要地位
同伴与流行文化对家长地位的削弱，会带来什么危害

什么是家庭？每当我向孩子们提出这个问题时，他们的回答都能很好地反映不同年龄段、不同发展阶段的孩子心目中的家庭形象。4 岁的安珀将家庭称之为“妈妈、爸爸、姐姐，还有让我开心的东西”。

“家庭就是爱你的人。”5 岁的麦克斯这样说。

“他们是最重要的人。”8 岁的艾莫瑞说道。

10 岁的奈奥米则将家庭形容为“学习价值观和爱的地方”。

13 岁的安德鲁总结道：“有时候，家人挺惹人烦的，但是你知道，家人永远不离不弃。是的，有个家很好。”

无论我们以怎样的日常语言来形容家庭，从发展研究的角度来看，家庭的重要性始终具有特殊的意义。婴儿对自身及其所处环境（包括环境之中的每个人和每样东西）的体验，是毫无差距的。没有“我”，只有“我们”。心理分析学家哈维·里奇（Harvey Rich）在他的著作《当下：感恩每一天》（*In the Moment: Celebrating the Everyday*）中这样写道：“家庭打造出了我们在这个世界上的最初体验，成了我们世界观的基础。家庭是意识发展和组织的基调……是我们以他人为参照，将自身作为家族、社区、历史和人类总体的一部分，是对自我进行定义的起点。在最深刻的层面上，家庭是我们开启自我发现的初始位置。”

夫妻的关系和期待，孩子诞生之时所处的多种关系与环境的总和，所有这些构成了所谓的“养护环绕”，塑造着孩子从出生以来的思考、成长，以及与世界的互动。在儿童发展学中，当我们讲到“家庭的重要性”时，并不是单纯地认为家庭以住所的形态存在，对于儿童有着非常重要的意

义；而是认为，家庭在儿童自我发展的过程中，有着最深刻、最博大、最具决定性的影响力。孩子的神经发育、心理发展，以及生理成长，都与家庭有着极其紧密的联系。

心理学家塞尔玛·弗雷伯格（Selma Fraiberg）在她的经典著作《魔法岁月》（*The Magic Years*）中写道，家庭将儿童“人性化”。对于这个说法，我们可以理解为，家庭是我们的第一位教师，也是最重要的一位教师，家庭教导我们，从认知能力到性格特质，发展成为“全人”。因此，当如今的社会打破了家庭中亲密的养护环绕，媒体和技术推翻了家庭在儿童成长过程中所承担的价值观建立、关系榜样、指导与启发、意义创建等功能，我们就有理由为此感到担忧。

我们可能会觉得，媒体和技术文化中转瞬即逝、令人眼花缭乱而无暇深思的内容，在家庭对人产生的深刻的、首位的影响面前，是相对无害的。事实恰恰相反，这些内容有着更加强大的力量。心理分析理论家哈里·斯塔克·沙利文（Harry Stack Sullivan）于20世纪30年代发表的作品中提出了家庭至上的心理学理论，并对每个年龄阶段的儿童及其家长的“互动区域”进行了观察。这些“相对持久的互动模式”，为儿童提供了稳固的关系基础，并由此发展出信任、共情、乐观和坚忍等性格特质。

家庭成员间共同遵守的仪式，你与孩子在用餐、洗澡、睡前、公园游乐、驾车出游等时间进行的对话，所有这些都是“互动区域”。每一天的同一时刻，你都会以同样的方式来重复这些内容：该刷牙了……我好爱你……是的，你现在要睡午觉了……轮到姐姐玩秋千了……我知道你不愿意，但现在我们要回家了。或者是规定界限的话语：如果你们不能轮流玩游戏机，那我就把它没收……是的，你必须在全家人都吃完饭之前，一直坐在饭桌边。或者是你在青春期青少年耳边喋喋不休的那些话：慢点开车……如果不舒服就打电话给我……宵禁就是宵禁，否则你要接受惩罚。然后言出必行。

正是这些早餐桌边的咕哝，晚餐时分的聊天，驾车出门时的对话，一遍又一遍，一天又一天，慢慢将我们紧紧地联结成了密不可分的一家人。而其中最重要的部分，就是家长在其间对孩子的教导——什么是可以的，什么是不可以的，什么是不得体、不体贴的语言和行为，什么是开玩笑开过了头变成了恶意搞怪，界限的意义，不当行为要承担后果、接受惩罚的事实。孩子不会在那些时刻对我们表达谢意，而且我们在家中强制订立规则、执行规矩时，总是会闹得鸡犬不宁。但是，这就是我们作为家长的职责。当我们设定界限时，当我们说“不”时，我们也是在教育孩子。我们的孩子从这样的亲密联结模式中，能发展出最深刻的自我意识和内在定力。每当孩子将注意力放在发信息、看电视、玩游戏和社交网络时，这些东西就取代了家庭的位置；每当我们自身的技术习惯干扰到我们与孩子共度的时光，既定的模式就被打破了，家庭至上的原则就遭到了打击。常识媒体（Common Sense Media）联合创始人兼总编利兹·珀尔（Liz Perle）认为：“如今，有许多这样那样的小事，日积月累，便造成了孩子在生活中与我们失联。孩子们都很聪明，他们能感觉到家长的心思是不是在自己身上。”

太多童真的早逝

儿童来到这个世界时，都是天真纯洁的，意识不到世上的痛苦与折磨，也不知道人可以多么残忍。家长职责的一部分，就是保护孩子们尽可能长时间地免受苦难现实的打击，让孩子们从内心发展出善良的特质，培养出乐观、信任、好奇以及对学习的渴望等核心价值观。从神经发展和情绪发展的角度看，如果孩子还没有能力面对并处理现实情况，便过早地暴露在过多的现实面前，就会造成天然好奇心的短路。无论是男孩还是女孩，都很容易因过早暴露在充斥着成人文化的内容中而遭受心理打击，因为这些内容大多带有愤世嫉俗的厌世观点，将性和暴力作为娱乐手段，一贯将女性打上物化标签，还会鼓励男孩采取冲动行为。

如今，孩子成长所处的文化环境，将谎言、背叛、低俗的性内容和暴力视作司空见惯的常事。诚然，这些东西没什么新鲜，但是在互联网和个人电子产品将这些东西送到我们眼前之前，孩子在没有获得家长允许的情况下，是无法进入这样一个世界的。无论从家长角度，还是从整体文化的角度来看，我们对孩子的保护屏障已经失守。当你走进便利店，看到《花花公子》杂志半掩着封面摆在柜台上，就会想起那个天真美好的年代，家里和社区中的成年人总是不约而同地保护孩子们，避免他们过早暴露在不健康的价值观和行为面前。

如今，孩子们早已不再受到这样的庇护，而且成人文化还会进一步促进儿童的“成人化”发展。有些时候，这样的事情是无意为之：孩子接触到了给成年人看的一般内容，也就是那些只有拥有一定阅历和知识背景的成年人才能看懂的令人不安的新闻事件、粗俗内容和文字。但许多时候，这样的事情都是刻意的，在砸下重金的研究和产品营销中，商家将儿童作为消费者目标群体，培养他们“必须拥有”的消费欲望，甚至游戏软件中还有针对学步期儿童的一键购买提示，只要按下按钮，就能从家长的信用卡中刷钱。许多所谓的儿童软件，并非真正旨在保护孩子免受这些剥削文化信息的干扰，只不过是换汤不换药地将同样的信息打包成对孩子更富吸引力的语言和内容，让家长觉得孩子用一用也没什么问题。充斥在成人电视节目和在线评论中的厌世情绪、恶意幽默、针对性别的破坏性偏见以及无礼言行，被改编成了缩小版，放在了《贝兹娃娃》(*Bratz Dolls*)、《超能战士》(*Power Rangers*)、《海绵宝宝》(*SpongeBob SquarePants*)等节目之中，后来又出现在《绯闻女孩》（*Gossip Girl*）等电视剧中。

每天连续数小时，电视以这样的方式为孩子们提供教导，现实生活中的女孩们带着对自我的不健康视角步入青春期，以偏激的眼光去看待什么是美，什么是受欢迎、有影响力，也就不足为奇了。男孩们则以电子游戏、网络和色情片中的行为模式为依据来指导自身的言行，认为讽刺、冲动，高高在上地对他人实施侮辱才是男孩该有的样子。

性图像和性内容的过早暴露所造成的影响，从屏幕直接转移到了现实生活中，又从生活中转移到了我的办公室中。一位看起来很可爱、很正常的三年级学生，在咨询过程中向我讲述，他为什么邀请一位女性朋友（不是女朋友）一同到学校更衣室，脱掉上衣，互相亲吻对方的胸部。有一次，他在家里用电脑上网时，不小心看到了一段视频，里面的成年人就是在做这样的事情。于是，他到学校跟朋友提起这件事，朋友便同意和他一起尝试。在初中，一桩因性信息而引起的事件令所有人吃惊不已：一位 12 岁的男生向一位 11 岁的女生索要无上装照片，于是这位天真乖巧的女孩便将自己尚未发育的胸部照片发给了男孩，而这个男孩又将照片通过电子邮件发给了学校里的所有人。另一所学校，一位 9 岁的女孩给一位 10 岁的男孩发了几封电子邮件，里面的图片一看就是从网上找来的，上面暗示着男孩性器官的尺寸，还有其他一些她肯定看不懂的性暗示。可悲的是，这类事件早已不再是偶发事件。

一天晚上，我接到了一通来自莎拉的电话。莎拉身心俱疲，因为她没办法让一贯性情稳定的女儿平静下来。她的女儿名叫艾米，年龄 10 岁。当天艾米从课外班放学回家后，就表现得非常不正常，一连几个小时哭哭啼啼，一直到晚上 9 点。当天下午，一位名叫基尼的 13 岁女孩，给艾米看了一段基尼自认为“非常搞笑”的视频。那是一部恐怖片的预告片，里面展示了性暴力和虐待狂式的折磨。艾米看后倍受伤害。于是，她妈妈打电话给学校，询问这样的事情怎么可以被允许发生在校门之内。学校的解释是，虽然白天上课时间学校里执行严格的“互联网禁止政策”，包括学校里的课外班也不能上网，但下午 4 点之后，有智能手机和平板电脑的学生便可以在学校上网。基尼是真心觉得这段视频非常搞笑，看到艾米因此而不高兴，基尼觉得十分不解。在与校长谈话之后，基尼真心诚意地给艾米写了一封道歉信，她是真的没有想要伤害艾米。基尼被暂时停学，并要在这段时间里深入研究哪些在线内容是对儿童不适宜的。但艾米连续好几天都无法将那些画面从脑海中抹掉。在她那小小的脑袋里，根本体会不到一丝幽默，每当她想要睡觉时，那些冲击力极强的、虐待狂式的、充满暴力血腥的画面便接二连三地涌现在脑海中。我给了莎拉一些建议，以帮助艾米尽快忘掉那些令她倍感困扰的画面。几天之后，艾米又可以重新集中注意力。但是那天下午，艾米丢掉了心中的一片纯真。这件事情，对她和她妈妈所造成的伤口，都很难彻底愈合。

每一个案例中，我们都能清楚地发现，其中的行为与家庭所倡导的价值观完全背道而驰。怎样做个好人，怎样和他人做好朋友，男孩女孩应如何行事,如何恰当地相互对待,所有这些问题的答案,以前都来自家庭和朋友,现在却受到了外部来源的挑战——电视和网络节目、成年人、心怀诡计的奸商。对于这些人和事,保护你家孩子的童真,根本不在他们的考虑范围之内。

技术卷走家庭和个人隐私，将弱点暴露无遗

隐私，是人们自我保护的一种方式。随着媒体和社交网络打破了受保护童年与成人世界之间的屏障，也模糊了人们生活中公开与私人维度之间的界限，以至于孩子们的思想中，对隐私的意识非常薄弱。

从传统观点来看，对于孩子来说，家庭是私人的保护所，是自己的安全港湾。在家里他会毫不顾忌自己的形象，毫不掩饰自己的情绪。他会对着爸爸妈妈发牢骚、说闲话（也可能是在藏得很严实的日记本中写下来）。他拿兄弟姐妹开玩笑，有时还很不讲情面。在学校度过漫长的一天之后，他身心俱疲地回到家中，跟父母或他的宠物狗讲一讲一天发生的事情。父母会对他进行安慰，对他的行为进行纠正，或是想办法跟他谈心，帮他调整情绪，有时方法得当，有时越帮越忙。在家中，他要承担自身行为的后果，学会关于爱、人生和人际关系的重要内容。在家里，他会得到原谅，他会经历成长，他在过程中犯下的每一个错误，都有家人的守护。在家庭的隐私保护中，他尽情分享着自己受到的伤害和经历的失败。如果心情沮丧，他会第一时间去找家人寻求宽慰，而不是去公开的聊天室或去找网上的陌生人。

他也知道，他要对家人进行保护。家人之间的忠诚，意味着他要保护他们，识别出界限，在向除家人之外的旁人透露家庭信息或问题时，要思索再三。没人想过要到公开场合宣布对家人的抱怨，或张贴家人那些令人难堪的照片。

如今，孩子们回到家里，放下书包，不会像以往那样拿点零食，一边吃一边跟我们聊聊在学校发生的事情，而是到家便二话不说，直接上网。社交网络替代掉本应属于家庭隐私交流的空间，为孩子们提供了一个公开区域，在这里，他们可以随心所欲地交流，在冲动下分享内容，不经思考地回复他人。这个网络世界已经将过去的隐私生活，变成了向由大量“亲密的陌生人”组成的观众透露私人信息的舞台。以往家庭对孩子的教育中总会提到，涉及他人的事情不能公开谈论。现在，每个人都拿出一副无所谓的态度，加入发信息、发帖子的大军，内心那个自我克制的声音早已微弱得不值一提。

对于孩子来说，并非所有的家庭环境都能让他们心无挂碍地展示出自己最脆弱的一面。有时，青少年在网络上吐露心声，无论是关于创伤性事件、社会的残忍、性意识、抑郁，还是自杀的想法，都能找到他在家中寻求不到的接纳与支持。对于某些孩子来说，网络就是生命线，是关键时刻可以救命的资源。但是，就像我们针对人与技术之间关系的讨论一样，问题不仅在于网络是否有好处，还在于某种特定的网络使用模式正在削弱孩子们对真实生活的体验，将健康的成长和基本的安全置于险境。

⊗ 删不掉的数字足迹，令犯错误的代价十分高昂

以前，在我们的童年时代，关于一切事情的证据，只能从家庭相册、孩子的画本或日记本中找到。每当妈妈拿出孩子小时候光屁股的照片，或造型怪异的青春期时代留影，孩子都会很不开心。当你还处于成长阶段，看到自己小时候那个你很想脱离的幼稚形象，就会非常难为情。如今，那个从不给别人看的画本和日记本，早已公开。孩子（包括许多家长）会在网络上与众人分享自己和他人生活中的点点滴滴：照片、短视频、粗俗的态度、对事件的反思、流言蜚语、秘密等。在此之前，孩子的成长过程中，从未有过如此多的关于他们日常生活的公开而持久的记录。这些记录中也包括他们不成熟的言行举止和错误的判断。

杰克·斯特朗（Jake Strong）是美国中西部一所中学的校长。一天下午，我与他见面，听他讲述了关于孩子们因发信息、运用社交网络以及各种在线活动而引发的不良事件。这些都是来自教学前线的一手资料。许多行为如果放到过去，不过是无伤大雅的小毛病、小错误，而放到如今这个在线时代，则变成了令人无法原谅的冒犯。他讲到一则比较严重的案例。一位男生在一位同学的社交网络主页发表了一则“种族主义而且展示出极端明显暴力倾向的帖子”。其他学生看到了，“被吓到了”。学生们将这个男生

的行为告到老师那里，而当斯特朗看到这篇帖子上的文字时，他觉得自己没有别的选择，必须将此学生开除。

> 我后来跟他讲，人生中有许多机会犯错误，然后从错误中吸取教训，再爬起来继续前行。但即使再过一年时间，他也无法抹去这个错误带来的消极影响。因为在这里，在这所学校，他以后将永远是那个说过这段话的人。人生中很少有哪些事情是无法挽回、无法修复的，尤其对于孩子来说，更是这样。但他那段话的露骨程度，词汇所透露出的令人恐惧的感觉，以及人们在看完这段话后脑子里出现的景象，都是无法被忘却的，从某种角度来讲，更是无法被原谅的。我找不出任何恰当的理由，允许这位学生继续在这个学校学习。如果他继续在这里，许多人将永远无法获得安全感。

这位男孩的家长认为，他们的儿子理应再获得一次机会。儿子说出的话，并不能反映家庭的价值观，很明显，他是从别处听到这些话再学过来的，不过是在冲动的情况下尝试着在网上说一说，就像在路边墙壁上涂鸦一样。

在社交网络尚未出现的年代，倘若这位男生在午餐或课间休息时说出这些话，甚至在教学楼或卫生间将这些话涂鸦在墙上，他的行为都会受到严肃处理。但这种行为的影响，很容易被控制住。涂鸦可以被擦掉，说出的话也不会被广泛传播。他的父母和老师可以借此机会对他进行批评教育。斯特朗说，从这位男生一贯的行为方式来看，若是在面对面的环境中，他不太可能会表达这些想法，做出如此鲁莽的行为。但是，一旦把话放到网上，这件事就算坐实了。他无法将其收回，他也无法控制这句话在网上的生命力：谁看到了，谁将这句话与其他人分享了，他那条充满愤怒与仇恨的信息又会在互联网上传得多远、多广。

关于在线公开发布自我揭露的内容，包括照片、信息、微博和视频等，我们无从得知其可能造成的长期影响。儿童在自我身份认知尚处于发展阶段时，就建起了自己的在线身份，他们作为煽动者和受害者，在面对攻击时尤其脆弱。每天，都有青少年在网上扮演着仇恨者和地狱使者的角色。这些孩子要么是平日里十分害羞，想要在虚拟环境中尝试大胆的角色，要么是满腹野心，想要看看底线到底在哪里。他们有可能会借用一首流行歌曲中的歌词，本意是想让自己看起来更酷，没想到自己被传唤到了校长办公室。七年级的女孩，会在网上分享自己身着比基尼嘟嘴卖萌的照片，还会摆出扭捏作态的姿势，好像自己登上了《体育画报》的泳装专刊一样。他们还会效仿大学生的样子，在网上发布自己醉酒呕吐的照片，天真地以为自己的隐私设置会保护隐私，而事实上，这些设置只能提供很少的保护。现在许多雇主在雇用员工之前都会对申请人的在线社交情况进行审查。更重要的是，我们知道，这种类型的在线社交随时可能失去控制，伤害到我们的孩子。

当孩子们在网络上步入歧途时，我们要么不在场，要么心不在焉，要么什么都不知道。我们错过了教育孩子的机会，而孩子们则错过了他们迫切需要的指导。无论我们不在场的原因是什么，我们都对孩子们的在线生活知之甚少，对孩子们打造出来的在线身份一点都不了解。这真是一件让人匪夷所思的事情。网络，是孩子们时常出没、发展社交圈的地方，在这里，他们野蛮成长，没有任何人的监管。孩子们都想要拥有一个家长无从得知的秘密身份，而网络世界正好为他们提供了这样一个地方。可悲的是，这个地方并没有任何保护措施。

共情是网络文化中的缺失一环

回想一下你读书的年代，你坐在课桌旁安静地写作业时，在朋友之间偷偷传的小纸条。在一次女生领导者大会上，我请几位高中生写下他们在学校写作业时看到或收到过的内容不妥的帖子或信息。以下摘录几条：

> “你是个没人搭理、招人恶心的东西。”
>
> “怎么没人杀了那个家伙？”
>
> “谁都知道你的朋友讨厌你，你还想讨谁的好？”
>
> “你是个冷酷无情的家伙。”
>
> “你就是想搅浑水。”

孩子们成长所沉浸的文化，让他们认为残忍是一种很酷的行为。媒体信息对其进行鼓励，社交网络使其成为可能。我在学校担任顾问时，会花大量时间帮助学校找到校园文化中缺失的关键点。家长和老师总是提到，各个年龄阶段的孩子，近年来都表现出愤世嫉俗的态度和恶劣的语言行为。我在自己的患者身上也看到了这种现象所造成的影响。很多时候，孩子们会因为自身缺乏同理心或他人缺乏同理心而陷入困惑。

8 岁的艾莉不想去上学，每天晚上都睡不着觉。她告诉我：

> 在 Google Buzz 上，那些我以为是朋友的女生，对我特别刻薄。她们告诉我，我很胖，没人会邀请我参加她们的生日派对。每当晚上睡觉时，“你很胖”这几个字就总是在我眼前出现。

在一所市郊学校中，一个 7 岁的男孩蓄意激怒另一个男孩，说他要去这个男孩家里，开枪杀死这个男孩的弟弟和狗。他的老师很是担心，因为每天放学之后，他都要玩好几个小时的视频游戏，现在还经常在学校引述游戏里的话，用充满威胁意味的语言跟其他学生交流。

一位七年级教师向我请教，如何处理充斥着整个七年级以及另一所学校七年级的“恐惧文化”。她告诉我,两个男生在网络上管一个女生叫“臭家伙”，还说“你知道什么是丑，你的脸就是丑”。有人在网上发送情人节卡片，上面写着“送给蠢货”。他们还在线恶意攻击另一所学校的孩子，散播关于性行为的谣言，其中用到的影射和语言是孩子们根本理解不了的。我从许多学校都接到过同样的咨询,我知道,这种事并非“那一所学校”或“那一个孩子”专属。这是我们所有人面临的问题，是文化危机。

和阅读、写作、数学比起来，共情似乎是孩子需要掌握的一种“软”技能，但事实上，共情不仅仅是一种神经现象，更是一种高尚的情操。共情的发展，来自大脑左半球、右半球，以及全身各处神经通路所接受到的直接体验。这些神经通路随着体验的发展而逐渐扩张、深化，创造出著名儿童精神病学家、作家丹・西格尔（Daniel Siegel）所谓的我们互依自我的“神经地图”。这是大自然设计出来的一套系统，令我们有能力识别关于他人感受和意图的信号，受到他人体验的影响。西格尔认为，当这些神经元发挥作用时，“它们会消融掉你与他人之间的边界”。这就是共情。

共情的发展，在人的童年早期和一生中，都是非常关键的一步。共情是创造出人性和悲悯情怀的黏合剂。共情的能力，被认为是人在学校、家庭和职场中取得成功的关键因素。共情也让我们对自身满怀同情，而这正是心理健康的关键标志。如果孩子在成长过程中没有经历过那些能培养出情感意识和共情能力的事，那么他的神经地图就会被塑造成另一种样子。

杜克大学教授凯西·戴维森（Cathy Davidson）在她关于脑科学与学习的著作中提出，“大脑就是它所做的事情”。从这个角度来看，过去25年来，随着媒体在以儿童和年轻人为受众的娱乐节目中，将嘲笑、讽刺、霸凌和肢体冲突塑造成了司空见惯的常态，大脑所做的事情，也发生了翻天覆地的变化。让孩子在电视上看一下午恶语相向的宫斗剧，和让孩子看温馨的家庭喜剧相比，孩子大脑中的神经地图会出现完全不同的发展。

从神经学的角度来讲，共情需要长时间的沉浸和不断地练习，才能深入脑海。神经学家玛丽安娜·沃尔夫（Maryanne Wolfe）在其著作《普鲁斯特与乌贼：阅读如何改变我们的思维》（*Proust and the Squid: The Story and Science of the Reading Brain*）中大量提及技术对年轻大脑认知过程所造成的影响。她解释说，技术体验的速度和肤浅特质，极大地减少了创造出共情能力的神经体验。相比之下，诸如读书或其他有实质性内容的活动，能创造出复杂的神经通路序列，而这种丰富多彩的交织与联结，是发展出共情能力并使之不断深化的必备条件。

我们每个人都拥有沃尔夫文中所讲的“刺绣作品般美丽的脑回路”。这些脑回路由互相联结的神经网络所构成，“与每一件事物都联系在一起”。但是，她也说：“如果你以超快的速度浏览内容，那就无法在大脑中建立联结……所有这些都需要多花时间才行。”儿童通过阅读、反思和对话所建立的深层联结，是教会他们“这就是做好人好事的意义，这就是铁石心肠的后果，这就是做坏事的下场”的关键所在。

常识告诉我们，通过电子邮件、信息和其他媒体进行的通信，并不会让我们变成冷漠无情的人。社交网络和在线活动之所以能够如此成功地在利他主义行动上获得众人的支持，就说明这种集体联结中有某种东西可以影响到我们的神经元，令其朝向富有同情心的方向发展。与此同时，斯坦福大学的一项研究显示，人们对技术的日益依赖造成人与人之间直接互动量的减少，由此致使人们同理能力的下降。研究人员对 1979—2009 年针对近 14000 名大学生展开的 72 项研究进行了分析。结果显示，他们的共情能力出现了急剧下降。这是表现出来的结果，而其基础很可能在之前的十年左右——当接受测试的大学生尚处童年时，因日常生活中的改变而日积月累地形成了如今的结果。

罗恩·塔菲尔（Ron Taffel）在《用心做家长》（*Parenting by Heart*）一书中，对共情能力发展过程中家庭所发挥的作用进行了精彩的描述，认为家庭是“共情包裹”，就像在家里将孩子装进了一个富有同理心的大气泡，在其中构建起价值观、期望，以及与孩子的相处模式。他认为，孩子在那样的环境中，在与父母共处的有意义的时光中，切身体验到同情心、行为后果和沟通交流，并从中学会同理心。

通过玩耍、打闹、分享、推搡，通过拿起来、放下去，通过精彩纷呈、混乱无序的兄弟姐妹关系和家庭动态，我们学会以同理心对待他人，学会说对不起，学会理解当我们越界时会造成什么后果；我们学会为自己说过的话和做过的事负责，也要为这些话和事对他人的影响负责；我们学会彼此和谐共处。当这些体验缺失时，儿童共情能力的训练场也就不复存在了。

技术抢走了每个年龄段孩子的独立时间、自发玩耍时间和创意游戏时间

美国儿科学会（The American Academy of Pediatrics）多年来一直敦促父母，要尽量避免低龄儿童看电视和使用电子产品，至少要将低龄儿童看电视或使用电子产品的时间降到最低，并在中大龄儿童看电视和使用电子产品的过程中进行密切关注。美国儿科学会对一项为期 30 年的研究进行

了深入评审后总结认为，非结构化的、不插电的玩耍是低龄儿童学习创造性思考、问题解决、沟通交流，以及发展推理能力和运动技能的最佳方式。报告称，自由玩耍还能教会孩子们如何自我娱乐，并认为："在如今的'成就文化'中，你能为家中幼儿做到的最好的事情，就是给他机会进行非结构化的游戏，既要和你玩耍，也要独自玩耍。儿童需要这种类型的游戏，来搞明白世界是如何运转的。"

尽管如此，最近的研究显示，依然有大量儿童从户外自由玩耍转移到视频和电脑游戏、电视机，以及越来越多的手持电子产品上的应用程序中去，每天盯着闪烁的屏幕不放。与此同时，过去 30 年间，儿童肥胖人数翻了 3 倍还多，每三个儿童和青少年中，就至少有一个处于超重或肥胖的状态。这种现象，不仅仅是由于他们久坐不动，更是由于垃圾食品变得极为普及。当我们将几件事放在一起来看时，就更觉得，针对婴幼儿的电子产品和垃圾食品营销，有多么不健康。

很可惜的一点就是，对于所有年龄段的孩子来说，非结构性的、充满想象力的玩耍时间都缩短了，因为孩子们也变得像成年人一样，日程表安排得非常满，每天都安排了上学、有组织活动、课外辅导班等事情，放松和玩耍的时间所剩无几。再加上电视机和电脑方面的娱乐（65% 的家庭在孩子房间配备电视机），就更意味着以技术为关注点的玩耍挤占了不插电玩耍的大多时间。

适度地玩电脑游戏，对于学龄期儿童来说，是有好处的。但是，孩子们基本上不太可能把握好"适度"这个关键点，甚至对于所有孩子来说，花在各种屏幕上的时间，已经取代了传统的自由玩耍时间。而自由玩耍正是开发孩子们的创造力、深刻思考能力、社会互动能力、情绪自我调节能力和反思能力的关键所在。

往好的一面来看，皮尤研究中心（Pew Research Center）认为，游戏可以带来积极的效果。游戏可以将孩子们与同龄人联系在一起，促进社会互动，创造出战略思考的机会，教会孩子们掌握协作型游戏的技巧，还可以帮助孩子发展出解决问题时快速思考的能力。皮尤研究中心发现，社交游戏也会鼓励人们在线下采取更多的社交行为。有着积极主题的技术和游戏，可以是家庭和同伴之间的乐趣来源，还能培养出我们希望孩子具备的某些价值观——协作、乐观、坚持不懈等。如果技术或游戏还包括语音或文字聊天，那么孩子们就会以技术的特有方式进行社交。由此可见，孩子们玩什么、怎么玩，的确会造成很大的不同。

请允许我在此明确一点：的确存在针对儿童的非常优秀的电视节目和电脑游戏。说到这里，《罗杰斯先生的邻居》（*Mr. Rogers' Neighborhood*）、《小小大星球》（*Little Big Planet*）、《地球脉动》（*Planet Earth*）、《模拟农场》（*Farming Simulator*）、《我的世界》（*Minecraft*）等立刻浮现在我的脑海中。但我们在这里讨论的是损失，而这样一道数学题也非常简单：你的孩子在屏幕等数字化娱乐上每多花一分钟或一个小时，他参与到健康的、非结构化的、创造性的游戏中的时间就少了一些。当孩子们投入到屏幕中时，就算从某种程度上讲，当时他们在做的事情属于社交活动，但他们并没有在户外和其他孩子一起玩，没有在蓝天白云下、在阳光和风中，以放松的心情和朋友们聊着天，共同发明着某种新游戏，直接地交流互动；他们也没有面对面地争论，直截了当地共同探讨某事的公平程度，而只是通过游戏或耳麦在交流。他们没有跑来跑去、练习投篮、玩滑板，以此锻炼身体协调能力，强身健体。是的，他们可能会学到一些电脑使用技能和在线礼仪，但问题在于，他们并不是真的在学习，而其中的损失会影响到孩子们的健康发育。他们没有学习因自己搭建的沙堡倒塌、自己垒的积木散掉而心情糟糕到极点时，应该如何自我平复，如何重新思考，如何从头再来。他们没有学会与自己相处，在独自一人的情况下保持安然、舒心的状态，没有学会与自己的思想交流，在没有其他选择的情况下，令思想自由驰骋、四处飞扬，去探索、去发现、去感受。

这样健康的、非结构化的、创造性的游戏对整个童年时期的孩子都是必要的，而非仅仅针对幼儿。当孩子用小木棍和小人偶搭建属于自己的世界时，他们是在不断发掘创作故事、制造戏剧效果和解决问题过程之中的快乐。在每个年龄段，儿童都用玩耍和想象去理解自我和周遭的世界，去将学到的东西融为一体，去处理冲突和损失，去一遍又一遍地重复体验懊恼或快乐的瞬间。最终，他们会拥有更加深刻的思考能力，也会掌握自我反思的能力和独自沉思的能力。互动型游戏，不会引导孩子去做白日梦，或思考人生的重大问题。如果你给孩子们太多预先设定了规则和内容的电脑游戏，如果他们染上了在屏幕上玩游戏的习惯，他们就不知道如何度过他们口中所谓的“无聊”时间段，而与自己相处，进入一种神游的状态，常常是创造力产生的必备前奏。我们总是孜孜不倦地讲着，孩子们要找到自身的激情，但深深爱上某个学科、某项体育运动或某种乐器，始于培养一种深刻联结的能力，而这种驱动力，来自内在的自我。

媒体与儿童健康中心（Center on Media and Child Health）的儿科医生兼中心主任迈克尔·里奇（Michael Rich）认为，孩子们享受不插电的休闲时光的重要性并没有得到成年人的充分认可。“我们必须非常谨慎，尤其是在儿童大脑发育的阶段，但是我认为，贯穿整个童年期，我们不必忙着为孩子们提供各式各样的刺激，以至于他们的大脑连一点休息的时间都没有。思想需要无拘无束的徜徉，也需要偶尔无聊，才能有效地运转。不仅是为了维护大脑，也是为了实现自由的创意思考。而所有这些屏幕前面的活动，都不给你这样的机会。”

“电脑是全新的游乐场。”心理学家兼儿童发展领域的高产作家迈克尔·汤普森（Michael Thompson）这样感叹。在他的一部著作《想家与快乐：父母不在身边的时间可以帮助孩子成长》（*Homesick and Happy: How Time Away from Parents Can Help A Child Grow*）之中，汤普森提出，参加夏令营最有价值的一方面，就是能为孩子提供家长几乎不可能做到的事情：一个没有电子产品的环境和沉浸式的户外玩耍。他写道：“一群12岁的孩子手里没有电子产品，这样的画面太不同寻常了，在夏令营见到这样的一群孩子，真是令人颇为震惊。在绝大多数营地中，孩子们都要将手机上交，那里也没有供他们使用的电脑。在这样的环境中，他们却能开开心心、健健康康。这样的状态下，他们很快乐，也很为自己感到骄傲。”

技术正在吞噬着孩子做事时持续投入注意力的能力

玛丽娜今年14岁，被家长送到我这里做咨询。原因是，家长觉得她完成很简单的家庭作业却需要很长时间，而且她的脾气也变得很暴躁。老师认为一两个小时一定可以完成的作业，玛丽娜却需要三四个小时才能完成。家长担心她患有注意力缺陷障碍（ADD）。他们知道，孩子每天晚上做作业都很刻苦、很卖命，她也没有出去和别人玩乐。

我们对玛丽娜的行为进行分析，想要将由ADD导致的行为和由其他因素导致的行为区别开来。这时，我们很快察觉到，她的网上行为是一个重要的原因。我让她在做作业的时候，每次停下手来干别的事情时，就在行为记录手册上记一笔自己做了什么。于是我们发现，罪魁祸首原来是她做作业的时候分心干了别的事情，而非她的神经出了问题。

她开始做作业不久，就会和做同一份作业的朋友视频聊天。3个小时之内，她会收到少则6条，多则十几条短信。她不间断地发信息聊天，还“必须查社交网络动态”两三次。她还会在这段时间内收到老师发来的电子邮件。令她分心的事情太多，她连持续5分钟将注意力放在作业上都很难做到。除了这些干扰因素之外，她还会时不时地收到在线弹出窗口，不一会儿便跑去看新款雪地靴、流行视频，或她最喜欢的歌手推出的新歌，所有这些事，都融入了一个晚上的写作业过程中。

玛丽娜发现，原来每一次分心都耽误了正事。我让她自己找到不再分心的办法，以更高效、更有效的方式完成写作业的目标。她找到的办法是去厨房的饭桌边做作业，让自己时刻保持诚实，不再放一个专门用来糊弄家长的伪装屏幕窗口。她还决定，为了拒绝引诱，她要连续做1.5~2小时的作业，然后给自己20~30分钟的游戏时间，以示奖励。她专心做作业时，会在聊天软件上放一个“离开”的标志，告诉大家她正在做别的事情，这样她的朋友就不会因为她不回信息而生气了。后来，她告诉我，虽然有时候很后悔没有用那个糊弄家长的伪装屏幕窗口，但她知道，这样的计划是奏效的，而且最棒的地方在于，她主动对家长说了自己的计划，而不是家长将计划强制施加在她身上。她掌握了主动权，这样的主动性令她的学习、生活有了翻天覆地的变化。

2006年由恺撒家庭基金会（Kaiser Family Foundation）进行的一项调查显示，初中生和高中生每天在电脑或其他电子产品上平均花费6.5个小时，有超过四分之一的学生经常在同一时间利用好几类媒体。这项调查还发现，当青少年在电脑上“学习”时，有三分之二的时间是在做别的事情。

肯尼迪·克里格研究所（Kennedy Krieger Institute）和约翰·霍普金斯大学的神经科学家玛莎·布里奇·邓克拉（Martha Bridge Denckla）对儿童的注意力缺陷障碍有深入研究。她认为：“如今的儿童房间布置，几乎到了致病性的状态，因为里面有太多令人分心的东西。我认为，最具毁灭性的一件事，就是在孩子的房间里放一台电脑。你以为这样做是为孩子好，而孩子在用电脑写作业时，总会做些让你意想不到的事情。”如果我们一定要在孩子的房间里放电脑，就要在他们年幼时对如何使用电脑加以限制。但最终，他们还是要在我们的指导下，学会自我约束、自我监督，在无数容易导致分心的事物面前，知道如何不偏离正轨。

直至今日，科学家仍然不知道，屏幕和媒体是如何对大脑构造形成影响，进而导致严重的注意力缺陷障碍的，但是研究显示，屏幕和媒体的使用,的确会对人的专注力和阅读理解能力造成负面影响。在皮尤互联网（Pew Internet）和依隆大学（Elon University）联合进行的一项调查中，技术专家对“超级联结”的一代怀有喜忧参半的情绪。一方面,他们对“一直在线”的状态表现出顾虑；另一方面，他们认为，青少年和年轻的成年人之间进行着连续不断的灵活、快速的联结，对信息的接纳也是灵活而快速的。这些年轻人习惯了在同一时间处理多件事情，将互联网视为自己的外部大脑，以和长辈们完全不同的方式去思考、解决问题。然而，专家也做出这样的预测，由于所谓的“快速切换连线”，这一代人将会有“一种对即时满足感和快速蒙混过关的渴望，没有耐心，不具备深刻思考的能力”。

在当下这个高压锅一般的文化环境中，“多任务处理”已经成为一种资本，在很多情况下我们甚至将其视为一个褒义词。多任务处理能力，意味着快速、清晰、有效率的思考方式。那些对大脑进行研究的专家，却用不同的语言对其进行描述。西雅图儿童医院儿童健康、行为与发展中心主任，著名儿科医生兼研究人员狄米特·克里斯塔基斯（Dimitri Christakis）认为：“你并不是真的在同一时间处理多项任务，而是你的大脑在两个活动之间不停地摇摆、振荡。”克里斯塔基斯的研究目标是找到最优的儿童媒体暴露频率和时长。迄今为止，他在研究中发现，多任务处理会影响到持续关注和深刻思考的能力。

克里斯塔基斯说道："年幼而灵活的头脑，将自身训练得很擅长于操纵如今的各类媒体。但是这些头脑还是免不了在各项任务间摇摆不定，还会为此付出代价。孩子们并不能很好地集中注意力。"

史蒂芬·费恩（Steven Fine）是一位非常聪明、受人爱戴的高中教师。他告诉我，如今有越来越多的学生出现了注意力不集中的问题，就连最能带动学生与老师互动的创意式教学，也无法抓住学生们的注意力。他更大的顾虑在于，以屏幕为基础的学习，正在以更加肤浅的方式，通过屏幕而非白纸黑字或人际互动，来对大脑进行训练。大脑一旦习惯了更加肤浅的屏幕学习方式，就只能适应这种方式。肤浅的思维处理，就成了大脑的默认模式。每一年，费恩都亲眼见证学生的持续注意力、反思能力和深刻思考能力因技术的入侵而日渐消退。

费恩认为："互联网主张一种四处狩猎、四处乱撞的动态。你会用四处游荡的方式去寻找信息。登录一个网站，你就会四处跳着看，不断收集着非常细碎的模块化信息。我们的学生，现在只要遇到需要深入到内容之中去思考和学习的情况，就会碰上麻烦。"现在，他会给学生们布置以内容很长的文章为基础的家庭作业，以纠正这种四处狩猎、四处乱撞的心态。

司机在驾车时因发信息而导致交通事故，行人因看手机或发信息而被撞，种种报告和研究都证明，技术导致的分心是真实存在的，而且后果是十分严重的。就连我们的生命和他人的生命，都取决于时刻集中的注意力。一位16岁的男生告诉我，他有一次在一个大十字路口被车撞倒，原因就是他没留意到为行人过马路专设的红绿灯。过马路的时候，他突然觉得好像"很久"都没有收到信息或电话了，应该看一眼手机，看看是不是错过了什么东西。当时，他一半的注意力在手机上。他听到了行人红绿灯的提示音，但没有抬头看，就走到了马路中央，结果正巧有辆车飞速开了过来。

关于那些将我们的孩子训练成为强迫性联结和快速切换连线状态的技术习惯，我们必须予以关注。我们可能觉得，孩子16岁时，早就知道应该在过马路时集中注意力。但事实上，当我们的技术习惯已经令大脑习惯了不断分心和多巴胺的刺激，大脑就会不断去寻找这些刺激。我们从自身的经历中就能总结出这一点。开车时，我们很可能抵御不住诱惑，时不时地去查一下电子邮件或发个信息，那个时候，我们是如此心安理得，总觉得自己百分之百掌控着手中的方向盘，而且完全有能力应对所有迎面飞驰而来的汽车。虽然公共健康警示通告中总是说开车时发信息就相当于醉酒驾车，会将事故发生风险提高50%，但我们依然毫不在意。究竟是什么样的无法控制的冲动，会导致我们将自己的生命和自己最爱的那些人的生命置于险境，就为了“看一看”那些完全可以等到更加安全时再去看的东西？如今，婴幼儿的手中都有了平板电脑和各种应用程序，我们将孩子们快速切换连线的年龄不断向前推进。

你能听到我说话吗？对话的艺术在技术语境中逐渐消失

我的朋友玛莎回忆说，她小时候每次去祖父母家或亲戚家玩，全家人都会在一起做饭，一起吃饭，一起享受饭后的休闲时光。全家老小从厨房到餐厅再到客厅，彼此之间的对话是不间断的。小孩子们可能会聚在一起玩桌游，或是一起坐在沙发上看电视，但全家人的对话会始终贯穿在聚会之中。

“我们以前总是和姑姑、姑父全家团团围坐，听他们天南海北地畅聊，”她说道，“聊天没有什么目的，就是想到哪儿说到哪儿。但这种漫无目的的攀谈，会对你产生一种极富人性关怀的影响。”

她说，过去那种丰富而连贯的谈话，和现在家里这种相对肤浅、断断续续的交流之间的反差，是如此鲜明，也是如此地令人沮丧。她认为，传统家庭对话中那种独特质感与节奏的消失，使得孩子们成长于一个数字化交流的“极端孤立的小泡泡”之中。这种对话方式充斥着所有的时间与空间，风格相仿，却缺乏实质性内容。她和丈夫两人经常与读大学的孩子们发信息，交流的频率和内容比她当年读大学时与自己父母的沟通要多。但是，这种转瞬即逝的闲谈和沟通，缺少了某种东西。她也曾跟孩子们感叹过往昔不再的失落，但孩子们根本不知道她在说些什么。

一代人以前，玛莎这样的母亲很可能也会抱怨孩子对家人之间的谈话没有兴趣，但至少她知道，孩子们那个“极端孤立的小泡泡”里面，还包括朋友之间面对面的往来与对话。这也是孩子们从古至今学习和锻炼对话技巧的方法：彼此倾听，用句子交谈，从事件和感受中提取意义，在一来一往的交流中分享感受。如今的情况却不再如此。孩子们转而选择在网络上发信息、发帖子，不再需要参与到各个感官并用的对话之中，相关的技能也逐渐退化，甚至根本没有发展出来。许多孩子，连坐稳、倾听和参与家庭对话的能力都不复存在，他们不拿着手机发信息就坐不住。他们总是抱怨：“家里人说话太慢、太无聊了。”

过去四年间，针对600位青少年进行的焦点小组访谈发现，青少年将发信息视为最主要的沟通方式。他们甚至不再考虑用打电话的方式与人交流，你很可能已经发现，如果你想要给自己十几岁的孩子打电话，最好先发个信息，预约打电话的时间。

孩子们已经习惯了发信息和在线交流等充满疏离感而肤浅的交流方式，变得愈发不愿意与人面对面交流。他们宁愿避开与父母、朋友、任何人说话的机会，就连和朋友用电话交流，都被他们认为是“太过强烈”或“太过干扰”。他们告诉我，给人打电话，和他人用语音产生直接的人际接触，感觉太黏人、太强势、太直接。与人在电话中或面对面进行交流，感觉风险太高。你永远也不知道对方会说什么，而你还必须当场想明白要如何应对。而采用发信息的方式，对方看不到你的情绪反应，因此你也不会像在直接对话中那样容易受到伤害。你可以在发信息之前进行思考，或者根本不予回复。

真正的沟通，需要听到声音，对传入和传出的信息进行处理，并与他人以这样的方式进行直接互动。然而，在没有对话的情况下，对于沟通的意义，孩子们正形成一种严重扭曲的理解。由此，就导致他们养成了一种全新的谨慎作风，对与他人直接对话或亲密相处感到迟疑。这种情况也同样出现于电子邮件上。出于类似的原因，孩子们早就放弃了写电子邮件的习惯。用一位大孩子的话说，给朋友发邮件“太奇怪，太私人化”。

这种行为脱节，正在侵蚀着沟通的基础，而爱、深层关系和情感承诺，都是在同样的基础上建立起来的。如此现象，令人倍感担忧。

正在读大二的露西告诉我：“讽刺的是，虽然我们这代人彼此之间时刻通过发信息、视频聊天、社交网络等社交媒体保持沟通，但我们很不擅长处理亲密关系。这一点真的很令人伤感。”数字化交流所造成的情感疏离已成为常态。

不管怎样，青春期都是个令人颇为尴尬的阶段。有社交焦虑的孩子，一直都不喜欢打电话。因此，对于许多孩子来说，发信息的方式的确能促进人际沟通，因为这种方式能让人感觉更安全一些。但是，成天只知道发信息的孩子，正在错过在现实生活中不断历练的机会：首先要鼓起勇气，之后再与他人展开直接的自发式对话。之前，从来没有出现过两个人肩并肩坐在同一个沙发上，还要通过发信息的方式来“聊天”的现象。我看到了越来越多的青少年和成年人，因为发信息的习惯而将各种人际关系搞得很糟。他们快速而不间断的沟通方式，不仅会导致情绪问题和各种争执，而且会让人刻意从关系中疏离出去，从而将情感上的亲密关系毁于一旦。

在针对婴儿对母亲声音产生响应的研究中，研究人员发现，就连出生不久的婴儿，都能分辨出哪个声音是母亲在身旁发出来的，哪个声音是通过屏幕发出来的。在听到身边母亲发出的真实声音时，婴儿的反应更加明显。这个“体验认知”的案例是科学研究的一个全新领域，但是我们从自身经验中也能知道，人与人面对面的对话能产生共鸣，令彼此之间的体验更加深化，而在彼此对话的不断练习中，我们都会变成更加自如、更加自信的沟通者。当发信息的方式开始取代我们的实质性人际对话时，我们就是在训练大脑的语言中心去适应一种全新的、非自然的、肤浅的联结模式。如果这样的训练从幼年时便开始，正如现在许多小孩子都养成了发信息的习惯，他们就会从小习惯于这种沟通方式。新生婴儿天生便知道某些东西是缺失的，并为此而哭闹，而大一些的孩子不一样，他们一旦从小接受技术的训练，就根本不会知道自己究竟失去了什么。

对于许多孩子来说，发信息和自发交流的冲动，也取代了自我对话的位置。而自我对话，正是一种反思能力，让孩子们可以与自己独处，进行思考，得出结论。独处的体验、与自己做伴的状态，对于现在的孩子来说，是完全陌生而令人不快的。

丽莎：我发信息，故我在

丽莎今年 15 岁。一天，她来进行心理辅导的时候，依然因学校举办的周末团建活动不让学生们带手机而感到气恼。她和她的几位闺蜜早已习惯于在一个秘密网络日记本中实时分享关于各种事情的想法。没有手机的日子，她们百无聊赖，坐立不安。她特别不喜欢所谓的“独处活动”。在这个活动中，每一位学生都独自坐在一块大石头上，彼此分割开来。所有参加活动的学生只能在林中的石头上坐着，什么也干不了。

“哪个有朋友的人，愿意在荒郊野外独自坐着？发一发信息不好吗？”

当她与我分享这些想法时，丽莎并不觉得，学校之所以为这些时刻不停处于超联结状态的孩子们创造出这样一个活动，就是为了应对他们缺失“在大自然中独处”的能力。这种能力，就是自我与内心的“另一个”自己相处，分享发现与见解的一种能力。丽莎根本无法体会到与自己的任何平静、有创意、有意义的联结，而这种能力是需要不断练习才能形成的。

丽莎和许多找我咨询的孩子一样，可以在有情绪的时候通过发信息来表达这些情绪。对于她来说，发信息的方式就是能引发自我意识的媒介，就好像外向的人需要听到自己说话，才能知道自己在想什么一样。丽莎会说出这样的话：“我给她发信息时，我才能意识到我的感受……”就好像她在给朋友发信息之前，自己的体验根本没有进到心里一样。事实上，她在线下时，总是无法产生这种类型的思考和自我意识。后来，她尝试用给自己发信息的方式进行治疗，以此来强化她与自我的联结，学会如何成为自己的盟友。

神经上对交流的冲动，再加上用键盘发信息的上瘾式冲动，有着非常强大的影响力。这些冲动会让人不断采取行动，在本应停下来进行思考的时候，也全然不顾。我需要打电话，我应该说些什么？我需要写封信，我需要讲些什么？在这些情况下，你先需要与自己的思想联结起来，再去跟他人进行交流。而发信息这种即刻的联结方式，对天然的神经和心理上的沟通过程造成了干扰。

在如今这种非人性化的数字文化中，经过深思熟虑后展开的对话，是我们在日积月累中体会人情味的一种方式。父母正是通过这样的对话，来为孩子们提供从技术中无法获得的体验。只有父母才能和孩子们进行充满关爱和坦诚的人生对谈，不仅要讲到漫长的人生，以及人生中所有那些宏大的问题和长期计划，而且要讲到日常生活的点点滴滴，那些看似是小事其实重要性不容小觑的个人化和个性化的东西。这类富有质感、细致入微的对谈、反思和事物处理方式，是技术所无法实现的，而这就是父母的职责。

孩子们可能会一百个不情愿地坐在餐桌边与家人共进晚餐，听着我们分享自己的故事，或在我们询问他们一天的经历时，不屑一顾地翻着白眼。虽然他们可能对这样的对谈嗤之以鼻，但在这种联结有所缺失时，他们的确会感到怅然若失。一位读初中的男生告诉我：“我家人都很忙，我爸爸每天加班到很晚，我妈妈一整天都在工作，下班后还要做饭、洗衣服……然后我还有作业要完成。等到终于有了全家人共度的时间，我们反而会觉得多少有些尴尬，因为我们彼此之间根本不怎么说话，也不觉得非常亲近。”

家人之间的亲近感很重要。发自内心的联结与纽带是无可替代的。我们无法控制家庭之外的文化发展，但是作为家长，我们可以在家里创造出我们选定的文化。我们的孩子需要我们主动承担起这个责任，重新拿起为人父母的权威，告诉孩子们什么才是对他们最好的。我们需要在内心深处寻找这样做的决心，利用所有可以找到的资源，帮助我们达到目标。尤其在如今这个以科技为导向的大环境之中，最难能可贵的就是家庭中温暖的同理心和人情味，是拥有丰富玩耍体验的备受呵护的童年时光，是在家长保护下的反思与对话。而亲近感，就是在这些基础之上发展出来的。

我们对儿童发展的架构和内部设计了解得越多，就越能看清机会在哪里，越能明白孩子在每一个年龄和发展阶段都存在各自的脆弱因素。虽然令人振奋的全新研究成果证实，大脑随着人年龄的增长会一直不断更新，但长期研究也表明，在人生最早期的时光中，大脑会以深刻而确定性的方式，为终身学习的目标进行自我组织。我们眼前的机会比比皆是。

第二章

绝顶聪明的婴儿大脑

不需要应用程序，更不需要升级（0~2岁）

儿童的大脑是通过与父母之间的互动而塑造起来的，这一点非常明确。我们需要在将一切都缩减到屏幕中之前，存在于由实体和关系构成的世界之中。

——丹·西格尔（Dan Siegel）

儿童精神病学家兼作家

凯特琳刚刚出生，护士抱着她，为她清洗干净。贝琪看着丈夫，说了些什么。二十年之后，她无论如何也想不起来自己当时跟丈夫说了什么话，但清晰地记得刚刚出生的女儿做出的反应。“凯特琳将头转了过来，很明显，她听得出我的声音，”贝琪说道，“我当时非常惊讶，想想也挺傻的，毕竟她已经在我肚子里听了好几个月我说话的声音。但是,就在那一刹那,她认出了我。就在那个时刻，我意识到，她对我的感情，就像我对她的感情一样深。”

我在各地的学校办活动、组织演讲时，经常以这样一个环节开头。我会让台下的父母回忆他们爱上自己孩子最初那一刹那的情景。安吉拉在30岁那年生下了她的第一个女儿。她讲到，自己曾经多次流产，当小琳达终于来到这个世界时，她最强烈的感受就是彻底的解脱。当晚，小琳达睡在床边的摇篮里，安吉拉倾听着她的呼吸声，心中充满感激：“她终于来了，充满了生命力，而且她是我的。”几年之后，当二女儿罗瑞降生时，“我把她抱在胸前，她就那样将小手放在我锁骨下面的位置，一动不动，”安吉拉说道，“那样一个时刻，我就是她的大伞，是她的靠山。我真真切切地体会到了这一点。”

许多妈妈都说，她们对孩子的爱，从孕期就开始了。还有一些家长说，他们是在第一眼看到孩子，或第一次与孩子依偎在一起时，产生了爱的感觉。有些家长说，孩子刚刚降生时，身体出现了状况，喂养出现了困难，令他们疲惫不堪，他们觉得自己这辈子也不可能和孩子建立起什么感情。

克劳迪亚降生时，布莱尔正发着高烧。整整一个星期的时间，克劳迪亚住在保育箱里，一直输着抗生素。母乳喂养非常复杂，新任母亲笨手笨脚。头两天，母女两人都身心俱疲、心烦意乱。第三天，小宝宝的脆弱令布莱尔在某个时刻突然感到无法承受。“我开始哭泣。”布莱尔说道。即使在五年之后，每当想起那个时刻，她还是会忍不住哭泣。“我被自己保护孩子、安慰孩子的本能震撼到了。我无法用语言形容那一刻我所感受到的强烈而沉重的爱……如此深刻的母爱，像毯子一样将我紧紧包裹起来。”

杰瑞德55岁时才第一次做了父亲。儿子布兰登出生后的一周时间，杰瑞德请假在家，照顾新生儿。他依然清楚地记得自己在那段时间对孩子和妻子的关注和照料。妻子安妮遭遇了难产，在母乳喂养上也遇到了不小的麻烦。“我坐在椅子上，给他们娘儿俩读《哈利·波特》，一读就是好几个小时，”杰瑞德说道，“（八年之后）现在想起那段日子，我还是会忍不住有些哽咽，就因为那种全身心投入的强烈感受。那绝对是马斯洛所说的‘巅峰体验’。”这里所指的，是心理学家亚伯拉罕·马斯洛（Abraham Maslow）提出的观点，用来描述对生命充满敬畏的超然时刻。“我还记得第一次给布兰登换尿布时的情景，连我自己都惊叹于当时的喜悦心情，根本没有觉得脏……和我想象的完全不一样。”

请停下脚步，回忆一下你最初为人父母时的场景和感受。也许是你为尚在母胎之中的宝宝轻声哼唱歌谣；也许是你第一次凝视他的眼睛，或者是看着他在你胸前安然入睡，听着他暖乎乎的叹息，感受着他沾着口水的小脸蛋将你的衬衫弄湿；也许，那是一个让人提心吊胆的时刻，就像一位父亲所言，当孩子脆弱的生命暴露在你面前，让你感到无法承受时，那种“黑暗而阴郁”的时刻。就在那样一个令人绝望的时刻，你的心中却充满了无法用语言形容的对孩子的执着与感情。也许所有这些情景，听起来都与你无关，但你身边的某位友人、邻居或保姆，成了你最完美的导师。或者，你从观察别人家父母言行的过程中，学到了你和宝宝所需要的东西。闭上双眼，让自己找回当时的感受，你就能理解，为什么要遵从医疗、科学、心理和其他儿童发展领域专家们的意见，为什么要让孩子在生命的头24个月中远离技术。新鲜而稚嫩的生命，时刻准备将你留在心中。孩子就这样观察着你的脸，倾听着你的声音，感受着你的抚触，回应着你的眼神。而技术，根本不能为孩子提供那些你所能给予的东西。

技术、我与宝宝，三“人”一家

婴儿与生俱来与人建立感情的本能。通过对婴儿的研究，我们了解到，孩子与父母之间能否建立起稳固的感情，对他们的健康成长和发展有着至关重要的影响。从你的宝宝降生的那一刻起，你不仅要为他搭建好通常意义上的外部环境，而且要开始帮他构建内心世界。成年人在为婴儿提供照料，陪伴婴儿玩耍时，有着一些自然而然的美好方式，哺乳、安慰、洗澡、换尿布、歌唱、推着婴儿车外出散步、阅读、玩耍……所有这些活动，为婴儿提供了他们所需的一切，也为他们在接下来的 3 岁、4 岁、5 岁的认知发展，以及未来的终身学习，奠定了坚实的基础。

当我们回应宝宝的凝视或笑声时，或回应宝宝表达饥饿、舒适、好奇的信号时，我们所做出的镜像交换，使得我们能不利用语言便在彼此之间实现沟通，对不断发展的情感和存在感进行交流，而随着每一次互动，这些情感和存在感便更深一层。一位研究人员将这些内容称为神经“统计学”。如果父母与孩子之间的联结是稳定、可靠、安全和富有支持力的，那么他们彼此之间就会产生一种所谓的“安全的亲密感”。如果父母与孩子关系的上述特征较弱或不存在，那么这种亲密感就会受到影响。如果情感联结很牢固，那么孩子稚嫩的大脑就会向全新的体验保持开放：牛奶的香甜气味，车轮转动的样子，伸手去抓一个毛绒玩具的感觉。同样，社会大脑也需要这类情感基础才能发展出人际关系。而人际关系的起点，就是父母、照料者、亲属、保姆和邻居。

婴儿从你身上学到的第一课，也是一直持续不断向你学习的一课，就是关于他的存在——有人认识我，我是宇宙中的一员，我有价值；有人注意到我、关注到我。这种感觉塑造了他作为人的存在感，让他在其所在环境中，在与父母的依恋关系中，在随着年龄增长而不断扩大的信任圈子中，感觉安全、踏实。婴儿的大脑与生俱来就懂得如何与人建立关系，因为这种能力是为实现生存和学习而搭建的最基本的联结。而所有关系中最重要的，就是你的宝宝与你之间的关系。

想想看，如果你在这幅画面中凭空加入电子产品，那么对于宝宝来说，每次看到你，就注定会看到一部手机或是无线耳机，要么就是平板电脑或电脑屏幕。这些东西总是时不时地将你带跑，打断你的注意力，让你将关注点完全从宝宝身上移开。也许，你时常发邮件、发朋友圈的行为，就成了宝宝对你的体验之中不可分割的一部分。如果你用屏幕和应用程序作为孩子的安抚奶嘴，或是孩子的保姆和教师，或在某些时刻作为你的替身，这意味着什么？当你利用屏幕和应用程序来分散自己的注意力或是自我安抚，以缓解你为人父母的压力与无聊时，这又意味着什么？技术不仅仅改变着早期亲子关系中的标志性画面，也改变着亲子关系本身。

6个月大的亨利在地板上玩耍时，或在妈妈怀里时，看着妈妈艾伦用平板电脑在工作，脸上总会流露出一种特殊的表情。这让艾伦颇为担心。和我们大多数人一样，艾伦总是因为事务繁多而心不在焉。如果亨利正全神贯注地沉浸在自己的小世界中，艾伦就会偷偷拿出平板电脑，希望孩子不会发现。

> 他躺在那里自己玩耍，我拿出了平板电脑。突然，他不再玩耍，直直地盯着我。这样的事情发生过很多次，只要我拿出平板电脑，就会这样。我不知道他究竟是在什么时候停止玩耍，开始看我的。每次想到这里，我都很伤心，因为我真的不知道他盯着我看多长时间了。他究竟在想什么呢？我

> 因为自己没能全身心地陪伴孩子而深感自责。如果我一边做家务一边和他聊天，那是另一回事。因为做家务用不着动脑子，但发邮件是需要的。我根本不可能一边发邮件一边用心陪伴孩子。我知道，他看出来我的心思根本没有在他身上，从他的眼神中就能看出来。我们两人在同一个房间里，我的心却没有和他在一起，这对他来说意味着什么？

我们真的没有办法知道这对亨利来说意味着什么。他只有 6 个月大，根本不可能告诉我们。但是，关于婴儿对母亲声音和面部表情的反应，已经有了很长时间的研究。研究显示，亨利完全有能力发觉母亲的心不在焉。我们也知道，婴儿在望向父母，寻求目光的联结时，若发现父母的注意力没有在他们身上，或脸上露出毫无兴趣的表情，他们就会因此而感到苦恼。研究发现，尤其是母亲脸上那种“冷淡”或无情的样子，会让婴儿特别难过。以前，这样的表情只会出现在有抑郁倾向的照护者脸上，而现在，每当我们盯着屏幕上的文字、讲电话，或全神贯注地上网时，这种毫无表情的“表情”，就会猝不及防地出现在我们的脸上。最近一些研究对婴儿的大脑进行了成像扫描。结果显示，在母亲陪伴婴儿，并全身心投入地与婴儿讲话时，孩子大脑中高阶学习和语言发展至关重要的区域，就会活跃起来。当母亲与婴儿的亲近程度改变时，大脑的反应也会发生相应的变化。

我们也知道，孩子之所以对电子产品如此痴迷，是为了回应我们向他们提供的线索。耶鲁大学精神病学家兼《大脑与文化：神经生物学、意识形态和社会变化》（*Brain and Culture: Neurobiology, Ideology, and Social Change*）一书的作者布鲁斯·韦克斯勒（Bruce Wexler）认为，我们将注意力越多地投入到某个东西上，孩子们就会越想要这个东西。韦克斯勒也是神经认知研究实验室的主任。他说，从儿童发展学到人类学领域的研究都表明，孩子们总是能够快速掌握我们让他们看到的任何东西。

他说道：“如果婴儿面前，有一个成年人手里拿着玩具，在更近的地方放着一模一样的玩具，那么婴儿就会无视离自己更近的玩具，而去拿成年人手里的那个。到了 6 个月大的时候，一半以上的婴儿会跟随母亲的目光，等到了 1 岁的时候，几乎所有的婴儿都会这样做。”

韦克斯勒认为，无论这样的行为是与生俱来还是后天习得，或两者皆有，结果就是，通过这种“工具教养”，即人类收集物资并将其拿给孩子们看的习惯，会影响到婴儿所关注的事物，影响到他们“最了解、最熟悉、想得最多”的事物。父母所关注的焦点，无论是曲奇饼干，还是电脑屏幕，或是书籍，都会成为婴儿渴望的对象。

我们可以认为，亨利那关注的眼神是这种天生好奇心的反映。无论亨利看着妈妈偷偷用平板电脑时心里在想什么，他都会经常有这样的想法，因为艾伦说过，母子两人在一起时，90% 的时间是这样度过的。不管他怎么想，这些想法都对他那稚嫩的头脑有着强大的影响力，会时不时地打断他对玩具的关注和自发玩耍的持续性，让他将注意力转向妈妈和她手中的屏幕。也许他只是单纯地好奇，痴迷地看着妈妈手里那闪闪发光的屏幕，觉得妈妈如此心驰神往的状态很有意思。也许他对屏幕有着自己的设想。也许就像艾伦担心的一样，他会从中分析出意义来，意识到妈妈是多么彻头彻尾地心不在焉，“没有和他在一起”，并因此而感到不安。

虽然艾伦无法知道亨利在想什么，但她对自己与儿子之间情感联结和断联的意识，是丹·西格尔所说的“第七感”（mindsight）的一个很好的例子。在《第七感》这本著作中，西格尔写道，父母可以通过能感知到的基本信号，来培养出自身“看见”孩子心灵的能力。对于父母和婴儿来说，眼神、面部表情、语气语调、身体姿势，以及回应的时间和强度等非语言信息，都比我们的话语更能直接地揭示我们的内心活动。对于父母而言，这就意味着要时刻关注你的心灵状态和孩子的心灵状态，这样才能认清当下的情绪，而不被情绪所左右。

艾伦知道，她是亨利的情感基石，亨利是否快乐很多时候都取决于她是否全情投入地陪伴左右。她留意到母子两人之间的沟通，意识到她在这个过程中产生的想法（“我就是想查查电子邮件……我的确忽视了亨利，但我特别想看电子邮件”），以及亨利在当时可能产生的体验（“我有点紧张，她有的时候在乎我，有的时候又不在乎我”）。对于亨利来说，妈妈盯着屏幕看的时候，和她一边叠衣服一边和在身旁玩耍的自己聊天的时候，感觉完全不一样。妈妈盯着屏幕时，那种疏离感会更加强烈而明显，而且事实的确如此。无论我们在屏幕上从事什么活动，那些活动都会全然占据我们当时的注意力、视线以及所有的一切，仿佛身边的每一个人和每一件事都不复存在。就算我们在同一时间处理多项任务，只要我们开始盯着屏幕看，那种与周遭的一切瞬间疏离的状态，便立刻呈现出来。你肯定知道这种感觉是什么样的。一定曾经有人在你面前说过“等一下，我得查查这个”。

艾伦知道，当家人在一起时，她应该给予孩子更多的关注，每次孩子发出声音或非语言信号，她都应该予以响应，鼓励孩子想要与她进行交流的意愿。她知道，孩子才 6 个月大，需要感受到与妈妈的联结，而不是一次又一次的断联，不得不等待妈妈将目光从屏幕上转移开来。

孩子到三四岁时，就能更加独立地玩耍和沟通。但从出生到 2 岁，他们对我们是全然地依赖，需要我们全情投入到与他们的联结与沟通之中。他们能发现我们什么时候分心了，我们根本没办法蒙混过关。但就算我们对此非常清楚，也很难自动自发地戒除掉已经养成的技术习惯。

许多找我咨询的家长都遇到了各种各样的问题，有的人是因为初为父母而对孩子的各种需求应接不暇，有的人是因为家庭规模越来越大而感到惶恐不安。技术有时能给他们一些帮助，但大多数时候带来了更多的问题。如今，除了如厕训练、挑食问题、兄弟姐妹之间的矛盾以及频繁夜醒之外，我们之间的对话最终总是无一例外地转移到技术在家庭生活中所扮演的角色上。

多娜·维克（Donna Wick）是一位临床与发展心理学家，也是“心对心教养”（Mind to Mind Parenting）的倡导者。她帮助初为父母的人培养出所谓的“反省式教养”，这是一种与“第七感”非常相似的能力。人生中，很少有什么经历能帮助家长很好地应对初为父母时的巨大转变，也就是那种从以自我为中心、以夫妻为中心的生活，瞬间成为以宝宝为中心的生活的转变。她认为，“最开始为人父母的一两年中，至关重要的一部分，就是你认识到，如果你想要成为一名负责任、能与孩子产生共鸣的家长，那么你的生活就要全部围着宝宝转。你的需求变成了第二位，这是要花些力气才能明白的道理。我们有时会有种冲动，想要逃避如此强烈的责任和自我牺牲精神，而技术恰恰为这种冲动火上浇油。但是，你就是不能那样做。”

屏幕时间包括工作时和个人娱乐时用电脑的时间，也包括家长看电视、打电话、发短信的时间，以及孩子们无意间在上述所有技术面前的“二手”暴露时间，还包括婴幼儿可能会在屏幕前花掉的时间。通常，这里所指的屏幕包括了电视、手机、平板电脑，以及带有电子游戏功能的玩具的屏幕。如今的家庭环境中，基本不太可能找不到屏幕的身影。恺撒家庭基金会调查显示，2 岁以下的孩子中，74% 会看电视，59% 每天平均看 2 个小时以上的电视，从 0~3 岁的孩子汇总数据来看，30% 的孩子房间里有电视。2011 年《父母》杂志和 BlogHer 出版网络的一次调查显示,三分之一的 Y 世代(生于 20 世纪 70 年代中期到 90 年代中期)母亲,允许自家 2 岁的孩子玩智能手机,可能是看视频,也可能是玩游戏。另一份由芝麻街工作坊赞助的研究发现,超过 60% 的 3 岁以下的孩子会在线看视频。家长的年龄越小,孩子暴露在技术面前的时机越早。

更重要的是,我们发现,面对屏幕的时间加剧了家长之间的紧张关系和焦虑情绪,也破坏了孩子的睡眠习惯,而这种破坏可能导致孩子因过度刺激而产生情绪上的焦躁、易怒和其他症状。人们总是觉得,孩子在玩积木的时候,自己看会儿电视、玩会儿电脑不会有什么害处,但事实并非如此。孩子就像吸二手烟一样,看着、听着家长正在做的事情。家长总是对我说,他们对自己依赖电子产品的习惯,既感到内疚,又想要维护。

我不可能让同事们找不到我。

※

我什么时候才能有一点"自己"的时间?

※

我怎么才能确保每个人的每个日程安排都按部就班?

※

只要我拿起手机,我 18 个月的宝宝就会开始哇哇叫。

※

现在我唯一能用平板电脑的方法,就是躲到另一个房间去,因为我家宝宝特别想要玩。

※

我抱着宝宝的时候,到底能不能打电话或者上网?

这些关于技术的问题，关于技术将家人联结为一体又让我们彼此断联的问题，关于技术如何促进或延迟孩子成长的问题，以前通常会在孩子到达学前班的年龄段，开始与学校、社区等更大的圈子产生互动时才会出现。这一点令人尤为不安，因为虽然技术能为成年人提供许多信息，但婴幼儿成长发育所需要的每一样东西，都是线下的，脱离屏幕的。婴儿从出生到2岁之间从环境中需要得到的每一样东西，都和人有关，和人与人之间的关系以及人与环境的互动有关。婴儿需要实实在在地去爬动、探索、玩耍、与人互动。当我们将这种关系变成与孩子、技术之间的三角关系时，我们就破坏了与孩子之间至关重要的联结。

自然、养育、一心多用

日常生活中，随处可见手机、平板电脑等电子产品。在我们与孩子共处时，这些电子产品已经成为永不离场的第三方。每当我们看着某位家长一边推着宝宝车散步，一边打电话时，总会略带鄙视，而没过多久，自己也成了这样的人。有谁没对自己做出过承诺——今天陪孩子逛公园的时候，一定要把手机关掉，将百分之百的注意力都放在孩子身上？结果，我们还是未能兑现自己的承诺，总是一次又一次地放任自己。

当我们与孩子沉浸在温柔的、注重关系的“右脑”时光里时，我们的左脑任务管理器，用丹·西格尔的话说，就是我们的神经“联结魔法师”，总是驱使我们去寻求完成、掌控、秩序和预测力。他说道：“这些都是左脑的梦想，是左脑存在的意义。”由此可见，就像夜半时分母亲的乳汁对婴儿有着抚慰的力量一样，对于精疲力竭、缺乏睡眠的家长来说，顺手查一下电子邮件，能给人一种弥补式的满足感，就算是在凌晨2点钟给孩子喂奶时顺手查邮件也是一样。

我们都知道，想要抵制这种冲动难度有多大，特别是当宝宝看起来完全沉浸在当时的状态之中时。将宝宝抱在怀中，坐在电脑前面查邮件、看微博，看起来似乎完全无害；或是在用餐时间将笔记本电脑拿到餐厅，让宝宝玩他的平板电脑，你玩你的笔记本电脑。当你抱起宝宝，去另一个房间或者出门玩耍时，如果不将手机或平板电脑随手带上，总觉得哪里不对。我们的右脑关系自我，指示我们要抱起宝宝；我们的左脑一心多用，指示我们要拿上手机。但我们的宝宝需要的是与我们建立情感联结，而不是与电子产品建立稳固关系。

对我们的宝宝来说，家长、孩子、电子产品，这种早期的三角关系，会彻底改变他们对关系的理解，与此同时，也改变了我们的关系模式。身为父母，我们要经历的是与孩子互惠的成长过程，其间，我们的孩子以及我们作为家长的行为模式，决定了我们究竟是谁。如今这个互联互通的数字文化，很容易让人淡忘亲子关系的本质。亲子关系，说到底就是人与人之间的联结。我们不断塑造着宝宝对世界和人的理解，而宝宝也在教会我们作为家长的意义。如果我们想要掌握孩子们的节律、气质和个性，懂得他们的心情和肢体语言，知道他们对刺激的需要和反应，就要成为孩子身边那个极富观察力的伙伴。

婴幼儿对我们有着太多的依赖。有时，我们会忽略孩子本身就是极富智慧的老师这一事实，忽略他们从出生以来就承担着的重要任务：开发我们的技能，让我们成为他们需要的富有爱心的高效能父母，以便让他们准备好,在这个大千世界中成为有能力的学习者。他们从出生的那一刻开始，早在他们会说话之前，就开始教育我们如何成为合格的父母。他们不断唤起我们的直觉和本能，教会我们去理解他们的需要，以及提醒我们不断调整自己的处事方式。焦躁的哭闹、睁大眼睛的凝望、突然之间不经意的微笑，他们用这些独特的表达方式来告诉我们怎么做是可接受的。每当我们做对了，他们就会给我们鼓励，每当我们需要再次尝试，他们也会给我们发出信号。

在我们为人父母的过程中，这些技能都是我们需要的，也是我们想要获得的。多年之后，你与孩子之间的关系质量，不会通过你给他们的高科技玩具或应用程序来衡量，而是通过你和他共同创造出来的联结关系的质量来衡量的。正是那些人与人之间充满爱意的联结、依恋和协调，刺激出了最优的大脑发育。

你与孩子之间的互动，就是孩子童年早期的教室。语言、阅读、玩耍、运动，所有这些都始于你，以及你从孩子出生后建立并维持的关系质量。技术做不到这一点，但是技术能成为你与孩子之间的第三者，还会拆除掉一些至关重要的大脑发育过程。

感觉中枢

当你的宝宝将目光凝聚在你的脸上，或墙上的某一点时；当他第一次向你微笑，第一次抓住你的手指时；当他因某个声音而惊觉，踢着小腿时；当他在躲猫猫的游戏中开心地尖叫时……你所目睹的一切，都是发展的奇迹。这些都是早期神经通路和网络发展过程中的可见表达方式。我们将这些神经通路和网络称为感觉中枢，也就是用以接收、处理和理解感觉信息的一系列大脑能力的集合。感觉中枢，听起来就像是家附近的一处热热闹闹的游乐园，可以在某个下午带着宝宝去玩一玩。从某个角度来看，的确是这样。宝宝看到、听到、尝到、触摸到的每一样东西，以及你与宝宝的所有互动，都为感觉中枢的健康发展做出了贡献。

宝宝出生后的头两年，大脑会快速生长。其速度比其他任何年龄段都要快。宝宝大脑的体积，在出生后第一年会翻一番，达到成人大脑体积的70%。孩子到了2岁,大脑体积就会达到成人大脑体积的85%。这段时间，宝宝的大脑时刻不停地忙着搭建结构性和功能性的联结，创造出至关重要的神经结构，从而为生命和学习提供支持。在任何年龄段使用太多技术都不好，如果在孩子2岁之前就将电子产品引入他的生活，那么就会打乱神经中枢正常发育所需的时间和体验。从神经学和心理学的角度讲，技术效应成了宝宝成长发育中的一颗定时炸弹。

发展心理学家乔安·迪克（JoAnn Deak）曾说过 :“大脑的构造，通过自然的人类互动和玩耍来完成所有区域的发展，而当我们将孩子放在屏幕前面时，我们就是在改变他们的大脑。”迪克在为家长举办的“婴儿大脑训练营”活动中，坚决而明确地阐明了在婴幼儿成长环境中抵制技术的意义 :“童年早期家庭生活的职责，就是要确保感觉中枢的每一个部分都有机会得到充分的发展，每一个部分都能实现足够的强化，以完成各自的任务。如果每个部分没能发展出全部的潜能，那么其所欠缺的部分，将一直持续下去。”如果你只让大脑去做它喜欢做的事，比如拿着触摸屏不停地玩着同一个游戏，那么这种不平衡，也会对大脑造成终身影响。迪克说道 :“这就是屏幕夺走和毁掉的东西。孩子们每花一个小时去玩电脑游戏，或观看别人给他们制作的电视节目，他们就丧失了用这段时间去自己动手做事的机会。”

语言能力的发展和为后期的阅读能力而培养的神经基础，是这个年龄段感觉中枢之中的重要线索。

大脑中并不存在天生专为阅读而设计的神经回路，这一点和语言发展不同，因为从出生第一天起，大脑就自动配备了语言神经回路。这些神经通路和网络需要多年的时间才能发展起来，需要多年不断学习，一点点累积，才能从一个“解码机器”（玛丽安娜·沃尔夫用这个说法来解释孩子们在早期阅读阶段所做的事情）发展成为一个专为理解而设的神经回路（也就是沃尔夫所谓的“在这里可以产生最深刻的思想，而思想又能被转化成为领悟和灵感”）。你和孩子聊天、阅读所花掉的时间，实际上是在多个层面不断加强着这些神经通路的能力。技术,则会干扰或弱化这些联结。

和那些商业教育或发展学习项目所宣传的不同,当我们谈到媒体内容、玩具或电子产品是否适合儿童的发展需要时，我们并不是在说婴幼儿是否能够操纵某个产品，或是否能够安安静静地坐在那里看完一段节目。我们真正关注的，是这些东西会对婴幼儿造成什么样的影响。你的宝宝能操作触摸屏去更换屏保图画，并不意味着他应该这样做，也不意味着这样做对他的成长发育来说是有用或适宜的。事实上，研究证实，用触摸屏或键盘参与到屏幕活动之中，本身就会改变大脑发展的路线，削弱一些至关重要的神经联结，而这些被削弱的部分，正是孩子在日后发展阅读、写作和高水平思维过程中所必不可少的。

帕特里夏·库尔（Patricia Kuhl）等人的研究结果显示，婴儿学习语言最有效的方式是与人互动，不是像某些广告商的宣传（有时也是我们自己一厢情愿地相信），通过音视频节目、娱乐应用程序或电视节目来学习语言。这种媒介化的联结还会造成其他影响。研究显示，这种视觉上的刺激,并不会对语言的发展予以支持,甚至可能会对语言发展造成负面影响,缩短注意力的持续时间。同时，研究结果还告诉我们，媒介化的联结无法刺激语言和认知发展所需的某些其他神经联结。婴儿大脑中特定的学习中心，只有在与活生生的人产生互动时，才会有所响应。这些人要实实在在地与婴儿相处，投入关注。效果最好的互动莫过于婴儿与他们所依恋的父母或照顾者之间的互动。

尤其需要强调的是，婴儿需要真实的身体联结，才能刺激到大脑中负责语言发展的那一部分。通常来讲，这些神经联结在父母与孩子的面对面交流中会自然而然地形成。将婴儿放在电视或是平板电脑前，并不能教会他们语言，而当媒介化联结取代人类联结时，从神经学的角度来讲，人类联结所能带来的好处就消失不见了。

神经生物学家沃尔夫曾说过，虽然科学是复杂的，但她给家长们的建议再简单不过，一言以蔽之，就是“祖母原则”。祖母原则是说，如果你想要孩子讲话，你就要跟他们讲话，而且要给他们读书。当你做到这些事时，孩子就在亲密关系，以及讲故事、玩耍互动的环境中体验到了语言和阅读的结构、韵律，并渐渐了解、掌握其内容。沃尔夫说过：“小宝宝非常喜爱阅读提供的整个氛围。孩子们听着他们所爱的人用温暖的声音读着书，这是一个非常棒的体验。我无法确切地解释亲子阅读的价值，但是我能告诉你，这种价值的确存在，而且非常宝贵。如果忽略亲子阅读，简直是不可理喻的浪费。”

沃尔夫称，在一项研究中，一组孩子在学习语言的过程中，由家长提供了一系列的视频和语言增强学习辅助工具，另一组孩子没有任何工具，而从语言发展的结果来看，没有使用工具的一组孩子，要优于使用工具的孩子。她说道:“在语言发展的过程中,没有什么是比人类语言更好的工具，没有什么是比活生生的人和孩子讲话更有效的方法。”

语言发展大师莉迪亚·索伊弗（Lydia Soifer）讲到了当下丧失掉的内在动力，以及语言和人类沟通之间的基本联结。正是在人际关系有声有色的动态环境中，孩子才能以最有效的方式进行语言学习。

索伊弗讲道：“在线语言程序，不过就是一些工具而已，并不具备足够的动态。事实上，读写能力的基础是声音，包括语音高低，以及说话时的抑扬顿挫。我们正是通过这些语言中的变化，来改变所要传达的意义。在缺乏动态环境时，语音就和语言、意图及内容相分离。的确，你需要那些技能才能阅读，但你也想要带着某种程度的动力去阅读，想要获得带有丰富感情色彩的回馈信息，而不是作为奖励呈现在你面前的铃声和口哨声。我认为，现在所面临问题的一部分，就是孩子们已经上了瘾，只想听到那些铃声和口哨声。”

技术对孩子大脑造成影响的早期线索告诉我们,神经发育过程的改变,已经改变了孩子的智力、社交和情感发展过程。某些技术对大脑产生的影响，可能对某些孩子是有帮助的。举例来说，我们知道，有的孩子，尤其是年龄稍大一些的孩子，若经医生诊断为患有非语言学习障碍或者其他神经缺陷或问题，可能会从某些特定的屏幕活动中受益。但是，对于其他孩子来说，屏幕时间过长会造成大脑发育的不均衡。因为研究发现，屏幕活动对视觉处理能力的刺激，要多过对感觉中枢其他部分的刺激。技术将孩子的注意力全部抓到屏幕之中，由此让孩子们脱离了至关重要的学习环境——亲子关系，以及在家庭中和外部世界的真实体验。同时，技术也将孩子们暴露在有可能伤害到他们的内容面前。

20 世纪 70 年代以来，大量研究表明，媒体上的暴力内容会加剧人们的焦虑、抑制和攻击倾向。对于小孩子来说，这些内容可能会引发持续不断、无法缓解的恐惧反应，甚至导致创伤后应激障碍（PTSD），而且可能只有一次暴露便造成灾难性后果。观看可怕的电视节目，就算这些节目被普遍认为是对学龄前儿童无害的，也会提高孩子的心率，导致创伤后应激障碍。最常见的症状就是睡眠问题。最近一项研究发现，孩子每晚的睡眠时间,哪怕只少半个小时,也会让孩子表现出注意缺陷与多动障碍（ADHD）等行为问题。我们目前并不清楚这些症状和刺激之间的联系机制，但其结果的确值得关注。

我们不想让孩子整日处在焦虑、冲动或缺乏注意力的状态之中；我们也不想让孩子睡眠不足。但屏幕的强大诱惑力，让我们不知不觉地在家中就将怀里的婴儿暴露在伤害面前。

所有的研究结果都告诉我们，需要在让孩子和技术接触时保持谨慎，尤其是孩子出生后的头两年。研究结果和个人经历也告诉我们，当孩子在场时，大人如果看电视或其他类型的屏幕，就无法以专心陪伴孩子时同样的力度、速度与孩子进行直接互动，也无法实现与孩子之间充分而及时的联结。而这样的联结，正是孩子健康的神经发育和社交能力发展过程中所必不可少的刺激。

过去几十年来，专家一直在谆谆教诲，家长却依然坚信电视给孩子学习提供的帮助要大于伤害。曾经有一项针对 12~18 个月儿童进行的研究。研究人员给一组孩子每周播放几次流行幼儿视频节目，连续播放一个月，另一组孩子则完全不看视频，然后检查两组孩子分别学会了多少个新词汇。研究发现，看视频的孩子并没有比不看视频的对照组中的孩子学会更多的词汇。而且，最高水平的学习，发生在没有看视频的对照组之中，正是有些家长通过每天的活动，教会了孩子同样的目标词汇。但是，研究人员又有了不同的发现：那些喜欢播放视频的人，总是夸大孩子从中学到的东西。研究人员最后的结论是，从幼儿视频节目中，婴幼儿能学到的东西相对较少，而家长有时会夸大孩子从视频中学到的东西。

诱饵与换台：表面现象与真实情况的区别

从 20 世纪 60 年代电视主导美国家庭生活开始，到电脑和手机成为常态之前，专家一直在警告人们，太长的看屏幕时间会带来一系列危险，并强调让孩子和家人远离电视的重要性。尽管如此，那个年代的家长还是将电视作为保姆，为孩子提供娱乐和教育。虽然所有人都听到了那个向人们发出警告的声音，但大部分人选择忽视。至少，电视不会跟着你出门。每当你去超市购物、去公园散步，或者开车带孩子出门半路遇上堵车时，你只能自己想办法，要么唱歌，要么说说童谣。随着汽车行进、婴儿车移动，或你的轻摇，宝宝会慢慢睡去。谁能想到，有一天宝宝摇篮里的玩具熊会配上一个触摸屏，数字化语音和应用程序还能为你提供从虚拟“藏猫猫”游戏到睡前摇篮曲等各种东西？谁能想到，为孩子和大人而设计的电子产品会如此无孔不入，以至于我们每天在屏幕前、在网络上所花的时间，比我们彼此陪伴的时间要多得多？

如今，我们能不费吹灰之力地将屏幕带在身边，随手就能在任何地方、任何时间将屏幕递给宝宝。这样的现实情况，令这个话题有了全新的紧迫性。带着孩子逛超市的爸爸，看到孩子有些吵闹，便顺手将手机给了孩子，屏幕上正是“愤怒的小鸟”。一位妈妈问我，开车送孩子去托儿所的路上，能不能在平板电脑上给孩子播放他最喜欢的动画片，与此同时自己打电话处理工作上的事务。还有一位妈妈送给自己2岁的女儿一本触摸屏故事书，目的是“让她对阅读产生兴趣”。所有这些人都假定，技术能在那个时刻帮助孩子，要么让孩子变得听话，要么陪伴孩子玩耍，要么帮助孩子学习。

我们可能认为，孩子们迫不及待地想要玩这些电子产品，以及他们玩电子产品时表现出来的安静、专注的神情，就意味着他们正在学习如何自我安抚，学习如何集中注意力，学习如何阅读、绘画，以及成长发育过程中所需学习的所有东西。技术对于0~2岁的孩子而言尤其危险的一个原因，就在于刺激－响应模式（即刻满足）是如此令人沉迷，很容易让我们误以为孩子对电子产品的兴趣就是“学习”。从心理学和教育学的角度来看，正在发生的学习，是与传统意义完全不同的。

真正的学习来自人与人的互动

当我们为了给孩子找事做或找点好玩的东西而递给孩子一个触摸屏幕，就是为了让孩子学会自娱自乐，学会体验自己的感受，学会参与到学习的过程中来，并在那个时刻学会适应。婴幼儿发育阶段的一个核心要点就是学习的范围，而这个范围来自人与人的接触和语音互动，来自交流的节奏与韵律。这是非常基本的要点，就像新生儿了解自己身体的界限一样——他的皮肤和妈妈爸爸的皮肤有所不同。给孩子传达这样的感受:“你是存在的,我在这里陪着你。”“其他人”的安抚,是安全感和保护感的来源。每当孩子摔倒后扑向你的怀抱，这种拥抱的肢体接触，会引起许多事情的发生。说话的声音、内容，身体上的体验，面部表情等，这些来自人的安抚举动，形成了一个保护圈，让孩子知道“你现在有这样的感受，这就是你管理自己感受的方法，你会好起来的”。从这里开始，我们一点点教会孩子实现自我管理，学会读懂自己的情绪状态，构建起自我安抚的能力和情绪稳定、乐观、坚强的基础。

我们根据孩子的需求不断调整自己的回应方式，继续教会孩子各种各样的东西。刚开始，孩子每次摔倒都要你来抱，慢慢地，你开始区分孩子发出的不同信号，你开始鼓励孩子进行自我安慰。你对孩子的直觉感应与日俱增，知道什么时候可以等一等再回应，教会孩子相信家长的回应总会到来，在这个间歇，孩子可以练习自我安慰。当孩子长到 13~14 个月，每当他们走起路来跌跌撞撞时，你不会再是一脸惊恐受伤的表情，开始投以平和、肯定的眼神，而这正好可以帮助孩子懂得，摔倒这件事总会发生，没有必要大惊小怪。而且，我们也可以觉得生气、愤怒，我们可以与自己的感受共处，想办法处理这样的心情，而不是予以否定。“我感觉很生气”和“我很生气”，这两者从我们是谁的定义角度讲，有着很大的不同。我们总是时刻不断地给孩子提供线索，语言上的、表情上的、通过语气而表达出的感情上的，等等。我们教会他们怎样处理挫败感、痛苦、事故，怎样自我管理。这些技能比平息一场发脾气的闹剧更重要。这些成长发育的基石以后会帮助孩子学会控制大小便，学会系鞋带、拉拉链以及分享。在每一个发展阶段，自我安慰、自我平复的能力，处理冲动的能力，忍受挫败的能力，度过无聊、开发创造力的能力，平稳地从睡眠过渡到苏醒再过渡到玩耍和用餐的能力，都需要不断地练习。正是这种日复一日的人与人之间的互动，让孩子们能准备好迎接日后各种各样的学习。

技术的发展速度远远超越人生的进程

技术让人时刻期待从中获得即刻满足感。应用程序或屏幕游戏的即刻响应，充满刺激、进度飞快的电视节目，都能给婴儿的大脑带来快乐的刺激，相较之下平日的生活显得乏善可陈。一段视频中，一个习惯了玩平板电脑的婴儿，连翻动一本杂志的能力都没有。这个婴儿不断在纸面上用手指点击、滑动，以为这样就能让杂志上的图像产生变化。当然，杂志纹丝不动，而这个婴儿发现杂志没有反应后，就变得极为沮丧、焦躁不安。当我们训练婴幼儿去期待这种类型的互动和节奏时，就等于亲手创造出一种期待——如果东西没有叮当响、呼啸而过、亮起灯来、按需快速移动，那么这个东西就没意思、不好玩，或者压根就是坏的。需要动手搭建的积木，需要动手来阅读的书籍，需要动手拼凑的拼图，都失去了吸引力。用蜡笔涂色比“触摸和拖动”来实现的涂色要费劲得多，而且没有那些电子产品所独有的屏幕互动乐趣。

速度缓慢地动手做事，能发展出精细运动技能和手眼协调的能力。从动手做事中产生的感官体验——触觉，以及毫无结构的凌乱感，在屏幕前也悉数消失。当我们将应用程序和娱乐游戏交到婴幼儿手中时，的确能让孩子分心，不打扰我们，但孩子们并没有学到我们认为或希望他们学到的东西，而当我们时不时地就将电子产品交给孩子，或经常让孩子看电视，用这样的方法来占据孩子的时间，他们就无法学会自我娱乐。在这样的时刻，他们错过了创造性思考和解决问题的机会，也错过了那些重要的慢速任务：搭积木、画图形、分类、撕扯、推拉、倾倒、挖掘。孩子在动手做事的过程中不断发展新技能，而你在一旁喝彩与鼓励，这是他们成长发育过程中需要的最棒的体验。

婴儿需要摇铃

技术能给人以刺激，但用技术时，人是静止不动的。孩子需要不断地运动才能感到开心。他们通过肢体的活动来学习和成长。运动可以增加肌肉量，对食欲、入睡能力、自信心，以及在这个世界上的胜任感也有很好的促进作用。婴幼儿都喜欢肢体活动：站在你腿上蹦，在摇篮里或地上爬动，拉着床围站起来，伸手抓住能看到的每一样东西。他们喜欢摇动、晃动、滚动。他们喜欢拿着布书翻来翻去，还要尝尝书页的味道。他们喜欢走路、爬行或向上攀爬。

就算在学会走路之前，他们也会竭尽全力地去开发自己的肢体能力：他们会尝试、会成功、会失败，你给予鼓励、喝彩、安慰，然后他们就一遍接一遍地继续做。这个过程不仅可以促进孩子的生长发育，还能让孩子将你的鼓励和信心深深地牢记于心，养成摔倒了再爬起来的坚毅品格。这些都是人生所需的抗挫力、坚韧和乐观精神的根基。我们与孩子分享得越多，孩子在每天全新的探险中获得的愉悦越多，就越能深刻地感觉到自己是个小小探险家，而且有能力在成长中的其他方面达到新高度。

成为孩子的黄金标准

小宝宝可能会被傻傻的卡通片或所谓的教育节目迷住，但并不是所有的儿童节目都适合儿童，尤其是婴幼儿。当我们把孩子放在电视前，他们的注意力转移到屏幕上的节目之中时，我们的确获得了朝思暮想的淋浴时间或不受干扰的工作时间。但我们还没有完全理解技术所创造的全神贯注对婴儿大脑意味着什么，也不了解其与孩子未来心理健康、成瘾，或药物滥用之间的关系。我们知道，看电视的孩子总是想继续看电视，而玩电子游戏的孩子往往不太会心甘情愿地结束游戏。

美国儿科学会（American Academy of Pediatrics）一直坚持建议，不要为 2 岁以下的婴儿安排看电视的时间。但在这个科技驱动的时代，该学会也因设定了这个不切实际的标准而饱受批评。但这一建议依然有效，这意味着，如果你要给宝宝看电视，或者在看电视的时候让宝宝和你在一起，那么你要对他们看到的东西非常挑剔才行，对他们花在看电视上的时间也要特别留意。

选择那些能以亲切、充满希望和鼓励的方式向孩子展示周遭世界的电视节目；不要让孩子看那些叛逆的、讽刺的、剧情发展过快或内容可怕的电视节目。确保电视节目的内容不会太过刺激（查一查研究推荐的媒体资源列表），确保节目的风格始终与婴幼儿的发展水平相协调。对于 2 岁以下的孩子来说，可以看看适合 2 岁及 2 岁以上孩子的节目，比如《罗杰斯先生的邻居》《芝麻街》和《蓝色斑点狗》这样的优秀作品，这些节目都拥有较好的品质，而且在儿童安全媒体的资源列表中一直是最受欢迎的。

请谨慎选择让孩子观看的媒体资源，就像你挑选和孩子单独在一起的保姆一样谨慎。记住，从你的宝宝的自然视角出发，再令人眼花缭乱的教育玩具和游戏，都没有任何优势。你，才是黄金标准。

真实的宝宝需要真实的读书时间

你不会幻想用触摸屏代替真正的食物，那么，不管语音技术变得多么高端，音频、电子书和阅读游戏都不能代替你亲自给宝宝读书的体验。在这一章的前面，我们以语言发展和为今后的阅读能力打好神经基础为背景，讨论了给宝宝读书的重要性。一起分享一本书，大声地给孩子朗读，会让你和孩子以最快乐的方式产生更深刻的亲密感。同时，读书还能引发对话——就算是那些严格意义上还没有对话能力的孩子也是可以产生对话的。《逃家小兔》所散发的经久不衰的吸引力，不仅是因为书中讲到了爱和永恒，而且因为这本书激发了你和宝宝之间的互动。你会一边读，一边玩，一边听，一边回应，这样就形成了交流。“那个小兔子呢？你是逃跑的小兔子吗？”你的宝宝用手指着、笑着，沉迷于你的声音、你的触摸、你的关注之中。

在电子阅读器或平板电脑上用电子书给孩子讲故事可以吗？孩子看到的是一个屏幕还是一张打印的纸张，这真的很重要吗？关于这些问题，科学研究还没有给出答案。因此，作为父母，只能根据我们所知道的来自行判断。从好的方面来说，只要是大人和孩子相互陪伴的依偎时间，以及你们一起大声朗读的时间，就比没有要好。因为这就是孩子成为你关注焦点的积极体验，以及在讲故事时产生互动的积极体验。而对于婴幼儿来说，还有其他的一些考虑因素，比如孩子与环境和物质世界的互动而形成的独一无二的发展机会。举例来说，电子书不具备传统纸质书更加富有质感的触觉体验。与纸质书的互动，是指婴儿能看到和抓到不同大小的书，并且能体验到不同大小的页面；感受纸张和封面的质地，感受书的重量和体积；将目光集中在印刷出来的文字和插图上，而不是一个发光的屏幕上；通过观察翻页并随后学会自己动手来发展手眼协调能力。研究还表明，直接看屏幕，可能会缩小幼儿大脑神经发育的范围。这种负面影响对大一点的孩子来说可能会有不同的表现。对于学龄孩子来说，我们可能要考虑他们平时花多少时间在屏幕上。熟练掌握屏幕阅读是再容易不过的事情，这就让孩子们在研究型阅读和消遣型阅读过程中，认为纸质书更富挑战性，不愿意以这样的方式来接触文学、获得信息。这些只不过是建议你选择纸质书来与孩子共度阅读时间的几个原因，至少你也要有意识地将传统书籍纳入孩子的日常阅读体验之中。

玛丽安娜·沃尔夫（Maryanne Wolf）认为，如果父母将阅读转交给科技，自己不参与其中，无论是使用有声读物还是其他设备，都会让孩子们失去学习机会，无法培养起他们的专注力、忍耐力，也无法培养起更加深刻的学习能力。“新一代读者，能够高度熟练地处理多重信息，每一秒钟都有大量的信息流入他们的大脑，但他们会缺乏深入挖掘信息的手段——确切地说，就是大脑中缺少必要的回路，去实现深度思考。”这个话题对于婴幼儿来说似乎还为时过早，但事实并非如此。如今，越来越多会说话的电子产品——从触屏手机和超市的自助收银机，到专门针对幼儿用户的玩具、游戏、电子书和应用程序——只会增长得越来越快、越来越复杂、越来越诱人。你的宝宝很快会融入这种文化。现在，把电视从房间里搬出来，关掉屏幕，拿起一本书，和你的孩子一起阅读吧。让你的宝宝和你融为一体。

调低广告音量，承诺父母天堂

五花八门的广告和营销活动，鸡汤满满的博客和媒体热议，就是为了让你感觉有人理解你（“我们知道为人父母这件事有多么令人疲惫、兴奋”），赢得你的信任（“你想把最好的都给宝宝，我们也一样”），唤起你对孩子的期望和对孩子未来学业成就的不确定感（“培养宝宝的学习技能”），然后完成交易（“这是一个免费的游戏，只要一块钱就能升级更好的版本”）。人类对“工具性养育”的偏爱，即给孩子物质享受的习惯，以及帮助孩子在学校和同龄人中取得成功的愿望，让我们忙个不停。我们不仅仅是一个目标市场，我们简直就是在毫无招架之力地坐以待毙。

科学、医学领域的众多专家都提出建议，要小心，不要让婴幼儿成天围着屏幕和科技打转，但是广告商和快乐科技文化传递出了一种非常不同的信息，而且异常聒噪。初为父母，本来就非常脆弱，但还有其他的父母和市场营销人员不停地告诉你，你不让你的孩子接触最新、最棒的《小小爱因斯坦》，就是在剥夺孩子与时俱进的机会，这会让你感到无法承受。《小小爱因斯坦》是一则带有警示性的故事，它原本是迪士尼最畅销的“教育”产品，最终因做出虚假承诺而被迫召回。联邦贸易委员会（Federal Trade Commission）2012 年曾针对某产品制造商展开行动，因该产品虚假承诺“婴儿也能阅读”。但这并没有阻止其他人说出他们想要推广的产品。虽然许多公司推出的产品声称能让宝宝变得更聪明，更长时间地保持快乐情绪，但大多数公司都没有足够可信的证据来支持他们的说法，而且研究结果还常常来和他们唱反调。据常识媒体（Common Sense Media）报道，即使在专家们认为具有一定学习潜力的产品中，也很少有适合 2 岁以下儿童的产品，更没有哪一款产品被证实可以让孩子更聪明，或更全面地准备好到学校学习。

最狡猾的是，这些人不仅仅是在推销一种产品而已，他们是在推销一种生活方式，推销一种毋庸置疑的假设：科技对婴儿来说是好事，对父母来说是好事，你越早加入进来，你和孩子就会越快乐。一位女儿 10 个月大的网络博主写道，作为父母，我们都希望自己有根“魔杖”，能瞬间让宝宝快乐起来，而专为婴儿设计的应用程序，能在你需要的时候，为孩子提供“简单的、安全的分心神器”。

他说，只要有必要，他会时常用手机来逗女儿开心，还告诉读者，哪一款游戏能“提供好玩的、丰富多彩的教育乐趣”。有趣是可能的，丰富多彩也毋庸置疑，但是教育呢？我们知道，孩子从出生到 2 岁，大脑不仅在学习应该思考什么，还在学习如何进行思考。我们还知道，科技和电视会给宝宝的健康发展带来风险。鉴于当下社会流行的便利性和消费主义，实证研究似乎显得很遥远，与流行的东西步调完全不一致。

其他的评论家和博主们也在讨论适合婴幼儿的“最佳应用程序”的话题，他们纷纷称赞，聪明的父母在面对孩子的娱乐、教育或安抚这个亘古不变的需求时，都会拿出智能手机来给孩子以满足。同样，这些说法也忽略了科学和专家的警告。当你过滤掉那些浅薄的建议、有缺陷的推理和操控性的语言时，剩下的就是一堆看起来极其诚实的说辞，这些说辞让你对自己宽容，也让孩子很早就与屏幕搭上了关系。

> 如果你有小孩，那么平板电脑潮流就会向你招手……触屏是为小孩子设计的，触摸屏越大越好。
>
> ※
>
> （智能手机）让我可以一边和孩子一起做事，一边查阅电子邮件、日历、朋友近况和社交网站。

※

这些玩具不仅可以吸引那些小脑袋，还可以把他们粘在屏幕上。如果选择正确，那么孩子们最喜欢的新科技玩具就可以帮助他们学习数学、科学、物理、数码摄影、电脑编程，甚至激励他们到户外去学习更多关于大自然的知识。

事实并非如此。蹒跚学步的孩子还没有准备好理解关于数学、科学和数码摄影的内容。而“屏幕时间”这种以视觉刺激为主的活动，并不能构建更健壮的神经结构，以便让孩子今后去完成这些任务。至于“伟大的自然之母”，了解她的最佳方式，就是走出门去，真正沉浸其中。

在任何地方，随意使用有说服力的语言都会掩盖粗心大意的罪恶。诚然，某个游戏对婴儿来说可能的确是“好玩的”“有趣的”，但他们投入其中的每一分钟，都在以我们所知的有害方式改变着大脑的生长发育。“这是一种刺激文化，和药物滥用没什么两样。”我的同事兼作家，注意力缺失症（ADD）和注意缺陷与多动障碍（ADHD）领域权威内德·哈洛韦尔（Ned Hallowell）曾这样说过，“刺激已经取代了人与人之间的联结，我认为这就是我们需要注意的。”

应用程序不会像毛绒玩具或音乐风铃那样“安全地分散注意力”。应用程序是一种兴奋剂，而过度刺激婴儿的大脑是不安全的。而且，应用程序也不像家长想象的那样具有教育意义。我从 2.5~3 岁孩子的父母那里得知，当孩子们已经长大，可以从高质量的教育玩具中获益时，他们却早已习惯了触屏的乐趣，反而对那些真正的教育玩具不怎么感兴趣了。他们已经“学会”去喜欢音频、视频，以及科技玩具快速变换的刺激了。

没有什么事比不停地拨弄开关更让宝宝开心的了。但当我们给婴儿提供

“兴奋剂”，而不是平静地去关注他时，当我们用电子产品让孩子分心，而不是在日常生活中予以循序渐进的指导时，我们就是在教他们从很小的时候，在处理人生的波澜起伏时，要利用外部资源实现自我调节，而不是从内心发展出这些技能。普通的、现实的学术研究很难与市场营销奇才的魔法棒形成竞争。婴幼儿电子产品包装应如实说明：“这个产品可能会对婴儿的大脑、认知、社交和情感发展，以及父母和孩子之间的早期联系、依恋和协调造成危害。”在那一天到来之前，你只需要自己想明白这一点，然后将理念传播给他人。我们应该让我们的孩子尽可能地知情、明智，学会保护自己。

爱丽丝梦游仙境的叫醒电话

爱丽丝来见我时，已经意识到，她小心翼翼地控制两个年幼的女儿使用电子产品，但还是没能阻止自己跌落到兔子洞之中，来到数字生活“买买买”的仙境。

在缅因州宁静的乡下，爱丽丝和她的丈夫在第一个女儿出生后的几年里，一直努力地维持着几乎不受电视干扰的生活。爱丽丝夫妇和小梅格每天都在户外轻松愉快地共度几个小时。他们一起将洗好的衣服叠整齐，拔除杂草，推着吸尘器跑来跑去。阅读、烹饪和手工是室内最受欢迎的消遣活动。每当需要办事或和玩伴一起进城时，他们都会坐在车里听音乐、唱歌或聊天。他们有一台电脑，但爱丽丝不怎么用。她既没时间，也没兴趣。

四年后，第二个女儿珍妮出生，爱丽丝决定买一部智能手机。她所有的朋友都有智能手机，每天互发电子邮件和短信。爱丽丝觉得没有智能手机好像被冷落了。她还认为，有一部智能手机，可以帮助她变得更有条理，把待办事项安排得井井有条，可以随时安排约会、玩游戏、在线购物和保持通信联系。在农村，信号很糟，爱丽丝很快便开始尝试不同的回家路线，有时甚至要开二三十分钟的车，但这样她就不会没有信号了。她在家里上网的时间也比以前要多，她发现了育儿博客，非常喜欢在网上与其他父母交流。

现在，爱丽丝对家用科技的乐趣和功能怀有更加开放的态度，在让孩子们看电视这个问题上也放松了下来。5岁的梅格经常在妈妈照顾珍妮时看电影。根据当天的忙碌程度，梅格可能会看一两部电影，听一会儿有声读物，然后整个下午和晚上都在网上玩游戏。珍妮经常坐在毯子上或被拴在婴儿秋千上，和姐姐一起看电影，而爱丽丝则在一边做家务或上网。有时，当爱丽丝陪珍妮玩耍的时候，也会偷偷看一眼电子邮件或社交网络，在网上闲逛，或者和远方的妈妈、姐姐发短信。

随着时间的推移，爱丽丝和女儿们共度的时光与她在屏幕上花费的时间，逐渐融合为一体，变成了母亲、女儿和电子产品之间的无缝互动。后来有一天，珍妮大约18个月大时，正在咿咿呀呀地学说话，突然蹦出了这辈子说出的第一句话："我的否机！我的否机！"起初，爱丽丝没听懂珍妮说的话，随后她听明白了，心也一下子跟着沉了下去。每当爱丽丝拿起手机时，珍妮就会这样说。很明显她想说："我的手机！我的手机！"她是想让爱丽丝不再被这个产品分心，还是想玩一会儿手机，我们不得而知，也不重要。当爱丽丝意识到这句话会作为珍妮的第一句话被载入家族史时，这件事就成了一个转折点。爱丽丝开始感到悲伤、内疚和气馁。

"对珍妮来说，我现在的样子，和照顾梅格小时候的那个妈妈完全不同，"她告诉我，"现在我的注意力不仅要平均分配给两个孩子，还因为需要每3分钟检查一下邮件或短信而又削减了一半。"她承认，她经常思考的事是什么时候才能看一眼手机，而不是去想想玩什么游戏才能让两个孩子都开心。"这太可笑了。我是一位全职妈妈，"爱丽丝感叹，"可我几乎没有时间和我的孩子们在一起。"

“我们曾经是那么好，”提起早年和梅格一起在户外做游戏的乐趣时，她说道，“可现在我把这一切都搞砸了。”爱丽丝并没有把事情搞砸。她来到我的办公室，想要做出改变，从这一点就能看出情况并没那么糟。对我们所有人来说，现实情况就是，我们和孩子一起都位于数字时代的学习曲线上，孩子的每一个发展阶段都将带来全新的挑战、不同的困境，以及犯错和纠正错误的机会。

爱丽丝决心要改变这种状况，她开始反省自己对科技的依赖，开始思考科技是如何让自己应接不暇,左右着她为女儿们做出选择的。她还发现，屏幕时间破坏了梅格做其他事情的兴趣，而这些兴趣都是她在梅格小时候一点点培养起来的——自己读书、和妹妹一起玩、到户外去探索。珍妮所接触的电子产品以及暴露在屏幕前的时间，比姐姐在这个年龄段的时候要多得多，她没什么机会和妈妈一起玩探索和发现的游戏，没有享受到梅格小时候的待遇。在其他方面，珍妮在吸引妈妈注意时，很明显地认为手机是自己的竞争对手。

珍妮的警示，让爱丽丝重振精神，集中注意力，重新与自身的直觉相联系:婴幼儿需要得到的最重要的信息，就是关于“我们”的信息，即“我们”是强有力的、牢不可破的，归根结底这才是最重要的东西。当他们感到痛苦时，他们需要知道，在你眼里他们最重要；当他们想与你分享发现的奇迹时，他们需要知道，你是他们值得信赖的伙伴。

心灵与思想的新路线

尽管夜复一夜不眠不休地照顾宝宝是件很难的事，但我相信，大自然的设计自有深意。作为父母，我们的孩子来到这个世界的那一刻起，我们就踏上了一场体验孤独的旅程。他们教会我们，如何在黑暗中找到安慰，就像我们安慰他们一样。在美好而安静的夜晚，我们会全身心地体验为人父母的快乐，若是遇到孩子哭闹，我们也学会坚持到底，并始终如一地爱着孩子。无论是在婴儿房还是在摇椅上，我们都为孩子们搭建起安全的港湾。我们创造了一个神圣的空间。我们在亲密的交流中所花的每一点时间，都培养了我们在心灵和思想上的直觉。

这些时刻，也可以将我们与某些"更宏大的东西"联系起来，一种穿越时空的与父母亲之间的感情纽带，以及为人父母时与孩子在灵性层面建立的联系。这是一种上网无法找到的体验。和宝宝在一起，可以激发出我们身上巨大的潜力，帮助我们这些成年人终日忙碌的大脑进行重构，重新发现、发展出全新的神经通路，深化我们的反思能力。有了孩子，你就能以一种全新的、令人满意的方式与自己交流。

现在，每当我们去到家庭之外的心灵聚会场所，在致欢迎辞之前，总是听到这样的请求："请大家确保手机关机。"我们之所以提出这样的要求，是因为我们明白，在某些时间和地点，我们需要全身心地与当下相处，而不能被电子产品分神。不妨让这个忠告，变成为人父母的一则小贴士。

让宝宝的房间成为一个没有屏幕的房间。让你和孩子之间不受电子产品的打扰。在没有外界干扰的环境中给宝宝读书。当宝宝爬来爬去的时候，将目光放在他身上。当一心多用的左脑让你"放手去做"时，请让关系自我的右脑回应"赶快拒绝"。为你和孩子创造一些仪式，将这些仪式与屏幕分隔开来。细心呵护宝宝对你的需要，然后给自己提供一段不受干扰的时间去完成工作。当然，有时你还是需要接听电话、查看电子邮件或同时完成多项任务。但是我们越是能用心地、始终如一地陪伴孩子，我们就越有可能保持"我们"的首要地位。

第三章

玛丽有个小平板

传统的智慧，神奇的技术（3~5岁）

孩子内心，有一个内在生命和一个想象中的自我在不断成长。对孩子予以尊重，意味着不要用预先制作好的图像给孩子填鸭，意味着让孩子内在的想法不断进化，并通过探索世界上的真材实料来塑造孩子的想象力。并不是说科技对孩子的心智发展一定不好，而是说在孩子的成长过程中，有特定的时间段最适合发展想象力、动作和语言。必须在这些事情上花时间才能实现发展。

——贾尼丝·托本（Janice Toben）

作家、学校顾问

艾丽萨已经四岁半了，很喜欢讲述她从学校回家后喜欢做的事情。她告诉我：“我最喜欢做的事就是打扮。我最喜欢的游戏叫作红毯游戏。”

每当艾丽萨玩这个游戏的时候（大部分时间是放学后），她坐在沙发上或是餐桌旁，手里拿着家中的平板电脑。她很擅长这个游戏，因为她经常玩。选择物品和颜色时,她的小手指熟练地从一个地方飞到另一个地方。皇冠还是头饰？点击！普通高跟鞋还是鱼嘴高跟鞋？点击！粉红色还是紫色？红色腰带还是蓝色腰带？面纱还是太阳帽？点击！点击！点击！在游戏开始前，她还会认真地看广告。和她的许多学前班的同学一样，她会玩各种各样的应用程序和屏幕游戏，在从学校坐车回家的路上，或者在放学后到课外班去接哥哥或姐姐的时候，他们会一直玩游戏。然后下午回到家里，她还会再玩一会儿。

艾丽萨说，她最喜欢做的事情就是打扮自己，但她真正做的，并不是打扮自己。玩真实的装扮游戏，就是说孩子要在盒子里翻找自己喜欢的衣服和饰品。也许她找到了一只鞋，然后还要去找另一只，当她在寻找的时候，却发现了另外一双。与此同时，她还要为装扮游戏编一个故事：可能开始时她是一位公主，但后来她发现了巫师帽，突然便决定成为一名魔法师——如果她能抵御闪亮的警长徽章和流苏皮革背心的诱惑的话。她可能会触摸到一种布料，然后是另外一种，对布料的质地和颜色，甚至是气味进行比较，再得出她喜欢什么、不喜欢什么的结论；她可能会想象自己在这样或那样的故事中，她可以喜欢或不喜欢这个角色，也可以喜欢或不喜欢这个故事；她可能找不到另一只相配的鞋子，在那一刻她会感到失望和难过——然后，与其放弃，不如找到另一种方法来解决她的不快乐。她可以和朋友一起玩装扮游戏，两个人可以互换鞋子和上衣，评论一下彼此的服装和想法，在游戏过程中，她们通过对方的面部表情和肢体语言来体察对方的观点和感受，并最终决定是继续玩，还是不玩了，转而去玩别的东西。她可能会和朋友发生争论，尝试着在不破坏玩耍乐趣的情况下，对朋友指手画脚。也许她的妈妈或她的兄弟姐妹会进来问她出了什么事，她会说说她们玩装扮游戏而衍生出来的故事情节，或因为玩游戏而和朋友吵架的事情。

处理事情，将部分组合成整体，不断地变换服装和虚构的场景，和朋友谈判，兴高采烈地炫耀自己的创造成果，想象自己是另一个人，向妈妈告状，感觉自己的情绪被人接纳，和妈妈谈谈心——所有这些充满运动和思想的小瞬间，都能发展出孩子的自我，以及孩子与周围人、事、物之间的关系。每一次迭代，都拓展了创造力和想象力。这些活动提高了孩子的学习能力和坚持不懈的能力，让孩子有能力面对新的挑战和成长。

“孩子们通过触摸来学习，仅仅是被动地点击鼠标是无法实现学习的。”南希·舒尔曼说，她是幼儿教育领域颇具影响力的智慧人物。她描述了三维体验的独特重要性，讲述了儿童对三维体验的内化过程与二维屏幕体验非常不同。“这就是孩子学习的方法。孩子们需要一遍又一遍地去咬、触摸、移动。”屏幕体验缺乏人与人之间面对面的回应，包括眼神交流、面部表情、声音和语调。《父母的实用智慧：在学前阶段培养自信的孩子》一书的合著者埃伦·伯恩鲍姆（Ellen Birnbaum）指出：“在科技应用环境中，没有语言扩展的空间，也没有让孩子处理自身感受的空间。”

作为家长，如果你还记得小时候玩过的装扮游戏，或者你曾经用沙发垫子和毯子垒过城堡，那么你就会知道，对于孩子的想象力和真正的自我创造力来说，应用程序和屏幕是多么软弱无力的替代品。然而，艾丽萨所说的话，意味着虚拟体验及其特定词汇很容易成为传统游戏活动的替代品，而传统游戏活动往往涉及比屏幕游戏多得多的内容和体验。想象力的丰富性，以及感官、社交和情感互动等内容，远远超出了简单的数字游戏中的搜寻和挖掘体验。艾丽萨最喜欢的消遣不是打扮，只不过是一个屏幕游戏而已。她不费吹灰之力，每周就能在虚拟现实游戏中花上超过 5 个小时的时间。

孩子从出生到 5 岁的这几年，通常被称为“魔法岁月”，这个说法反映了孩子在学步之后开始产生非理性的恐惧、幻想和对世界的奇异解读。他们不断增长的语言和逻辑推理能力是大脑中新近出现的通路，这些能力与奇幻思维共存，令想象中床下的怪物变得像家里的狗一样真实。

从奇幻思维发展到有能力认识到更具体的“现实世界”，这一过程是童年早期的一个重大发展阶段。正是通过真实的生活体验，特别是通过与父母和家人充满爱的互动，友谊体验，以及与玩具或小朋友之间富有想象力的玩耍，发展机制才得以在这段时间产生如此迅猛的增长。这些社会和情感体验及其所培育的神经通路，为孩子健康发展提供了动力。

儿童发展研究人员斯坦利·格林斯潘（Stanley Greenspan）和斯图尔特·尚卡尔（Stuart Shanker）在探讨人类的语言和智商如何进化出独特水平的著作《第一个想法》（*The First Idea*）中写道：“孩子的社会交往能力、高层次思考能力、解决问题能力和逻辑思维能力很大程度上是在他们进入学校之前就形成了的。”他们认为，“这个重大发展过程的基础，是孩子在平静状态下的专注和警觉能力，或者自我调节能力。”0~5 岁是孩子学习这些能力的第一个关键期。到 3 岁，当孩子们开始用语言去表达自我并理解周遭世界时，这个重要时期就变得更加复杂、更富潜力。

如今，孩子们 3 岁时就沉浸在自己家中、朋友家中以及几乎存在于任何地方的主流媒体和电子产品的环境中。他们有能力去操纵这些媒体和产品，以达到游戏的目的；他们会点击触摸屏，按下电视遥控器的按钮，点击“发送”键，购买应用程序，或者在产生实质性效果之前开开心心地做实验。当我们在思考怎样以最好的方式向学龄前儿童介绍电视、网络和技术时，我们需要关注的不是从消费者角度出发的问题——不是哪个品牌的电脑或哪个游戏，不是免费软件或免费升级，我们需要关注的更重要的问题是儿童发展问题。这是孩子的魔法岁月。你会让魔法体现在游乐场上，还是让魔法体现在平板电脑里？

学龄前儿童玩耍的经典场面出现了微妙的变化

我走向我的孩子们在许多年前特别喜欢的那间幼儿园教室，突然间我仿佛进入了一个时空隧道。如今，这里看起来依然是一个充满友善气息的小屋，铺着木瓦，四周长满了萌芽的灌木，大门通向与另一栋教学楼共用的大操场。过去的十几年里，这里肯定经过了修缮，但是它仍然有一种古老而舒适的感觉。还是同一个房间，还是同样的灯光，同样的温暖，同样的箱子里面装着眼熟的玩具和我没见过的新玩具，没有电脑。房间里有堡垒式的建筑、梳妆台、圆圈时间的专用区域，孩子们花花绿绿的艺术品就挂在墙上，还有满屋子专为 5 岁孩子准备的各种书。这是一间充满简单味道的教室。当我静静地观察学生们与雅各布森老师的互动时，我的心中又一次澎湃着强烈的感激之情，因为我的孩子们从这位睿智无比的老师那里学到了“他们所需要的关于生活的一切知识”。乍一看，雅各布森老师的教室与 20 年前我的孩子们在这里上学时没什么两样。

角落的一个盒子里放着一套玻璃弹珠。各种各样的木片可以被随意组合成孩子们想要的样子，比如被做成一个独立的塔状的滑道、坡道和漏斗，然后弹珠从上面滚下来。令人惊讶的是，没人能用一整个上午的时间来玩这套游戏。在我孩子那个年代里，这是所有孩子都梦寐以求的教室玩具，孩子们都在等待名单上排队，依次来玩。后来，雅各布森老师说，孩子们渐渐对这款游戏不再感兴趣。她说：“玩这个游戏，需要极大的精确性和多次练习，才能玩得很熟练。”这套游戏需要一种“坚持不懈的专注”，需要比玩那些新奇玩具更大的耐心和更强的忍耐力。“我们以同样的方式将这套游戏介绍给每一个班级的孩子，但我注意到，过去的几年里并没有孩子玩。”她说道。

磁力片是新近才发明的玩具。雅各布森老师说，色彩鲜艳的磁力片，可以让小手很轻松地制造出三维结构。磁力片和传统的木质或塑料积木不同，搭建起结构之后，就算倒塌，也很容易重建。孩子需要做的，就是把一片放在另一片旁边，然后所有的磁力片就能自动连接到一起，用不着小心地安放也能成功，还避免了试错带来的挫败感。

房间里，一如既往的窗明几净，充满愉悦的氛围，但孩子们的社交活动似乎没有我记忆中那么富有目的性。我看到一群女孩聚在一起聊天，她们在一起的方式，让我想起了那些聚集在储物柜周围聊天的中学女生。雅各布森老师说，如今，基本看不到曾经在这个年龄段司空见惯的那种精心设计的游戏场景，更多的“只是待着”。

她朝附近的一群人点点头。她说：“有些孩子就像这样坐着、看着、说着、闹着，还有一些孩子非常渴望玩耍和学习。”她想知道那些漫无目的瞎闹的孩子是怎么回事，也想知道当这个年龄段的孩子对主动的、创造性的游戏不感兴趣时，说明了什么。“孩子们总是喜欢交际，他们总是对彼此充满好奇，这是不会改变的。但是，孩子们需要不断地练习，才可以维持住一段游戏。我不知道他们在家里和放学后玩游戏的方式，是不是和过去一样，就是简简单单地练习如何玩耍。”

所有这些细微的变化，都存在一种令人不安的模式。孩子们上幼儿园的时候，对蜘蛛侠、“草莓酥饼”游戏和妈妈的智能手机再熟悉不过，却不擅长这个年龄段本应熟练掌握的自由玩耍和社交互动。与此同时，学龄前幼儿的教师也发现了3~5岁的孩子中，表现出坚持学习和原创思维特征，并且非常盼望与人互动的孩子的比例越来越低。更多的孩子宁愿等待老师的指导，或者使用电视或屏幕游戏之中的想法或现成的剧本，来指导自己与其他孩子的游戏，游戏过程中的创造力和独创性也降低了。由此可见，孩子们的思想处理能力和想象力都比以往有所下降。

雅各布森老师说：“我们看到，孩子们拿着毛绒玩具，一遍又一遍地相互冲撞，就像电子游戏和动画片里一样。孩子们更愿意制作简单的结构，而不是建造更复杂的结构，因为复杂结构是需要练习的。”

老师会帮助犹豫不决的孩子参与到无结构感的游戏之中，帮助孩子从内心汲取自信和创造力，也会小心翼翼地避免为孩子做太多的事情。因为已经有太多的成年人不断进行有组织的活动，不断提供有组织的娱乐，从而阻止了孩子去学习如何做到自己的事情自己做。“作为成年人，我们要支持孩子，不让他们感到不舒服、受到伤害，但我们在面临解决问题的难关时，要用方法引导他们摆脱不适感，而不是帮他们解决问题。”雅各布森老师说。

老师们认为，许多小孩子在面对学习带来的不适感时，并没有很强的忍耐力。而学习的过程总是充满了令人不舒服、不愉快的时刻。事实上，对于我们和孩子来说，通过自己的行动坚持不懈地克服不适感，并最终解决问题的时刻，才是最有价值、最让人长进的时刻。孩子们学着系鞋带、拉拉链、拼拼图，不断地思考下一步该做什么。无论动作多么笨拙，但孩子在历练中不断地发现，意识到自己能够克服不适感，战胜不适感，对于他们来说非常有意义。这是心理发展的关键步骤，当他们开始动手去做时，就把握住了最重要的部分。他们需要一次又一次地经历挑战、挣扎、错误、不适感，以及体会从中得来的收获。

老师们还说，与十年前的同龄人相比，如今的学龄前儿童更容易冲动，更不愿意在排队时玩耍或讨论，等着轮到自己，在群体活动中也要花更多的时间才能懂得遵守秩序。他们很难从一个活动过渡到另一个活动，他们与老师和其他人的目光接触较少。还有一个可能的相关现象，那就是，他们不那么容易识别情绪，包括自己和其他孩子的情绪。为了控制我们的情绪，我们要对情绪加以理解；为了知道自身的情绪对他人的影响，我们也需要读懂他人的情绪。这种基本的情感素养对于学习如何与他人相处至关重要。这就是为什么“和别人相处得很好”这句评语，在学前班成绩单上的意义显得如此重要。如果孩子在五六岁的时候不能做到这一点，那么他在上小学的时候就会面临一个陡峭的学习曲线。与成年人进行面对面情感交流的机会越少，孩子的这条学习曲线就越长。

有一项关于 5 岁孩子入学准备和学前教育评估的新研究，在很大程度上表明，孩子在学前教育中的人际关系质量，比他们所学到的学术知识更加重要。与此同时，研究还表明，带着良好的社会 - 情感意识进入幼儿园的孩子，比带着技能进入幼儿园的孩子更受老师和同龄人喜爱，在学术上更投入，在整体上更成功。一些研究还表明，对学前儿童进行过度的技能训练，会对他们造成更大的压力，让他们在今后的学习中更加消极和焦虑。

罗宾·夏皮罗（Robin Shapiro）是 LEAP（语言丰富艺术项目）学校的负责人，她告诉我，以前学校里也为教室配备电脑，供孩子们在老师的监督下使用，但在几年前，学校决定取缔屏幕设备，不允许电脑、平板电脑和电视在校园中出现。学校对学前儿童发展需求的成本效益比进行了详细研究，认为屏幕设备所带来的好处远远不及其造成的负面影响。孩子们喜欢在屏幕游戏中因不断提高水平而获得奖励，但这些游戏并不能提供锻炼批判性和创造性思维所需要的那种挑战。“我认为所有孩子的根基，都是他们与他们世界里的人培养出牢固而积极的依恋关系，包括父母、老师、看护者和兄弟姐妹。当孩子感到安全、无忧无虑时，就会勇于承担学习之中遇到的风险，在家里和学校都一样。”成天对着屏幕，孩子无法做到这一点。

而且，用手指点击二维图像的技能，也和孩子的实际生活技能搭不上关系，真正能让孩子发展出更复杂的肢体运动能力和认知学习能力的，正是在实际生活中掌握的技能。正如格林斯潘和尚卡尔所写：“思考不只是意味着看到视觉之中的影像，而是能够利用、操纵那个影像，与其他影像结合起来，然后在不同的层次上对其进行组织。”《愤怒的小鸟》《小小爱因斯坦》等屏幕游戏，都做不到这一点。当 3 岁的孩子进入幼儿园时，他所掌握的社交技能和情感工具，比他对键盘的熟悉程度，或能背诵多少数字、字母要重要得多。最重要的是，这些小工具来自你，通过孩子和你的日常对话、游戏、常规和仪式来传递。媒体和科技在幼儿的情感生活中所起的作用，就是在父母和孩子之间，时不时地创造出一点小隔阂、小分心。当这种情况发生时，我们的养育本能就会减弱，而电子产品则会带着自身想要传达的信息，乘虚而入。

媒体扰乱情商进步的步伐

当孩子们还没脱离尿布，还不怎么会在操场上独自荡秋千时，就已经是媒体世界里经验丰富的旅行家了。3 岁的孩子中，有超过三分之一的孩子卧室里有电视。包括看电视在内，孩子们每天在屏幕上花的时间大约有 2 个小时。2~4 岁的孩子中，29% 的儿童会玩触屏设备。电子产品是家中和车上常见的装备，而在“安静时间”选择看书的孩子，也远没有玩电子产品的孩子多。很多受欢迎的电视角色玩偶和儿童读物都有朗读功能，偶尔还会有语音提示，鼓励孩子对游戏或故事做出回应——或者点击“立刻购买”。

在这个由家人、媒体和科技所构成的刺激环境中，3~5 岁的孩子会经历怎样的成长历程？孩子在这么小的年龄需要去了解生活，而媒体和科技是如何融入这个画面的呢？或者说是如何对孩子的特定成长轨迹造成改变，让我们不得不有所顾虑的呢？在这短短的几年中，孩子会以惊人的速度成长，从蹒跚学步变成一刻不停地上蹿下跳，从第一句“不”到目中无人的宣言——“你管不着我！”在日常生活中,你的孩子不断地接收信息，并努力把信息分解开来，逐渐消化。

从 3 岁到 5 岁，在爱的引导下，孩子从唯我独尊的状态——“我生气了！我恨你！”，或咬人、踢人、尖叫、跑开、追逐游戏，成长到有能力调节自己的冲动，不会遇到事情就跑开，学会用语言表达来代替闹情绪。这些都是情绪素养的基础，都是孩子在不断发展必不可少的情绪自我调节能力，帮助孩子成长为具有良好适应能力的个体，从而使孩子更有可能在生活中获得成功。

从神经系统的角度讲，在这段时间里，大脑继续构建着知觉体验的脚手架。它通过户外游戏、建筑、舞蹈、跳绳、唱歌、涂色、交谈、想象等所有自然而然的亲身体验，让孩子们能够从与环境和周围的人的直接互动中去学习。这种多感官的参与，刺激了大脑的语言发展中心、认知处理中心、深度思考中心以及社会和情感智力中心的发展。被动地看电视，或者利用宝贵的时间进行早期技能训练，或者为学前教育做紧张的准备，这与学龄前儿童真正的需求以及最适合孩子的学习方式是背道而驰的。最重要的是，通过日常的关心、互动和亲近，你和你的孩子建立起了联结，而这才是今后学习生活的最佳基础。

正是在这段时间，你开始教导孩子，完整而美好的人生意味着什么。我们有各种各样的情绪，这是很美妙的，但如果我们放任自己的情绪失控，那么我们的行为就会伤害到自己或其他人。情商的培养，开始于我们学会识别情绪——识别我们在悲伤、愤怒、高兴或失望时的情绪。随着我们学会理解情绪，以健康、富有成效的方式表达情绪时，情商就在不断发展。

小孩子对任何事情的情绪反应都是直接的、强烈的，而且常常是不加过滤的，就像他们所看到的屏幕上的角色那样，这些角色都表现出原始的情绪。在现实生活中，你的回应会对孩子的体验进行过滤，并为其赋予意义。你的孩子指望着你为他的情绪注入秩序。你的回答教会了孩子如何接纳并思考自己的内心体验。正是在这种让人安心的交流之中，在你为日常小事赋予意义并调整情绪基调的方式中，孩子学会了情感自我调节中的小细节。

教孩子管理情绪，是教孩子如何控制和处理情绪，如何让自己平静下来，如何在情绪高涨时自我调节。悲伤、愤怒、沮丧、失望和兴奋，你希望孩子能够体验到人类的各种情绪，不会在情绪袭来时感到困惑或受到威胁——“当然，分别是会让人难过，但一切都会好起来的。我们会再次见到奶奶的。”当你帮助孩子认识到他人的感受时，他们就会产生社会意识，比如知道分享是件好事——“看看分享的时候弟弟有多开心。”当你帮助他们理解行为和后果之间的联系时，他们就会学到人际关系中的技巧——“看看你把铲子拿回来时发生了什么？”还有个人决策——“你们怎样能两人一起在沙池中玩？让我们想想有什么好的选择，怎么才能让每个人都感觉很好。”

日复一日，对你的孩子来说，这种暗示就变成了内心的声音，变成了鼓励和复原的声音。这种感觉让孩子知道，当他为了学习而费力挣扎的时候，他是被人关心、被人爱护的。在学步期和学前班年龄段孩子的生命中，与母亲、父亲、祖父母、托儿所和学校老师互动的无数个小时刻，他们都能体验到安全感，以及被大人所接纳、照顾和保护的归属感。这就成了他们内心深处情感储备和情商基础的一部分。

孩子在这个年龄段的天然好奇心和想象力,逐渐发展起来的语言能力，对玩耍和交朋友的渴望，以及他们对我们感兴趣的东西产生的兴趣，也使得他们非常想要接触任何可以接触到的媒体或技术。那个曾经喜欢抱着智能手机啃的婴儿，到了3岁时，就发展出了更加复杂的新技能，并非常想要一试身手。点击触摸屏，让有趣的事情发生，孩子会觉得这是一件很棒的事情。像姐姐或爸爸那样“玩电脑”也很有趣,让孩子感觉自己长大了。

4岁的卡尔经常通过聊天软件与在芬兰的祖母视频聊天。这个生活在纽约的男孩，在双语环境中长大，会说瑞典语。当祖母每年来看望他时，他总是欣喜若狂，他们随后的屏幕时光，也充满了浓浓的爱。当全家人造访芬兰时，他能很轻松地融入表兄弟们的小团体，因为他们之间已经非常熟悉。

在理想的情况下，当家人一起看电视或一起上网时，可以通过科技来强化家庭关系，就像卡尔一样。我们是一家人，无论身在何处，都能保持联系。没有什么是比充满爱心的祖父母或亲戚出现在屏幕上，更能让孩子开心的事了。我知道有很多父母出差在外时，会在睡觉前用视频聊天工具给孩子读书，或者在孩子吃早餐时，通过屏幕陪伴孩子。媒体或技术在被恰当地使用时，有着非常强大的力量。

适合这个年龄段的教育项目也有很多优秀内容，但往往伴随着广告商的垃圾信息。广告商们总是不遗余力地将学龄前儿童作为跨市场营销计划的目标。哥伦比亚广播公司的一份报告称，2009 年，该公司一年斥资近 170 亿美元针对儿童进行营销，侧重点放在青春期少年和幼龄儿童上。而广告商则将目标瞄准在幼龄儿童上，因为研究表明，从 2 岁开始，孩子就能识别一个品牌。当然，你的孩子，是广告商打入你家钱包的最直接的渠道。由于许多教育类玩具和网站（越来越多的学校也是如此）有商业支持，因此品牌及其想要传达的商业信息无处不在。研究表明，这个年龄段的孩子无法区分商业内容和非商业内容背后的动机。所以对于 4 岁的小脑袋来说，《罗杰斯先生的邻居》和《海绵宝宝》的赞助商有着同样的可信度。

随着商业世界的发展，以及针对年轻观众的节目内容增多，小孩子就会慢慢通过一些信息意识到小男孩或小女孩意味着什么。在3~5岁的时候，孩子们还在学习作为“人”的意义——动物宝宝和我们有什么不同，世界各地的人们如何庆祝不同的节日，也在了解我们所处的文化中对男孩或女孩有着怎样的期望。在这个年龄段,他们对性别的概念并不是固定不变的，但是他们学到的关于性别的知识非常多。将《淘气小兵兵》或《超能战士》描述为对孩子带来伤害的，严酷的、愤世嫉俗的、厌恶女性的代表，似乎有些极端。但是，这些角色和故事情节构成了一套刻板印象，通过引导孩子们形成局限而扭曲的性别认知，使得他们逐渐偏离人类的全部潜能。

人们常常认为娱乐是有教育意义的，或者认为娱乐就是孩子的特权。但是那些孩子的特权，会在无形中教会孩子很多东西。因此，无论你的家庭对男性和女性的角色有怎样开明的价值观，媒体和屏幕游戏都会介入孩子自己的角色塑造。在那里，男性掌握着权力，行为暴力，而女性则往往穿着暴露，地位低下。

常见的媒体广告和屏幕游戏，强调一种孩子气的男子气概模式，充满攻击性、冲动行为和男儿有泪不轻弹的原则。这些内容告诉我们的男孩，难过是不对的，如果有人打你，你要加倍打回去；你想要什么东西，可以诉诸武力去夺取；当事情不按你预想的方式发展时，你可以欺负别人，强行让事态按你的方式发展。研究表明，孩子即使只看 9 分钟《海绵宝宝》，在关掉电视后，也会出现攻击性行为。

主流的媒体信息和针对学龄前女孩的屏幕游戏，通常都用粉粉嫩嫩的颜色来包装。尽管颜色本身没有错，但这种标准的刻板印象就是向我们的女孩传达一种信息——外表才是女孩最应关注的事情，打扮得可爱才是女孩最应优先考虑的事情，坚强、聪明、自信的女孩特征在那里消失不见了。爱探险的朵拉虽然会去探险，但在她特殊的生日礼物包里，只找到了指甲油和唇彩。《淘气小兵兵》里的安吉莉卡是一个典型的刻薄女孩，她只有 3 岁，却带有一种玩世不恭的气质，对于年纪较大的观众来说，她可能代表一种讽刺，但 3~5 岁的孩子是无法理解讽刺的。在学龄前儿童观众的心目中，安吉莉卡和罗杰斯是同样可信的人物。

3~5 岁的孩子，就像绘本《好饿的毛毛虫》中的小虫一样，会吃掉遇到的所有可食用的东西。他们渴望新奇的体验，自然而然地被媒体和屏幕设备所吸引。一旦尝到了愉快的滋味，他们就会想要更多。毕竟，重复和积极的强化是幼儿学习任何东西的方式，从用蜡笔着色到如厕训练都是如此。神经图谱总是向新鲜的、令人兴奋的事物敞开怀抱。从神经学来看，玩耍转变成一条条渠道，而渠道则发展成各类爱好。无论是拥抱还是玩电脑游戏，大脑在接收到“环境输入”后都会开始自我塑造。在茁壮发育的大脑中，技术可以迅速地占领首选领域，并以牺牲其他重要但缓慢增长的联结为代价来实现其支配地位，这些联结包括复杂的思想、情感信号，以及人类独有的交流节奏。

保护与小孩子之间的互动空间

学前班下午放学时，家长接孩子的场景是我们再熟悉不过的，看起来没什么值得关注之处，除非你把现在的场景与10年前的场景进行比较。现在，在车中等候的父母都忙着发短信、玩平板电脑或打电话，甚至留意不到自己的孩子从教学楼里出来，也看不到他们穿过草坪向自己走来。

负责指挥交通的老师，必须喊出家长的名字，家长才知道要将车子往前挪一挪。要么就是老师必须在车窗上使劲敲打，才能提醒那些专注于电子产品的家长打开门锁。我看到过一个3岁的男孩撞上了自家车的车门，因为他妈妈当时正沉浸在一通电话中——只见她目不转睛地盯着远方的地平线，根本不跟近在咫尺的孩子打招呼，也没有微笑。后来，老师告诉我，这样的场景是如今的“新常态”，因电子产品而分心的父母已经在过马路时对孩子的安全构成了威胁。孩子只要在车上系好安全带，通常就会玩平板电脑、数字游戏或爸爸妈妈的智能手机。技术在我们的生活中是如此无处不在、不可或缺，以至于我们甚至想不起来自己与技术之间的关系。但是，注意力不集中所带来的后果，技术在养育子女过程中所扮演的角色，以及其在亲子互动时产生的影响，已经变得越来越明显。

在针对4岁孩子进行的采访和专题小组讨论中，孩子们告诉我，有时他们不得不跟屏幕设备去争夺父母的注意力，而且常常落败，非常令人沮丧。他们说，等待父母关注时，体会到的是隔离、孤独、愤怒和悲伤。即使是父母承诺在睡前、吃饭和玩耍时与孩子共度“妈妈和我”或“爸爸和我”的时间，爸爸妈妈也同时做着好几件事情。现在，爸爸妈妈和孩子之外又多了个电子产品，大多数孩子都不记得家里没有电子产品的时候是什么样子了。

亚历克斯有一个3岁的孩子和两个年龄大一点的孩子。他的工作要求他同时处理多项任务，当他意识到这让他不可能全神贯注地陪伴孩子时，就辞去了高管级别的工作，虽然现在薪水低了些，但压力小了许多。

> 我可以看着孩子们的眼睛，和他们交谈，但我意识到，我并不是在全身心地与他们对话。我大概只有 2% 的精力投入到陪伴孩子之中，因为我脑子里想的是下一封电子邮件或者其他一些需要去做的事情，而且，我太沉迷其中了……我根本没有在陪伴孩子，真的，我可以从他们的眼睛里看到这一点。他们知道我并没有和他们在一起。这种状态很糟糕，但我已经习惯了。我会说“对不起”，然后接着打电话或跑去查邮件。

他认真地思考了一番，得出如下结论：在情感上陪伴孩子是“父母的责任”。于是他决定重新确定各项事务的优先级。

孩子从 3 岁到 5 岁的这几年，父母很不容易。小孩子可以淘气到让人难以招架。如厕训练，为孩子穿上滑雪服和靴子，把他们绑在汽车座椅上，这些都需要耐心。尤其是与那些有感官或注意力问题的孩子打交道时，更是不容易。如果你总是无时无刻不在忙着处理所有的事情，那么你可能会成为一名多任务处理大师，但最终总会有一些东西被你放弃，而被放弃的几乎总是孩子们。家长时刻保持耐心是非常困难的，当他们在你做事时捣乱，你不可能一直想着你在他们心目中的重要性。他们会拽着你的袖子，呜咽着、哭泣着或者咆哮着，在这样的时刻，你很难冷静下来并抑制住自己的冲动，你只会想：怎样才能以最快的速度让他们停下来，好让我回到刚才做的事情上？于是，你想到了电视、触摸屏或其他电子产品，这样你就可以回头去做那些需要处理的事务或更感兴趣的事，而这些事也往往是在自己手中的屏幕上。在那个时刻，家长和孩子都将心思用到了别处，似乎解决了问题，而事实恰恰相反，这种相处模式会带来更多的潜在问题。这是不得不走的路吗？如果你要照顾生病的孩子或有特殊的事务要处理，需要暂时集中注意力，当然可以这样做，但真正的危险在于，本应偶尔为之的事情变成了日复一日的规律，本应用于救急的办法变成了默认的相处模式。

孩子的注意力问题，需要家人更密切地关注

苏珊今年 43 岁，是两个孩子的母亲。她 5 岁的儿子卢克的幼儿园老师说，孩子在学校表现出注意缺陷与多动障碍（ADHD）的早期症状，可能需要药物治疗。苏珊在讲述这些细节时，优雅沉着、口齿清晰、有条有理。她说，丈夫工作压力很大，总是加班，他们夫妻两人商定了各自承担的家庭角色，由她主要负责照顾孩子。除了在银行行政部门的兼职工作和作为妻子、母亲的责任之外，她还要照顾自己年迈的父母亲，而她的父亲还患有帕金森病。

在家里，她一直在与卢克做斗争，一听到老师建议他药物治疗，她便迅速采取行动。我们第一次见面时，她给我列举了孩子的一些行为实例，正是这些事件，让老师做出了这样的建议：卢克在听从和遵守指令方面有困难；他无法安静地坐着，经常打断别人的话；妈妈送他去上学的时候，他特别不想让妈妈离开，而当妈妈离开后，他也很难过渡到正常上课的状态。当苏珊充满深情地讲述儿子身上发生的事情时，我感受到她渴望了解儿子的心情，以及她不知如何是好的痛苦。我请她讲一讲她和家人一天的生活。

苏珊的日常生活，就是不停地奔波于各项事务之中——带卢克上学放学，带安娜去托儿所，自己去上班，为父亲的健康问题费心劳力。除了这些之外，她还要处理生活中的许多杂事，应对父亲身体的日益衰落，关照母亲因在家照顾父亲而经历的诸多艰难。医疗问题总是没完没了，一切都由她负责。结果，当她和孩子们在一起的时候，她发现自己总是需要同时处理多项任务。她会在他们早上穿衣服的时候上网查资料，她会边送卢克上学边给丈夫或夜班护士发短信，下午，她会在载着孩子们外出办事的路上补发电子邮件。

此外，苏珊开始依赖卡通片、视频、娱乐节目或手握电子游戏，在她需要做饭或打扫卫生的时候，这些东西能让卢克和安娜乖乖待一会儿。她经常用小手段贿赂孩子们，避免和他们谈话，以便让他们迅速地从一个状态转到下一个状态："如果我打电话时你能在车里保持安静，那我们回家后，就让你玩一个视频游戏。"要么就是看卡通片、玩企鹅俱乐部。每件事都需要谈判，谈判条件大多数都是关于看电视、看电影或玩电脑。妈妈可以给出各式各样的分心方法，却没有时间和孩子进行简单的对话。

直到跟我详细描述日常生活时，她才意识到，唯一和孩子们在一起的时间，就是晚上给他们洗澡的时候。洗完澡，终日泡在办公室的丈夫会给孩子们读书，陪他们上床睡觉。苏珊的生活，已经将责任和电子产品依赖混为一谈。

考虑到家庭环境和其他一些因素，我的直觉是卢克可能没有多动症，他可能只是需要和妈妈在一起，需要得到妈妈更多的关注。早上在学校，他不愿意让妈妈离开的现象，让我怀疑他是在表达一种挫败感，因为在妈妈说再见之前，他没有机会获得关注。

在家庭和工作中，苏珊一直都是"组织者"，她会把自己的母亲作风注入实际生活的方方面面，“让一切看起来有条不紊”。她觉得，自己照顾父亲的方法还算卓有成效，而这些方法都是以事实为基础，以结果为导向的。她喜欢谈论那些自我感觉良好的事情，这一点可以理解，而卢克并非其中之一。

她感觉，自己的能力不足以应对卢克的问题。她对自己的母性本能失去了信心，而与卢克共度的那些匆忙又支离破碎的时间，也并没有培养出母子之间更深层次的情感联系。她觉得压力很大，基本享受不到那种轻松愉快的亲子游戏时间，也感受不到丰富细腻的情感交流，根本培养不出对孩子的直观感觉。从小，苏珊的父母就对她要求很严格，抚养她的态度也是情感上比较疏离、比较正式。她知道，她想要比她与母亲之间更亲近、更投入的亲子关系，但她不知道如何去建立这种亲密关系。她对孩子刚出生那几年的辛苦毫无心理准备，而那个阶段的孩子几乎每天都会让人难以招架。育儿任务千篇一律，家长每天都需要为孩子付出无尽的耐心和细心的指导。

我们首先谈到日程安排中可能做出的改变。尽管做到这一点可能很难，但她对实用性的关注，还是令她对日程安排给予了足够的重视，而且这样做很可能会帮助她平息卢克的一些激烈情绪和行为。她决定每天早起20~30 分钟。最初，她对这个想法感到有点抗拒，这是可以理解的，但她还是愿意尝试一下。在孩子们还在睡觉的时候，她在电脑上处理一些日常事务，包括医疗研究、查看电子邮件、订购食品杂货等等。如果需要更多时间，那么就再早一些起床。早上 7 点，她会叫醒孩子们，帮助他们做好一天的准备，与此同时，给予他们全身心的关注和关爱。她决定，在别的时候也要尽量全身心地投入到与孩子的互动之中。不必时刻不停保持百分之百的关注，但要时常做到。

苏珊全身心的关爱令卢克和安娜深深陶醉。他们沉浸在妈妈全身心的关注之中，非常享受她更频繁、更深情的拥抱。苏珊也觉得自己在与卢克和安娜的沟通中获得了新生。当他们在一起时，她尝试着练习更加专注的倾听和回应。

"你是怎么建起那么高的一座塔的？这次你用了很多蓝色的积木。我敢肯定，你在建塔时一定很努力。"

在孩子遭遇挫折，需要妈妈帮助时，她学会了理解和接受她的孩子。

"安娜撞倒了你搭的高塔，你很生气、很失望。我知道这很难，但你不能打她。你打她的时候，她会很伤心、很怕你。"

她找到了新方法来耐心地对待卢克想要独立的愿望，与他共同面对挫折，并帮助他找到解决办法：

"我看到你在给安娜帮忙呢——你真是个好哥哥！"

如今，她可以用更加接纳和宽容的态度与卢克相处，因为早上她已经在网上完成了一部分需要做的事情，送卢克上学之后还能继续去做这些事。她利用一些自我提醒的方法，努力控制住自己不看电子邮件、不发短信。现在她认为，这种强迫性地看手机的行为是不健康的，是上瘾的危险信号。

没过多久，苏珊在送卢克上学时，卢克就会把手自然而然地伸到苏珊的手里，还一路叽叽喳喳地聊着在路上看到的东西，以及当天放学回家后想做的事情。随着亲子关系朝积极的方向发展，苏珊也找到了更具创意的方法，帮助卢克在学校和家中保持更加稳定的情绪。她很反感自己之前在需要卢克配合时，总是动用贿赂的手段。她意识到，自己以前总会在卢克情绪崩溃时打断他，用屏幕时间来吸引他安静下来，而不是试着去理解、教育、引导，帮助他解决问题。她学会了如何和卢克谈论他的感受，如何帮助卢克平静下来，表达自己，特别是如何用恰当的方式表达出内心强烈的感受。

苏珊仍然觉得卢克在屏幕上花了太多的时间，她觉得自己没能招架住卢克的软磨硬泡，还是放任孩子沉迷在电视和视频游戏中。她学会了克制自己，不总是利用电子产品作为让孩子消遣分心的手段。我们做了一张非屏幕活动的列表，里面包括四五项活动，比如绘画、玩乐高积木、在小院子里玩耍，或者和苏珊做游戏。起初，苏珊把这些活动列在一张表上，她无论走到哪里都随身携带，以便时刻提醒她可以用什么方法来抵抗孩子的死缠烂打。最后，她不再需要提醒，而是把这张列表贴在冰箱门上，以此告诉自己，还有更健康的选择。有时，父母和孩子都需要努把力，才能在我们与技术的关系中做出正确的选择。

与此同时，苏珊也决定每天减少自己使用电子产品的时间。她留出去学校接卢克之前的一小段时间，专门用来打电话和回复电子邮件。之后，她不再上网，从卢克出现在她面前的那一刻开始，她便全身心地与卢克在一起，至少坚持 45 分钟。这就让母子两人能够从容地实现过渡，卢克可以吃点零食，和她聊聊一天中发生的事情，整理背包里的东西，轻松地和家人共处，回到在家里的状态。有时，苏珊还可以与卢克和安娜一起花更长的时间玩耍。

当有些事情需要苏珊去处理时，她偶尔也会允许孩子们在网上看电影或玩游戏。但她非常在意孩子们看到的内容，以及看电影、玩游戏的时间，因为卢克总会想当然地认为上网的时候就可以管妈妈要垃圾食品和广告里的玩具。她不让孩子们看《超能战士》《海绵宝宝》和快餐品牌赞助的卡通片，把观看内容限制在《芝麻街》《蓝色斑点狗》《罗杰斯先生的邻居》和其他一些经过研究证实没有坏处的节目，顺便通过这些节目帮助孩子们建立起自己的情感词汇表。她还学会了用更具辨别力的眼光去选择其他节目，并且非常赞同当下所提倡的社会情绪学习（SEL）方法。她选择了具有故事情节的节目，这些节目展示出了孩子需要发展的社交和情感技能，还给出了处理愤怒和其他负面情绪的方法。卢克看完这些节目之后，不像之前那样易怒，这一可喜的现象表明，上述变化正在产生积极的影响。现在她意识到，许多娱乐游戏是不以儿童发展为导向的，而且这些娱乐内容也没有涉及基本的生活技能。于是，她选择了刻意避开。

每当卢克快要发脾气的时候，苏珊就会用同情的姿态与他沟通，而不是逃避或者自己先发脾气。她努力地将孩子的烦恼当作一场转瞬即逝的风暴，而不是一种永久性的性格缺陷。这些风暴时刻，正是我们帮助孩子以安全的方式体验愤怒并从中学习成长的大好机会。虽然家长很容易无视孩子的愤怒，或因孩子的愤怒而大发雷霆，或是想办法转移孩子的注意力，但孩子学习如何处理愤怒、失望和挫折的最好方式，就是和那些不会因孩子发脾气而表现出暴躁情绪的成年人相处。孩子需要知道，当他生气的时候，你还爱着他；当他沮丧的时候，你会陪伴着他，而且你不会因为他的情绪而恼怒。孩子需要看到，你能掌控他的愤怒，能帮助他们去掌控自己的情绪，并通过抚慰和同情来帮助他解决问题。优秀的教育电视节目和其他媒体内容可以传授并强化这些信息，但我们的孩子首先需要从最亲近的人那里学到这些东西。

最后，苏珊采取了一些措施，让自己和家人努力摆脱科技带来的紧迫压力。除了安排自己的电脑时间之外，她还重新审视了自己与智能手机之间的关系，意识到手机在什么时候是必要的工具，什么时候是分心和浪费时间的东西。她培养了良好的睡前仪式，让卢克和安娜拥有充足的睡眠，也创造了更多家人交流的机会。家里的气氛变了，变得更轻松、更快乐，人与人之间的联结更加紧密。不敢说完美，因为谁也不可能完美，但作为母亲，苏珊重拾了信心，现在她有办法去平衡生活之中的需求，能够以她所希望的方式与孩子保持联结。

卢克进步很大。早上到学校时，他不再那么黏人了。老师们注意到，他在上课时更加融入课堂了。老师对他的进步感到非常震惊，并收回了先前的说法，不再提多动症的事了。

有些孩子确实有注意力障碍，无法通过苏珊的方法去缓解。注意缺陷与多动障碍的诊断，必须符合明确的临床标准，我个人认为，全面的心理评估在诊断过程中非常有用，应该作为其中的一项标准。我和患有多动症的孩子们有过许多交流，对其中很多孩子来说，适当的药物治疗能极大地缓解症状，让他们发挥出学业上的潜能，在学校里茁壮成长。但是，鉴于近年来被诊断为注意缺陷与多动障碍的儿童数量急剧上升，以及我们所了解到的，媒体和屏幕游戏对儿童自我调节、注意力、攻击性行为、睡眠和玩耍模式的负面影响，我们不能忽视这其中可能存在的联系。

苏珊在家做出了一系列改变，提高了亲子关系质量之后，卢克的“注意力问题”得到了很大的改善。无论孩子已经表现出注意力有问题的迹象，还是你想尽一切可能消除影响注意力的危险因素，都可以尝试着去做一些事情。第一件事就是放慢速度，静下心来研究孩子，更充分、更全面地了解孩子的个体特征——独特的节奏、接受能力和对周围环境的敏感性，以及人际互动的模式，以此来理解孩子内在的情感体验和身体感受。每个孩子都是不同的，你会找到一些方法来调整孩子一天的作息安排，而家庭生活、互动方式则需要随之进行调整。这些都是在帮助孩子去学习如何自我调节，以健康的方式适应环境，不断练习做出对自身有好处的选择。无论孩子有什么样的个体需求，优秀的家庭环境，一般都会控制看屏幕的时间，提供充足的运动机会（从随意的独自玩耍到团队体育运动），有充足的机会进行社交活动，不断加强自我管理，尤其是强调坚持那些无聊的日常琐事（整理床铺、刷牙、洗碗），训练孩子提高自身的社交技能（保持目光接触、不打断别人说话）。如果没有有意识地去创造家庭仪式、活动习惯、发挥创造性和健康玩耍的机会，电子产品就很容易取代家庭中人与人的关系，给孩子带来过度刺激，阻碍孩子的健康发展。我们从卢克和苏珊的故事中了解到，家庭环境的转变会产生深远的影响，我们有责任为了孩子去尝试。

电子产品使用习惯，就等于亲口说出“别再缠着我”

为了成为优秀的父母，全身心地投入与孩子的情感交流中去，专注于玩耍的互动和探索，我们的电子产品使用习惯和孩子的同样重要。如果我们经常沉沦于屏幕之中，在和孩子的对话中缺席，那么我们的所作所为与孩子逃学无异。

在临床实践和与幼儿父母的谈话中可以得知，这是一个日益明显、日趋严重的问题。电子产品让我们对孩子在玩耍、休息、吃饭和睡觉时养成良好习惯的需求变得迟钝。许多父母将孩子的日常行为问题解释为大环境使然，而当家长花一点时间客观地对问题进行重构时，就会发现真正的问题所在。很多时候，父母会把孩子的基本需求放在一边，只是为了能在晚上查阅电子邮件或看会儿电视。家长背负着艰巨的任务，不仅要学会为孩子提供规范的情感响应，还要保持有条不紊的状态，对科技、屏幕，以及工作需要进行控制。由于工作和家庭之间的界限越来越不清晰，这些相互竞争的需求已渗透到洗澡和吃饭的时间，甚至是睡觉的时间中。孩子争取父母注意力的行为和由此产生的紧张关系都是有害的，因为低龄的孩子们会被父母的沮丧、焦虑、愤怒和注意力不集中等情绪所吸引，从心理上产生强烈的共鸣。

3~5 岁的孩子不能自主理解妈妈的行为，不明白妈妈为什么因为她的老板正在另一个时区而必须马上做完报告。他们会变得暴躁易怒，而当你试图稳住他们，让他们听你的解释时，他们听到的都是“絮絮叨叨地胡说八道”，而且这还是最好的情况。也许你先用平静的语调说了两分钟，而几分钟后，就变成严厉的“我告诉过你”，有时候你甚至会说“你能不能让我一个人待会儿”，或者“赶快别哭了”，或者“你俩必须好好相处！如果你继续打扰我，就不能看电视”。

很多人都会说这样的话。但 3~5 岁的孩子从这些话中听到的是：我要你赶快自动走开；我要你赶快停止现在的情绪；我要你不再需要我；我要你自动消失；我现在没空关注你，你很烦人，快走开。

作为父母，我们必须找到足够的社会和情感空间，让自己平静下来，以体贴入微的方式对所有这些小事做出回应。在我们与孩子的日常互动中，我们都在反复地教孩子同样的东西——自我调节、社交和情感技能——但我们必须投入真正的兴趣和全身心的专注，才能影响到孩子。

保护好“魔法岁月”的魔法

我们知道，通过富有想象力的游戏，3~5 岁的孩子将生活中的点点滴滴都融入玩耍之中。他们扮演医生、老师，假装自己是英雄或是恶魔。他们也开始明白，生活并不总是一帆风顺，可能会悲伤、害怕，也会经历艰难，会生病，会打针，还有死亡……各种各样的事情都会发生。但当你让孩子们去理解这些概念时，他们非常善于调整自己的步调，尽可能多地接收有能力处理的信息，以不会伤害到自己的方式去加深理解。而当我们在孩子太小的时候就让他们接触到令人目不暇接的视觉刺激和成人对善恶的定义时，实际上就超出了他们的心理接受能力，让孩子们很难处理和接纳这种体验。

塞尔玛在《魔法岁月》(*The Magic Years*)中说，孩子们想象出来的床底下的鳄鱼，对于5岁的孩子和8岁的孩子来说，是完全不同的怪兽。她的意思是，不同年龄段的孩子，都会自然而然地根据个体的独特发展状态，去想象当时对于他来说可控的东西。我们不能时刻了解到，屏幕上什么时候会展示出过激的东西，而孩子又恰好看到。同样，大人们看电视时，也会让孩子在无意间接收到超越他们年龄层次的内容。尤其是年幼的孩子，他们通常没有足够的语言能力来说出内心的不安和恐惧。我们会从孩子的睡眠问题、注意力下降、易激惹、攻击性或焦虑等情况中察觉出端倪。有时，孩子也是行胜于言。

男孩，恶魔，超级英雄

我的朋友凯西是一名教师，也是两个孩子的母亲。有一天，她突然打来电话，语气中全是愤怒和悲伤。“我简直不敢相信！”她抱怨着刚刚4岁的儿子杰克。杰克把她的手机摔向了价值3000美元的全新平板电视。她家本来就不富裕，新电视的贷款还没还清。

“他为什么要这么做？”她哭着说，“他平时没有这么不懂事的。”

我认识杰克。他拥有丰富的想象力，很有表现力，感情充沛，喜欢别人给他读书，对自己在这个世界中的小小自我有着很强烈的感觉。通常情况下，他并不是一个随意破坏东西的孩子。凯西解释说，杰克当时正在看迪士尼的影片《101条斑点狗》。当他在大屏幕上看电影时，手里拿着妈妈的新手机。妈妈平时也会将手机给孩子玩。当影片中的邪恶女巫出现时，杰克把手机扔向了电视，瞬间，手机和电视全被毁了。

可以理解，凯西因为电视和手机被打坏而生气。但是，杰克的不安与手机毫无关系；如果他手里抱着的是泰迪熊或一盒果汁，他也会扔出去的。杰克因影片中的一幕而受到惊吓，他还没有到能控制好自己情绪的年纪。他的行为，具有这个阶段的孩子头脑中神奇思维的所有特征。许多孩子觉得《101 条斑点狗》中的女巫很可怕，尤其是在电视屏幕上突然出现，还活蹦乱跳，远比在书中读到的更可怕。

看书和看屏幕是两种截然不同的体验，对于年幼的孩子来说，更是如此。媒体与儿童健康中心的迈克尔·里奇（Michael Rich）曾说过，当暴力或威胁性的角色活灵活现地出现在眼前时，我们无法将书中的童话故事与屏幕中的画面做比较。他说："一个孩子只会想象出他的生活经历所允许的内容，而眼前的暴力画面和想象中的暴力画面是完全不同的。"邪恶女巫对于年幼的孩子来说也是如此。

故事书中的女巫是静态的，她不会出声。讲故事的过程中，是妈妈用自己的声音来描绘女巫的一举一动，妈妈知道如何调节恐惧的程度。爸爸、妈妈和可爱的保姆，总是本能地对那些可怕的东西进行编辑加工，用自己的声音或搞笑的旁白来缓和气氛。如果像研究结果显示的那样，婴儿能够凭直觉感知周围成年人的意图，那么想象一下，三四岁的孩子看电视时，就相当于在自家的客厅里看到一个无比逼真的邪恶女巫。至少杰克就是这么认为的。

这就是关键所在。我猜想，在杰克的眼中，女巫的形象要比他自己脑海中想象的形象更加高大，更加可怕，也更具有威胁性，所以他必须采取行动去对抗邪恶。在那个感官超负荷的瞬间，女巫的声音和形象，触发了一个惊恐的 4 岁小孩调动全身力量采取应激反应。这不是一个 7 岁儿童会做出的反应。7 岁的孩子会想，真吓人，把电视关掉算了，或者心里想着虽然很吓人，但我知道这不是真的。5 岁的孩子则会有另一种反应——真吓人，我还是把眼睛捂住吧，等着这一段情节结束好了。只有 4 岁的时候，受到惊吓的杰克虽然能理解女巫是坏人，但他太过年幼，没有足够的理解和自我控制能力，使他在受到惊吓时还能牢牢地将手机攥在手中。

我们无法确切地知道杰克在做出如此疯狂的举动时，他脑子里到底在想什么，但他的反应并不是一个行为不端的孩子的轻率之举。研究表明，我们应该关注科技对儿童发展的影响，因为我们还不了解这些影响。我们也应该警惕科技对年轻大脑的潜在负面影响。当我们让三四岁的孩子去探索媒体和科技的神奇之处时，也需要提醒自己，让孩子的装扮游戏变成一场货真价实的装扮游戏，让我们的孩子亲手创造属于他们自己的魔法。

第四章

快进童年

何时按下暂停、删除和播放键（6~10岁）

好多孩子都沉迷于坐在家里玩平板电脑，真是浪费时间。我看着6岁的表妹坐在沙发上，和朋友们在平板电脑上玩史酷比，我就想，天啊，我6岁的时候就喜欢抱着泰迪熊玩。我想到我和妹妹一起玩过的那些有趣的游戏，而我的表妹则不可能因为坐在沙发上进行视频聊天而留下什么美好的回忆。表妹根本没有经历过童年。

——苏珊娜，13岁

特雷弗正在放春假，享受着一个10岁男孩喜欢的一切。一天，他收到一封奇怪的电子邮件，发件人是 nurfmadnessXYZ。

“我本来以为这封邮件与我无关，就是一封垃圾邮件，或者一个笑话。”他说，“我没有告诉任何人，刚看一眼就把它删掉了。”

一个月过去了，他早就把这件事抛在脑后。一天，又有两封邮件出现在他的邮箱中，很明显来自同一个发件人。这一次，nurfmadnessXYZ 直接展示露骨的性嘲弄，还用难听的字眼恶意谩骂。

“那一刻，我开始相信，有人想让我难受。”特雷弗说，“我真的吓坏了。我不知道该怎么办。第一次收到邮件时，我没有回复，因为我认为这是别人乱发的。收到垃圾邮件立刻删除，所有人都这么说。但现在，这个人竟然阴魂不散。我在房间里走来走去，想着该怎么办。我大约用了 5 分钟的时间，才重新振作起来，想着应该告诉爸爸妈妈。”

他的父母将电子邮件拿给校长看。学校对学生进行明察暗访，不到一周时间就找到了 nurfmadnessXYZ。原来，发件人是一名 10 岁的女孩。她对特雷弗怀恨已久，因为特雷弗曾有几次在校车上当众嘲笑她的语法问题。她的朋友后来说，她曾提过“要对他做些可怕的事情”，但没有人认为她真的会去做任何事。最终，她登录了一个朋友的电子邮件账户，发出了骚扰性的电子邮件。

“当我发现真相时，我有点崩溃了，就像电影主角崩溃时的状态一样，一切都在慢镜头之中。这就是我的感觉。”特雷弗第一次和他母亲一起来找我咨询时，这样说道。他心中充满了愤怒和沮丧的情绪。

距离电子邮件和幕后黑手曝光事件已经一年，这件事依然是学生和教师、家长偷偷谈论的话题。在学校和网络世界之中，秘密无所遁形。那个女孩被要求停学了几天，当她回来时，学校要求她回避特雷弗。但她的朋友依然团结在她周围，学校活动也完全不受影响。然而，特雷弗在继续饱受煎熬。自从这件事发生后，他在学校里时而愤怒，时而不安，时而心不在焉。他原本成绩优异，现在成绩下降；他本来喜欢上学，现在非常反感上学。每次查电子邮件时，他总是先去找一下有没有他不想看到的名字。一种挥之不去的反感始终存在。对于特雷弗来说，那个女孩在学校里和他保持距离，并不能改变现状，因为他知道，关于他的流言蜚语可能会在网络上永远流传下去。通过电子邮件受到性骚扰，即使是成年人，都会感到不安。特雷弗和他的父母根本没有想到，一个10岁孩子的生活中竟然会出现这样的状况。

几千千米外的另一所小学里，科技与小学生的关系，则表现出美好而光明的一面。讲故事时间一到，二十多名二年级的学生就会聚在一起。当他们的老师戴维斯女士准备大声朗读一个故事时，孩子们就会把椅子挪到合适的位置，所有的眼睛都紧紧盯着挂在墙上的白板。戴维斯女士热情的言谈举止，对每个孩子的体贴回应，都会让人想起过去的美好时光。

学生可以选择，要么在教室舒适的角落里安静地读书，要么观看故事时间的白板。孩子们基本都会选择看屏幕，但很显然，他们对读书和看屏幕都有兴趣。在平时的休息时间，他们会像之前的几代人一样，蜂拥到书架上去找自己喜欢的书。而和当年的孩子不同的是，他们每个人都有自己的在线图书馆账户，在这个账户上，记录着自己借的书、到期日，以及在线资源的获取情况。当天晚些时候，四年级的学生会来到这间教室，学习研究资料的搜索和引用。在对网上的研究技巧进行简单讨论（包括版权的含义和避免剽窃）之后，学生们转移到旁边的电脑教室，登录上网，继续完成作业。

和其他学校拥有的优质媒体技术课程一样，这门课程有助于提升从幼儿园到五年级的学生的阅读水平、研究技能，以及对科技审慎而明智的利用水平。他们在接受小学教育的过程中，会学习如何使用电脑、互联网和社交媒体（比如博客）来完成学业和日常活动。老师会教导孩子们，成为优秀的数字公民意味着什么，孩子们也会对行为标准进行研究和讨论，以确保自己所在的这个科技世界对他们和他们的朋友来说是安全和文明的地方。许多孩子已经在家庭娱乐的过程中熟练掌握了电子产品的使用，但很少有人与父母讨论过数字公民身份和网络礼仪的问题。

平静、结构化的媒体中心空间，以及以发展为基础的课程，都为每个年级的儿童与科技的互动提供了最佳定位。但正如特雷弗和许多孩子的经历一样，在学校精心管理的环境外，信息高速公路已经成为进入同龄人圈子的快速通道,也不可避免地让孩子们暴露在庞大的网络世界之中。有时，孩子们会发现自己陷入了这个年龄段的学生之前不曾经历，也本不该经历的困境。其中一个问题，就是孩子们缺乏经验，以及随之而来的幼稚想法和不经大脑的鲁莽。父母们感到压力很大，必须不断发明出新方法，才能看好网络大门，做好屏幕监管、技术支持和网络生活裁判，而且在此基础之上，还要完成为人父母的基本任务。

从传统和本质上来讲，这个年龄段儿童的发展，很大一部分是由孩子们想要彼此联系的愿望和对外面世界的兴趣所驱动的。孩子们想要融入群体、脱颖而出，看起来更成熟、更聪明、更炫酷。如果电脑已经成为孩子的全新游乐场，那么我们必须提出问题，去了解他们在玩什么，他们在和谁见面，他们在学习什么。网络上的人群规模比家附近游乐场的人群规模要大得多，也要复杂得多。从屏幕游戏和商业广岛，再到视频网站、社交媒体和色情网站，他们能找到的许多图像和信息，都是这个年龄段孩子所不能理解的。孩子们天生就渴望模仿他们觉得很酷的东西，而媒体和网络展现在他们面前的所谓“炫酷”，许多都是限制级的内容。这些内容让孩子们的童年分崩离析，令二年级的孩子去模仿性感的青春期少年，令四年级的孩子和比自己年龄大很多的在线“好友”、游戏玩家成天混在一起。如今，5~10 岁孩子的性格已经呈现出一种“伪”复杂的时代特征，远远超出了这个年龄段孩子正常的发展趋势。从表面上看，这种现状貌似只是表象，但在内心深处，许多孩子在成长过程中经历了一种窒息感，而小学阶段至关重要的成长经历却被排挤到无人问津的角落。

小学生不小

当家长、老师和学校管理人员打电话给我，讲到那些已经失控或对现状构成威胁的情况时，通常会先解释说，“其实他们本质上都是好孩子，但就在上周……”这些孩子突然开始表现出令人不安的行为和恶劣态度，每个人都理解不了这些情况为何会发生，现在又该怎么办。

一位校长说道：“我们不得不开除一个 7 岁的男孩，因为他威胁要杀死一位女同学的父亲。这个男孩使用的暴力语言，显然是从电视或电影里学来的，而且他心理问题的严重程度，已经超出了我们学校文化所能接受的范围。”

另一所学校的管理人员告诉我：“校车问题一直都很棘手，但现在已经完全失控了。一位五年级学生给一位二年级学生看了一段淫秽视频，觉得很有趣。两个孩子都不应该看到这样的内容。”

一位母亲告诉我：“我四年级的女儿收到同年级一位男孩的电子邮件，他在邮件里说‘我觉得你很性感’，女儿告诉他‘我不喜欢你这样说’。我帮孩子写了一封电子邮件给他，想解释一下，为什么这样的说法让她不好受。但现在，女儿觉得她不想跟这位男生做朋友，因为和他在一起觉得不安全。他从来不会当面对她说这样的话，而从电子邮件中读来，也会令孩子觉得很不舒服。”

曾几何时，童年的标准相当简单，尤其对于这个年龄段的孩子来说，更是如此：做功课，玩耍的时候保证公平、不偷奸耍滑，服从父母，尊重家庭。这个年龄段正是孩子们享受友谊的时候，是正义感开始萌芽的阶段，也是明辨是非的起点。从这时开始，孩子们会以尊重、善良和分享为骄傲，因为这样的行为代表了成熟。童年，从来都不会像怀旧的描述那么单纯，但是5~10岁这个阶段，确实代表了一个非常重要的发展转变阶段，是孩子从家庭的保护向学校和社会所代表的更广阔世界转变的关键阶段。埃里克·埃里克森（Erik Erikson）认为，在这个年龄段，孩子的“内心舞台已经为进入人生做好了准备”，于是，他们会期待去上学。关于这种转变，每个孩子都有自己独一无二的过渡经历。从孩子五六岁时对第一天上小学的勇敢期待开始，你会亲眼见证许多奇妙的时刻，看着孩子一天天更加自信，一天天获得人格上的成长。突然有一天，早上道别时，孩子没有再回头看你一眼。曾经害羞的孩子告诉你，他交了新朋友。曾经唯我独尊的孩子，会停下脚步，向遇到麻烦的同学伸出援助之手。从那时起的五六年间，孩子会经历一个前青春期的发展过程，他们在内心播下道德良知、身份认同、同理心和自主性的种子。

这个阶段，健康的认知、社交和情感的成长，继续以玩耍、好奇心、想象力为发展基础，在不断扩大的家庭、学校和友谊关系的层面上日积月累。孩子们渴望探索新的思想。他们想要熟练掌握本领，而这些本领通常与兴趣保持一致，可能是芭蕾，也可能是昆虫或棒球。他们愿意在不断扩大的同学和老师社交圈中建立新的关系。技术带着天然的诱惑力。在家长望而生畏的领域之中，孩子们总是勇往直前，什么都愿意尝试。然而，虽然他们在不断探索并历练着自己的能力水平，但孩子们依然在与你、家庭、朋友和社区建立着至关重要的依恋关系。这个阶段，正是为家庭至上价值观建立牢固基础的重要时期，也是孩子们自我发现，以及对周围的人和世界培养天然好奇心的关键时期。孩子们需要培养出主动迎接人生的重要能力。由此，孩子们便逐渐历练出了韧性和自我激励能力。

这也是道德发展的关键时期。在5~10岁这段成长的岁月里，从发展的角度讲，孩子们已经准备好了去解决孰是孰非的问题，在影响他人的过程中对自身的言行负责，并学会独立思考作为一个有个性的人意味着什么。他们具备足够强大的精神力量，能够与良心上的难题做斗争。随着电脑、手机和在线活动在儿童生活中的普及，小学阶段如今也已成为培养人们利用技术彼此联结的关键训练时期。而这个年龄段，正是孩子学习如何有效地进行面对面交流的关键阶段，这样来看，科技介导的环境并不能作为人与人面对面交流的替代品。

内心批评家：与更大、更好、更快相比较的全新压力

无论操场上的游戏看起来有多么激烈，学校里的人际关系有多么复杂，孩子每天都要面对一场更加惨烈的竞争——时刻不停地将自己与同伴中的佼佼者进行对比。8岁左右的时候，孩子们开始用更富竞争意识的方式进行相互比较。他们内心会出现一个批评家的声音：我没有好朋友，我跑得不够快，他读书比我好……这本是老生常谈，但如今的媒体和网络生活为孩子的自我评估提供了一个由成人塑造的大环境。孩子们看到的行为，是另一个年龄和人生阶段所定义的酷、可爱、勇敢和气魄，却被孩子错误地拿来作为自己的标准。孩子们看到的，是媒体对家喻户晓的名人的追踪报道，是青少年杂志以及购物中心和邮件之中的内衣广告。孩子们内心批评家的声音变得越来越大。这个声音不仅存在于脑海里，而且无处不

在——在线聊天、短信、电子邮件、商业广告、电视节目和屏幕游戏，以及庞大的媒体环境。所有这些，填满了孩子的内心世界。

随着内心批评家的成长，父母就变得更加不可或缺，因为父母可以成为孩子内心的盟友，帮助孩子平衡内心深处的自我意识。对孩子来说，父母乐观、坚定的鼓励，可以成为孩子内心的声音，使他们告诉自己：我能做到，我可以成为一个好朋友、一个好人，我明辨是非，我能很好地照顾自己，我是个好帮手。

这种强烈的自我意识和自尊感，是孩子建立核心认同感的起点，也需要时间来发展。当你看到一年级孩子和五年级孩子之间的区别时，你会感到非常震惊。日复一日，孩子们需要时间来处理他们在知识上和情绪上的体验，将新的信息与现有的知识和经验结合起来。他们需要时间来对现有经验进行巩固，从中挖掘意义和联系。在理想情况下，他们会在家里或社区中和父母一起去做这些事情，可能是在放学后与父母一起吃零食，或者与照料者或家里的其他人共同度过漫长的一天。晚餐时，在家人共同创造的支持而不带偏见的谈话气氛中，孩子可以整理这一天的想法。睡前阅读和睡前仪式时间，可以为孩子提供一个安静的思考空间，让他们平静地结束一天的活动。

在前数字时代，大家都有时间去做这些事。如今，孩子们很少有机会去进行毫无结构感的自由玩耍。他们在成长的关键时期完全沉浸在媒体和电子产品之中，已经失去了思考和交谈的宝贵时间，与父母和家人交流的机会更是少之又少。取而代之的是，他们经常在从学校回家的路上，看着手里的屏幕，刷着图片、视频，或是给朋友发短信、电子邮件。当他们到家的时候，又开始玩起别的社交网络，继续抱着电子产品与同龄人在网络上聊天。现在，孩子们不再有放学回家的概念，而是把学校和更大的网络社区带回了家。

“说实话，真让人感觉难以承受。”一位母亲这样说道，她过去一直很期待开车回家的时间，如今却只能眼睁睁地看着电子产品屡禁不止，“突然之间，我发现自己在开车，还听到后座的孩子们在看视频网站，我就想，这到底是怎么了？父母能为孩子筛选和审查多少网络信息呢？”

南希很担心正在读二年级的女儿亚历克斯。孩子感到来自同龄人的压力，总是试图在身心条件尚不成熟时就提前跨过童年阶段。亚历克斯还在给牙仙子留纸条，而其他女孩已经在谈论化妆技巧，浏览面向青春期少年的网站，和哥哥姐姐一起看电视。“那些孩子谈论的话题，是亚历克斯还没有准备好去了解的事情，而她也很想和这些女孩成为朋友。”南希说。身为母亲，她觉得自己陷入了困境，进退两难。

头脑中的信息量：太大、太早、太快

长期以来，专家对儿童的学习和内心活动已有深入了解。研究结果显示，过快的速度会令孩子自然发展的步伐从正常的路线上脱轨，对孩子造成极其深远的影响。通过施加压力让孩子成长得更快，或让孩子接触到超出他们发展范围的内容，并不会让他们变得更聪明、更机灵。相反，这种快进式的成长，跳过了孩子成长过程中的关键步骤。对于小学阶段的孩子来说，重要性排在第一的任务，是学习社会交往的规则：如何在一个更大的社会群体中生存，如何交朋友、成为别人的朋友、公平竞争、理解社交线索，以及如何在学校的男孩女孩文化中找到自己的位置。通过科技媒体的交流去做这些事，完全改变了大环境，也将原本单纯的事情变得更加复杂。

当有人请我去为孩子或忧心忡忡的学校提供帮助时，我发现，这种因电子产品而引发的快进式童年，是造成一些问题的重要原因。有时，孩子会错过某些关系体验，没有机会学习如何与他人分享，如何在不发脾气的情况下表达不同意见，如何与他人进行眼神交流，如何不贬低他人，如何不与他人发生不恰当的接触；或者，孩子在关于情绪表达和根据情绪采取行动的问题上，错过了一些重要的信息，不知道什么是可以做的，什么是不可以做的。有时，孩子很明显是在模仿他们在流行电视节目或视频上学到的恶作剧。孩子毕竟是孩子，无论如何，他们的行为和反应方式都逃不出孩子气的范围。其实，“坏孩子”或情绪失常的孩子根本不存在。

三年级的男生邀请他喜欢的女孩躲到壁橱里，互相亲吻对方，因为这是他前一天晚上在家里的电脑上看到的。四年级的男孩为了给一个女孩留下深刻印象，便给她发不雅的说唱歌词。那个 10 岁的女孩为了报复之前的难堪而给特雷弗发了电子邮件。这些想法并不是孩子们凭空想出来的，而是从身边无处不在的媒体和网络环境中找到的。孩子们没有足够的能力去应对这样的环境，他们需要大人的帮助。

从发展的角度来说，这个阶段正是孩子们在父母和老师的帮助下学会控制冲动的重要时期。孩子们要学会等待时机，不要插队，不要在课堂讨论中大声发表意见，还要培养自己寻找快乐、与孤独相处的能力，学会与自己的内心相通，对他人产生同理心。人生中，总有些事情是你做到了才能学会的，而且为了熟练还要不断去做。就像学习骑自行车一样，培养内在性格和品质，也需要在现实生活中不断实践。如果没有这样的沉浸式学习体验，只是让孩子成天和屏幕相伴，就会影响孩子发展出这些重要的社交技能和其他能力。研究表明，媒体和社交网络的影响，是造成青少年产生孤独、抑郁、注意力问题和科技成瘾的一部分原因。其他一些研究结果也表明，儿童长时间暴露在媒体之中，也助长了其冲动行为和攻击性。这个阶段，孩子们自然而然地渴望着人与人之间的互动，而他们的世界也在全新的学校环境中不断扩大，此时把所有的时间和精力都用在屏幕上，是对小学阶段宝贵时间的严重浪费。

情感和社会能力发展，与认知发展一样，可以从技术的“明智使用”中获益。这一点是美国国家神经障碍和中风研究所（National Institute of Neurological Disorders and Stroke）的认知神经科学主任兼达纳大脑行动联盟基金会（Dana Foundation Alliance for Brain）成员乔丹·格拉夫曼（Jordan Grafman）提出的。他曾这样写道：“如果以一种不明智的方式使用技术，我认为其会对大脑的塑造产生负面影响。”

他与联合作者在达纳大脑行动联盟基金会的一份报告中总结：“问题在于，明智的思维属于额叶功能，这些功能在十几岁之后，仍需要一定时间的发展才能成熟。”与此同时，科技的吸引力，正在将年龄越来越小的孩子全部聚集在周围，而这些尚处童年阶段的孩子，通常没有能力退后一步来决定什么是恰当的或必要的，什么是适宜或过分的。”

迈克尔·弗里德兰德（Michael Friedlander）是贝勒医学院（Baylor College of Medicine）神经科学系主任，也是达纳智库的成员。他认为，关于媒体和科技对孩子的长期影响问题，鉴于硬数据的缺乏，“我们能做到的最理想的事情，就是去参考那些在控制环境中完成的科学实验和研究结果，并以此为基础，去构想现实世界中的孩子与这些技术互动可能产生的结果。”

我的工作，就是每天和孩子们打交道。我亲眼见证了孩子与科技的互动，意识到这种快进现象对小学生所产生的深远影响。这些影响会直接波及孩子 10~20 岁的整个成长阶段，让孩子们在日后遇到更加棘手的麻烦。这些影响主要体现在以下四个方面：

性别意识的破坏性越来越强，发生的时间也越来越早。

在社交场合对他人进行残酷折磨已经成为一种时尚，在社交媒体上则更加激烈。

流行文化将暴力、性歧视和色情内容视为常规，并由此抹杀了孩子们的童年。而之前，这些内容仅存在于成人世界。

这个年龄段的孩子所能接触到的技术，远远超出了他们所能发挥出的管理能力。而且，孩子们也无法预期自己对技术的误用会带来什么样的后果。

性别意识取向年轻化、性感化、激进化

塔拉是 3 个孩子的母亲，她的孩子们都在上小学。一天，7 岁的女儿向她讲述了在课间休息时听到的故事：孩子们自发组织了《美国偶像》竞赛，结成“女生组合”和“男生组合”，还有一群女孩演唱了一首名为《我性感，我知道》的歌曲。同学们对这些男生女生的表演要么欢呼雀跃，要么就是嘘声一片。他们还对其中一个男生进行集体性的语言羞辱，害得那个男生差点哭出来。说那些话的孩子们对他们所说的话最多就是一知半解。女生们甚至完全不理解那些话是什么意思，只不过是从歌词中听到了那些话而已。

早在孩子们学会读书认字之前，就已经对流行、性别以及男女生表现自我个性的方式了如指掌。昨天，孩子们还在听着童谣，随着妈妈唱的摇篮曲摇头晃脑；现在，孩子们嘴里唱的都是复杂而世故的流行歌曲。

在学校里，他们会从朋友之间的交流和社交媒体上听到的东西中寻找线索。对于女孩子来说，哪怕她们只有 7 岁，也都开始追求性感。女生素来以瘦为美，对于低年级小学生来说也是如此，而且追求瘦的年纪越来越趋于年轻化。一项关于媒体图像对性别认知影响的研究报告显示，到 3 岁

时，孩子们已经形成对肥胖的负面看法。为女孩子设计的免费网络游戏，基本都是与时尚、美容和打扮相关的内容，这就强化了孩子心中的一种信念，认为外表才是最重要的财富。

弗兰打电话给我说她10岁的女儿查娜最近让她感到难过和害怕，因为查娜开始在路过的每一面镜子前停下来，捏她的肚子，还经常问："妈妈，我胖吗？"她已经不再吃那些她最喜欢的食物了，还会将午餐剩下的一半三明治带回家。她特别喜欢看模特选秀节目，偷偷上网浏览"怎样快速减肥"，还经常光顾时尚网站。他们的家人，曾有过饮食失调的经历。一天下午，我与查娜见了面，想要对她的现状做个全面的了解。很明显，她当时的状态，就是厌食症思维的早期阶段，若不加干预，就会导致厌食症的发生。在她看来，食物分为"好""坏"两类。她害怕变胖。她把自己的身体部位——头发、腿、腰，拿来和班上的一个很受欢迎的女孩，以及（被电脑软件处理过的）封面女郎相比较。在这些行为背后，我看到了社会焦虑的早期迹象，逐渐萌芽的完美主义思维，以及日趋严重的不安全感。我们在随后的治疗中，对上述问题一一进行了处理。

不幸的是，女孩们在成长过程中受到多方影响，逐渐形成身材和长相才是自身最大资源的意识，这并非新鲜事。但在"小甜甜"布兰妮之前，大多数女孩至少能享受10年跑来跑去的童年时光，她们会欢快地骑着自行车，认为身体是能量、运动、自信和技能的源泉。那时，还没有什么儿童时尚可言，幼儿园女生不会穿露着大腿的小短裤，年龄稍大些的女生不会穿时髦文胸，女生中还没有近一半的人成天涂口红，男生也不会穿写着脏话的T恤。

男孩们也饱受压力。他们必须朝当下超级肌肉男的理想形象去努力，要比以往的超级英雄更生动、更残酷、更暴力。性别刻板印象和侮辱性的语言，仍然在男孩文化中司空见惯，现在甚至出现在年龄更小的孩子身上，他们还会对所有带有女性特征的事物进行诋毁，对女孩的性别化态度也日趋强烈。

从发展的角度来说，这个年龄段是对自我及其意义进行学习和实践的关键时期——了解我的身体，我的大脑，我的学习方式，我有着怎样的好恶，我又有着怎样的恐惧和梦想。当孩子们可以自由而灵活地尝试跨越性别规则时，就会表现出最佳的一面，比如玩滑板和冰球的女孩，画画或跳舞的男孩，不带“约会”色彩交往的男生女生。

然而，上述画面，并不只是孩子们从媒体中获得的信息。印第安纳大学研究人员妮可·马丁斯（Nicole Martins）和克里斯汀·哈里森（Kristen Harrison）研究了看电视对孩子自尊的短期影响，并按性别对结果进行了对比。他们发现，看电视让白人男孩产生更好的自我感觉，让白人女孩、黑人女孩和黑人男孩对自己感觉更糟。白人男孩认为媒体中的白人男性形象非常理想：拥有权力，做着体面的工作，受过高等教育，住着漂亮的房子，娶了美丽的妻子。他们会感觉这些都能轻而易举地获得，就像事先为他们准备好的一样。女孩则从媒体中看到了更简单、更局限的女性形象：女性的成功是因为她们的外表，而不是她们做了什么，她们有什么想法，以及她们是如何获得成功的。黑人男孩也在媒体中看到了负面、局限的黑人形象，许多都是“没有前途的罪犯、流氓和小丑”。研究人员说，电子游戏“在性别和种族代表性方面是最糟糕的”。

研究表明，虽然新媒体强调了某种独特的性别特征，但大多数电视内容，依然强化了传统的性别刻板印象。男性形象比以往的攻击性更强。女性有时也会很强势，但总是非常性感（基本就是穿着内衣奔赴战场的女战士）。研究人员卡伦·迪尔（Karen Dill）和凯瑟琳·蒂尔（Kathryn Thill）

对电脑游戏杂志和流行电脑游戏中的男性和女性形象进行了分析，得出的结论与其他相关研究一致，认为“媒体暴力内容的接触与攻击性之间存在明显关联”，同时会带来其他破坏性后果，包括为了获得理想化的外表而患上厌食症，导致身体瘦弱和行为不健康。研究人员认为：“未能达到媒体描绘的特定性别刻板印象，会对人的社会赞许性反应造成严重打击。”

破译性别规则的小学工作坊

一所规模不大的小学的校长，请我与该校的教师、家长、四到六年级学生一起相处了一段时间。新学期刚刚开始不久，就发生了几起事件，让老师们忧心忡忡。女孩们互相比着不吃午餐，有些男孩学会了抨击同性恋的语言，另一些男生则不断取笑两个男孩，说他们是“只会动脑子的书呆子”。在操场上，孩子们会讲黄色笑话，还会谈及网络色情片，让一些学生和教职工深感困惑和不安。

作为学校的顾问，我的大部分工作集中在评估学校文化、课程和社会情绪学习契机上，并帮助学校和家长找到新的方法，陪孩子走完这段发展的重要里程。这所学校的老师和家长希望能积极主动地解决问题，而不是坐以待毙。学前班到五年级的学校课程中，始终贯穿着社会情绪学习的内容，但在当今文化背景的影响下，这些课程内容并不足以应对随时可能出现的新问题。最近的事态发展表明，是时候让大家坐下来重新讨论并调整学校的课程设置了。

孩子们并不知道，我来到学校的目的是为了解决这些问题，我将为他们设计更全面的从学前班到八年级的 SEL 课程。我开了一门课，叫作“媒体技能工作坊”，旨在强化孩子们与媒体、技术之间的关系。从媒体和科技经验来看，每个孩子都是专家，每个孩子都能滔滔不绝地谈论这个话题。

上课时，我们在教室里，40 名学生围着 6 张桌子坐下。在接下来的 90 分钟里，我们一起讨论大家的屏幕体验。所有学生都说，他们每周都会看电视，大部分孩子每天至少要看一个小时。一些孩子已经有了自己的手机，而大多数孩子还没有。所有学生都会使用互联网，很多人每天都使用在线网站进行社交。我们讲到有多少东西属于媒体的范畴，我们是怎样通过广告和其他媒介来接收信息的。我拿出了芭比娃娃的男朋友肯娃娃，聊到肯在 1961 年初次亮相时，他的体形还是光滑而平淡无奇的，完全没有肌肉的迹象。而现在，他全身都是肌肉块，看上去就是一副成天服用类固醇的样子。从中，孩子们可以看到，网络媒体和在线生活给他们灌输了特定的性别认知。

孩子们非常积极地讨论着性别准则，以及媒体塑造的理想的男性化和女性化形象。讨论过程非常激烈，每个人都参与讨论，还会耐心倾听别人的意见。这时的孩子们正处于最佳状态,全情投入到重要问题的讨论之中。他们把一些词汇写在索引卡片上，大声读出来。对于男孩来说，“酷”意味着:运动、行动、宽大的衣服、强势、强壮、坚强、侵略性、电子游戏、刻薄的语言、幽默、暴力、肌肉、时尚、不费力的聪明、保护力、武器、不重视教育、酒精饮品、“总是和男生在一起”、不尊重女性、除汗剂。对于女孩来说，“酷”意味着瘦、有吸引力、对自己的身体感到害羞、软弱、以自我为中心、需要男孩、对其他女生刻薄、肤色健康黝黑、有态度、受欢迎、漂亮、可爱、性感、粉红色衣服、势利眼、对自身不认同。我们谈到,真正欣赏自己的外表有多难。在这一点上,男孩和女孩一样直言不讳,内衣品牌所塑造的女性形象让女孩们感到压力巨大，而性感的六块腹肌也让男生们望而生畏。女孩们提出了厌食的问题,认为这是非常可怕的事情。我也讲到了如今孩子们面对的压力是如此之大，为了让自己感觉更好，甚至有可能做出一些不健康的事情。

随后，我问道："我们现在缺少的是什么？你认为自己缺少什么品质？"对于男孩来说，他们在父亲、叔叔和男老师身上观察到的哪些品质，没有出现在上述索引卡片上？同样，对于女孩而言，她们在母亲和其他女性，以及她们自己身上发现了哪些品质是媒体塑造的刻板印象中所没有的？这一回，孩子们依然非常渴望分享各自的想法。他们认为自己懂得尊重他人，非常重视教育，重视善良的品质，有创造力，想要成为好人，有礼貌，认为健康和聪明非常重要，而且很慷慨，富有爱心。

当我们谈到孩子怀有的社会正义感时，这个话题会将他们带入批判的视角，让孩子们拥有控制感，不再被动。当他们发现，自己被媒体所操纵，无法面对真实的自我时，就会变得愤怒，并对自己的行为保持诚实。孩子们自发决定，在不小心落入媒体设下的陷阱，开始用讽刺的口吻诋毁他人，比如评论别人的体重、外表、聪明程度时，互相之间要进行提醒。我们在课堂上还讨论了性别刻板印象怎样演变成了社会上许多残酷行径和不健康态度、行为和关系的基础。

我们讲到，是他们手中握着学校社区的掌控大权，而不是媒体。如果他们按媒体的想法去采取行动，那么学校就不再是安全的地方。孩子们集思广益，想出各种办法，力图在学校里重塑全新的文化，使其成为一种"反主流文化"，去对抗那些影响极其恶劣的校园主流文化中所谓的"酷"。我对孩子们能够进行如此深入的对话而深有感触，也如实表达了我的想法。用这种方式，孩子们确信成为学校一员是一件美好而安全的事。工作坊结束之前，孩子们还提出了许多建议，希望在日后能将课堂上想出来的好点子落到实处。如果他们看到一位同学在这些问题上遇到麻烦，或者对某人有所顾虑，或者看到一位同学欺负另一位同学，那该怎么办？

一位五年级的男生说："如果我看到有人对同学说出刻薄的话，我可以站出来阻止。"

另一位男生说："或者有人犯浑时，也要阻止。"

"如果我们每个人都这么做，就能发生改变。"一位四年级的女生说。

关于他们要时刻告诉自己的那条信息——这是我天生的美丽样貌，不用理会电视展示出来的形象——一个五年级的女孩这样说道："如果我在成长过程中身材丰满，并没有什么问题。"

这所学校，在看到问题出现的早期迹象时，便果断按下暂停键，而不是坐等危机袭来。我和学生的交流给他们提供了有意义的讨论机会。不是讲座，而是真正的对话和对采取行动的呼吁。我们的话题始终围绕如何过滤媒体传送的性别信息，如何修改性别规则，从而建立起更健康的社会环境。这种类型的工作坊和全面的SEL课程经历，教会孩子们如何解构复杂的问题，如何从道德角度进行思考，并将自己视为社会中的积极分子。在家里和学校中的这类谈话，能让孩子感觉到自己拥有一股向上的力量。当做了正确的事情时，他们会得到认可和奖励，他们因为自己有能力做正确的事、采取正确的行动而自豪。由此，他们了解到以做正确的事为名义而拥有影响力时，会感觉良好，得到大家的认可。这就是他们体验和学习责任感的大好时机。这就是孩子历练性格的方式。

当有机会到来时，孩子们可以学会打破文化中的陈规陋习，但是他们的这种精神，需要在富有社会意识的、乐观的方式中不断得到强化。在我们的文化中，作为一个男人或女人意味着什么，以及如何用比媒体提供的标准更加谦卑的方式来定义自己和他人等问题，很少有人谈及。如此，我们就是在放任孩子们从这些扭曲的信息来源中去学习。而我们在学校中去做的事情，就是行动中的道德教育。

从操场到博客，四处流行“以狠为荣”的规则

一位三年级的女孩告诉我，她晚上躺在床上辗转反侧，无法入睡，因为她一闭上眼睛，脑子里就会出现同班一个女生在社交网站上发给她的信息：“你不受欢迎。没有人喜欢你。我们都有秘密名字，你不能和我们坐同一张（午餐）桌。我们不再是朋友了。我要把你从我的联系人中删除。”

“就算我把那个女孩对我说的那些刻薄的话都删掉，我怎么知道别人是不是删掉了呢？”她问我，“我怎么知道，她们是不是还在继续嘲笑我，聚在一起偷偷对我进行攻击？我不能阻止这些行为。我真希望社交网站就像一块黑板，我们可以把上面的东西擦掉，但是现在每天晚上我躺在床上，都会不停地想着她们说过的刻薄话。”

在《绯闻女孩》《淘气小兵兵》《恶搞之家》，以及真人秀节目和视频网站重新定义家庭和儿童的电视文化之前，电视节目基本能反映社会规范，将童年描绘为“成年前的受保护时间”。如今，视频网站、社交网站、聊天软件等并非可选项，而是必备品。以前，儿童电视节目中基本看不到粗鲁的行为、脏话、性幽默或闹剧，或者侮辱性的娱乐。如今，只需轻点鼠标，一切都在眼前。结果，一种更严重的卑鄙行为，充斥着羞辱、讽刺、粗鲁和偏见，已经完全改变了孩子们原本无害的取笑和游戏。

小学低年级时，若有人当面对你说出刻薄的话，你会觉得很难受。但要是在网上读到别人发给你的刻薄话，还要一字一句读出来的时候，就会令这个年龄段的孩子感觉到沉重得无法承受，而且一直存在，挥之不去。这种影响，以一种完全不同的方式，刻在孩子稚嫩的心灵上。“以狠为荣”的风气，破坏了同理心的发展，而同理心的建立正是小学低年级孩子发展的重要里程碑。“你觉得她是什么感觉？”——这句话是我们向孩子们反

复强调的思维方式。当你远距离或匿名发起行动时，实际上就把社会和情感学习的关键组成部分抛到了九霄云外，根本不考虑别人如何解读你的行为，以及这些行为对他人的影响。这不仅破坏了同理心的发展，也破坏了理解能力和责任感的发展。此外，当有人在线上发出残酷言论，随后消失时，受害者只能孤立无援地独自受伤，无法反击，不能回应。我们从人与人之间此消彼长的冲突中，能学到很多东西，何时升级，何时降级，如何将事态向好的方向推进，哪些因素会令事态严重化。人与人之间共同的经验，就是有意义的学习体验。在充斥着“推送—发出—退出”的世界里，孩子们学不到这些东西，也错过了一些非常重要的事情。

在如今的时代背景下，考虑到这个年龄段孩子轻信他人的脆弱心理，这种打完就跑的残酷行为，对孩子的伤害远比言语本身的暗示要严重得多。以老鼠为对象进行的慢性恐惧研究表明，不可预知的电击比可预知的电击会激发出更多的恐惧，因为老鼠永远不知道什么时候是安全的。给受欺负的孩子转发刻薄的八卦消息，给没有受到邀请的孩子发送派对日程，用文字或图片取笑孩子的外表和能力——正是这些东西，让孩子们在夜晚辗转反侧，无法入眠，而且会让孩子觉得在学校或家里没有安全感。当孩子们在科技媒介上遭遇伏击时，这种影响会更加强烈，因为他们无法像在餐厅或操场上遇到讨厌的孩子时那样从心理上去保护自己。网络上能引起惊恐的因素要多得多，影响也要大得多。有时，网络行为并不一定是恶意的，可能是你的好朋友向你展示一些他认为很滑稽的东西，但看到这些东西让你深感不安。问题就在于，当你从信任的人那里看到一些不好的东西时，你会感到震惊，还没有能力加以回避或过滤。

然后，就是孩子看到的真实内容，其中很多都带有暴力或色情因素。有时，孩子根本做不到“渐渐淡忘”。想一想，孩子在失去祖父母、宠物或朋友时有多难过，孩子需要时间来一点点抚平受伤的心灵。尤其是在这个年龄段，孩子们会在脑海中对事件进行一遍又一遍地回放，试图进行处理与整合。交谈不足以解决问题。因此，当一些令人震惊和痛苦的事情发生时，大脑对其反复处理和整合的能力，就会受到极大的挑战。对于孩子来说，这就意味着在脑海中不断重演攻击性画面，一遍又一遍地重复、加深体验。

作为家长，你可能永远不会知道，孩子什么时候看到过一些令他受伤和崩溃的东西，特别是当你不再监控他的屏幕活动之后。我曾接诊过一位 10 岁的男孩，他因为自己的好奇心而看到了一些自己无法承受的东西。他因为在学校听到别的男生谈论“色情”这个词，就很好奇，于是他上网去查。但是，他看到的一切让他非常不安，在接下来的几个月里，他一直做噩梦，无法一个人入睡。

男孩将这件事跟妈妈讲了，而通常情况下，许多孩子都不会跟家长说这些事。他们可能会看到一些让自己觉得不安的东西，却犹豫着要不要告诉父母，担心父母如果以前从未提过这些话题，会不会因为听到他们说出口而反应过激。这是一个残酷的世界，我们需要让孩子知道，我们心里有数。如果我们没有让孩子们觉得遇到事情可以放心地和我们讲出来，那么他们就可能会因此感到羞耻或担忧。这个例子告诉我们，我们要让孩子知道，无论心理承受能力和现实情况之间的差距有多大，无论这种事情发生在什么年龄，都可以用一个办法来解决：你永远都可以跟我道出实情。我永远不会生你的气；就算你在网上浏览过不该看的东西，都可以跟我讲；无论你跟我讲什么，我都能心平气和地与你对话，帮你处理。从幼儿园开始，孩子们就需要一次又一次地接收到这些信息。即使在不同的年龄段，孩子们的理解有所不同，但传达出这样的信息，总是能让孩子心里有底，遇到问题时更有可能来找你帮忙。

社会是残酷的，这不是什么新鲜事。被人称为“丑八怪”，总是很痛苦的，而如果这个说法被公之于众，也是很痛苦的，哪怕只是在课堂上传的纸条，不小心落在了心怀恶意的孩子手里。但是，如果知道这些令人痛苦的内容会永远存在于互联网上，就会对孩子构成潜在的心理创伤。而且，孩子们会用“永远”这个说法，来彼此威胁：“我永远不删除，你拿我没办法。”

从某种意义上说，特雷弗性骚扰邮件的故事，可以直接作为惊悚片的剧本：匿名、敌意，用露骨的语言去震慑和羞辱。但肇事者仅仅10岁，受害者也仅仅10岁，这不过是一个10岁女孩因为一个10岁男孩当着所有人的面纠正她的语法，而采取的报复行为。她选择的粗俗语言令人深感不安，而且，她选择发送匿名电子邮件，而不是与他当面交流之前的行为。这一事件更多地反映了我们为孩子创造的文化，而不是某个孩子犯错误的个例。

孩子能接触到太多的丑陋不堪

伊藤美子（Mimi Ito）是一位人类文化学家，她进行的前沿研究主要针对美国和日本的年轻人对新媒体的使用。伊藤认为，如今的媒体加快了孩子与“成年人世界中残酷、丑陋而可怕的一面”接触的步伐。这种接触，比数字化时代更早出现，而且影响范围更大。当孩子们看到人生的黑暗面时，会立刻不由自主地被那些图像和想法所吸引，有时还会被他们看到的东西吓到，感到不知所措。

网络暴力和色情，已经成为文化现状之中的常态化现象。我们知道，孩子们从很小的时候就开始在屏幕上观看暴力内容。喜欢看这些东西的男孩比女孩多。许多孩子都说自己看起暴力内容来很上瘾，这也不足为奇。

玩电子游戏会触发大脑中的多巴胺分泌，令其增加一倍。许多网络游戏中，孩子们通过杀戮、欺凌来“取胜”。我们也知道，很多四年级的男生都看过色情作品。随着年龄增长，当他们进入前青春期和青春期时，对色情作品的投入度就会继续增加。

但是，这些小孩子很有可能不会忘记那些超越自身发展阶段的图像或对话。我们知道，孩子们看到色情内容时的体验，与成年人有所不同。但这并不意味着他们在看到这些内容时没有自身的体验，没有为这些内容赋予自己理解的意义。

举个例子，几年前，许多学校都流传过一段视频。视频中，四名男子在浴室中赤身裸体。因为这段视频，我接到了多所学校老师和各地家长打来的电话。很多男生把视频发给女生和其他男生看。对于孩子来说，这段视频让他们感到非常震惊，并急于向他人分享他们所见过的最新奇、最令人发指的东西。

安德里亚和丈夫为了让五年级的女儿奥利维亚能规范使用电子邮件，要求她永远不要打开陌生人发来的链接。奥利维亚很听话，一直都非常遵守规则。所以，当她看到一位认识的男孩发给她的链接时，便毫不犹豫地点开了。“看看这个作业”，主题栏上这样写。这个男孩有点讨人厌，还有点喜欢她，但她没有理由不打开他发来的这封电子邮件。当她点击链接的时候，“四名男子”的视频便跃然眼前。看到这个，她非常难受。和我接诊的其他暴露在色情内容中的人一样，她也被这段视频吓到了，一连几个月，仍然为此感到焦虑和恐惧。

一位二年级的女生说她特别害怕晚上睡觉时间的到来，因为她上楼睡觉后，爸爸总是在楼下的客厅里看暴力电影，她能听到枪声、尖叫声、咒骂声和愤怒、恐惧的声音。她不敢让爸爸关掉电视，怕他会生她的气。

一天，在四年级和五年级学生的焦点小组活动中，两位四年级的女生讲到了她们遇到的有关暴力屏幕游戏和在线内容的问题。卡特里娜和她的朋友科拉说，她们都看过那些不愿意看到的东西，其中大部分是男生玩的暴力游戏。这些都是她们在学校或者朋友家里看年长的哥哥们玩的。科拉说："每当我看到那些不好的东西，就会觉得恶心。"

四年级的马腾说，他经常玩《街舞之星》，这是一款基于洛杉矶帮派生活的游戏。但他在一年前曾亲眼看到两个十几岁的孩子在街角"动真格地"拳脚相加，并因此对这些暴力游戏有着一股难以言喻的复杂感觉。现在，每当他看暴力节目或那些游戏时，就会觉得有点恶心，有点害怕。

马腾讲到这里时，其他孩子都在耐心地倾听。他详细讲述了父母开车经过时他亲眼看见的街头斗殴，看到街上的行人从旁边走过而不加干涉，他感到非常不安。他因为家人开车离开而没有采取行动感到内疚。一年后，屏幕暴力和他那天看到的真正暴力之间的联系依然存在。在焦点小组中他将这个问题大声讲出来，可以帮他很好地整理自己的情绪。

即使这个年龄段的孩子已经知道哪些东西不是"真实的"，但他们在虚拟现实中的体验，仍然是真实的，而且对一些孩子来说，还令他们感到不安。研究人员杰克逊·卡茨（Jackson Katz）认为，虚拟现实和真实生活体验之间的联系，目前还没有被人们完全理解，但是，关于色情和屏幕暴力对儿童完全没有影响的观念，在21世纪是非常幼稚的。"认为没有影响，无异于生活在幻想之中。"

卡茨认为，我们必须对儿童频繁接触暴力和色情内容的现象予以关注，因为孩子们似乎对这些内容越来越不敏感。他讲到了一个典型的场景。

> 想想看吧，9岁的孩子们在电影院目睹着令人难以置信

> 的残忍情节，甚至连眼睛都不眨，还吹牛说，他们可以一直坐在那里瞪大了眼睛看杀人的场景。电脑辅助图像是如此精致逼真，看起来仿佛真发生了一样。

卡茨和这一领域的大多数专家一样，因数字革命席卷了孩子们的童年，而不断探查着暴力内容影响的极限。“在人类历史上，没有这样的先例，”谈到暴力电子游戏的话题时，他这样说道，“所以我们想要搞清楚，这些小男孩一连几个小时持续玩游戏，会有什么影响。他们全身心投入这些残忍行为中，带来的唯一后果，就是能拿到更多的分数吗？是能闯入下一关吗？考虑到现实生活中的残忍、暴力和性别歧视倾向，真应该将这些东西关掉。”

问题在于，频繁接触媒体暴力内容，是否会让人对真正的暴力产生更大的容忍，甚至是接纳？研究结果显示，孩子在玩暴力电子游戏时，大脑中负责同理心的部分就会自动关闭。

我们可以从不同的角度来看待这个问题。社会学家普遍认为，枪支暴力的发生率并没有增加，但这并不是唯一的角度。首先，我们确实在学校、购物中心和电影院等公共集会场所看到了更可怕的暴力行为，甚至在公路上也会发生路怒事件和袭警事件。当这类暴力事件发生时，新闻节目会将现场录像一遍又一遍地公开播放，出租车、医院候诊室、网络和孩子们能出入的公共场所之中都能看到这些内容。此外，教师、心理学家和家长们担心，孩子们暴露在严重的暴力行为之中，是否会对成年人关注不到的社交场合之中的挑衅和恶意行为变得麻木不仁？是否会表现出更极端的行为？是否会缺乏同情心？仅仅是这些，就足以证明，将屏幕暴力视为儿童娱乐手段并不会产生负面影响的观点是不合理的。

儿科医生迪米特里·克里斯塔基斯（Dimitri Christakis）认为，“暴力色情组合”所体现的生动的感官特征，提高了现实暴力与屏幕暴力相结合的风险。虽然研究人员正在努力定义屏幕暴力和色情内容对儿童的明确影响，但克里斯塔基斯认为，家长们不用再继续等下去，必须立刻采取行动。一些家长“已经让孩子暴露在许多暴力内容之中，他们只是懒得费力气跟孩子斗智斗勇，才继续放任。或者就是他们觉得因为这些事情和孩子做斗争是徒劳的，于是便选择相信这些内容是无害的”。然而，作为一个父亲，克里斯塔基斯提出了一个每位家长都应思考的问题：“这真的是你想让孩子从玩游戏中得到的结果吗？”

几年前,关于让孩子看什么或不看什么,我们有理由“相信自己的直觉”，特别是关于那些涉及暴力或性的内容。我现在仍然会这么说，但想要补充的是，媒体将这些内容做正常化处理的方式，将我们所有人都置于不利地位，忘却了我们曾深切而真诚地希望孩子在幼年和青少年阶段应该看到和听到什么样的东西。你还记得上次以客观的视角观看自己喜爱的家庭电视节目时，发现了故事情节和镜头之中的暴力行为，偶尔出现的露骨的语言和画面，以及人物之间的肢体冲突和互虐关系吗?更不用说对性别的刻板印象了。如果我们因为“这只是电视节目”而感到无所谓，那么我们也会不假思索地让孩子看这些东西。并不是因为我们已经对孩子看这些东西的后果和影响进行过深思熟虑，而是因为我们觉得无关紧要。

反映大众文化的科技和媒体标准，将永远走在研究的前面。但是，已经有越来越多的研究和我们的亲身经验表明，这些东西是有害的。因此，当你心存疑问时，要谨慎行事。你必须了解自己孩子的敏感程度，以及孩子有多大可能会去模仿那些不适合其年龄段的文化内容。请注意，我们需要清晰地思考孩子当前所处的发展阶段，将这个阶段的特征考虑在内，以此来选择适合孩子接触的内容。

在这种情况下，孩子“先人一步”接触到某些内容，意味着会受到伤害，而非赢在起跑线上。过度暴露或过早暴露，也并非什么优势。对于家中兄弟姐妹年龄差距较大的家庭来说，保护好孩子尤其困难。我非常同情那些几个孩子处于不同发展阶段的家庭，因为我知道在这样的环境里保护儿童的困难有多大。尽管这么说，你依然是家里说了算的那个人，你可以让大一点的孩子在有能力负责任地使用屏幕时，才能使用，而且要让大孩子保证，不让家里的小孩子看到屏幕上那些不适合他们年龄段的内容。若想成为好哥哥好姐姐，也要保护好弟弟妹妹的童年，保护好家人。这些东西，是我们可以告诉孩子的，也理应告诉孩子。

孩子们玩嗨时不会主动停下——帮助孩子学会适可而止是我们的职责

阿曼达在焦点小组活动时，讲述了她 7 岁的弟弟克莱和游戏机发生在圣诞节时的事。那天一大早，两个孩子就兴高采烈地打开了父母送的礼物，随后，阿曼达便将礼物放在一旁，跑去和家人朋友一起玩。她的父母也很忙。克莱急匆匆地打开游戏机的包装盒，自己想办法进行了设置，然后开始玩。阿曼达经过客厅时，看到弟弟拿着游戏机玩了一整天。她也并不觉得有什么奇怪。“这很正常，”她告诉我们，“这个游戏机是一款全新的、让人兴奋的电子游戏，弟弟年龄太小了，而这些游戏又那么刺激。他已经着迷了。”

圣诞节当晚，家人一直到后半夜都没睡，享受着友人的陪伴与攀谈。直到深夜，妈妈才注意到克莱还在玩，便让他上床睡觉。出于好奇，她检查了游戏机上面的游戏历史：他玩了整整 18 个小时。

孩子们很快能学会使用电子产品的技巧，但是如何自我设限，如何明智地使用电子产品，则需要拥有比大多数小学生（和许多成年人）更加强大的自律能力和情感成熟度。孩子们不会像我们一样，想到对游戏时间进行控制，对不适当的内容予以回避，也不会认为接触到暴力内容会产生负面影响，玩游戏上瘾不是什么好事。如果我们仔细倾听孩子的心声，观察孩子的举动，就能了解媒体和屏幕活动对他们产生了什么样的影响，他们自己却看不到这一点。

“玩起游戏来真的很难停下手，”四年级的卡特里娜在焦点小组活动时说道，“你总是想要打破现有的水平……而且真的很好玩，很难停下手，因为游戏永远没有尽头，会一直持续下去，直到你输了为止。”

同样在读四年级的莱恩炫耀地说：“我玩的每一款游戏几乎都充满暴力。有人说‘这类游戏会腐蚀你的大脑，因为你会在现实生活中重现游戏中的场景’，但我不会这么做。就像我看到游戏中有人发射闪电或爬上一堵墙时，我不会想着自己也能做到，我脑子没进水。”

这些话听起来似乎说得通，但这并不意味着，经研究证实的因持续暴露在暴力内容之中而出现的攻击性和注意力问题的增加，以及杰克逊·卡茨和迪米特里·克里斯塔基斯提到的对暴力行为失去敏感度的问题，不值得我们去关注。关键就在于，我们不能期望莱恩这个年龄段的孩子能意识到我们这些担忧的意义，更不能指望他们自己去控制屏幕时间。

克雷格·安德森（Craig Anderson）是爱荷华州立大学的教授、心理学系主任兼作家，他参与了关于屏幕暴力和电子游戏对儿童影响的前沿研究。安德森说，这些内容除了令孩子丧失敏感度之外，由于游戏所产生的“立竿见影的回报”，孩子玩游戏上瘾的严重程度也越来越令人担忧。

他说道：“在游戏中，孩子们可以看到自己的进步，继而从媒体中不断得到强化，学习玩游戏的正确方法。游戏可能是开枪打坏人，也可能是建起一列过山车——不管是什么类型的游戏，只要是立竿见影的回报，都会引起上瘾。”在世界其他地方，科技成瘾（也被称为“网瘾”）也正日益成为儿童和成人面临的严重问题。韩国等国家，现在已有为各个年龄段人士设计的网瘾治疗项目，甚至有年仅5岁的孩子参与治疗。

在一场针对家长的焦点小组活动中，一位有两个儿子（6岁和8岁）的妈妈说，虽然她和丈夫限制孩子们的游戏时间，但还是经常在游戏问题上和孩子们做斗争。她说：“他们不是在玩游戏，就是在乞求玩游戏。这些游戏特别让人上瘾，孩子们只要插上电源就停不下手，我们也不知道如何阻止他们。把游戏机拿走，就像从一个酒鬼手中抢走酒瓶一样。”一项新的研究表明，每八个玩电子游戏的孩子中，就有一个孩子有上瘾的症状。这也表明了科技的使用模式是如何影响发育中的年轻大脑的。

“神经成像表明，当孩子玩暴力视频游戏时，内侧前额叶皮质，也就是负责情绪平衡、产生同理心、经过深思熟虑之后做决定的大脑部分，就变得不那么活跃。”心智直观研究所家长教育总监兼《全脑教养法》联合作者蒂娜·佩恩·布赖森（Tina Payne Bryson）说道，“与此同时，杏仁体，也就是大脑中让我们在思考之前便采取行动、具有领地意识和报复行为的那部分，就会变得更加活跃。请记住，大脑的反复激活，会影响大脑的工作方式。大脑的发展，以实践为基础。实践内容很重要，它不仅是孩子们的眼睛和心灵所接触到的东西，也影响他们的大脑电路被激活和联结的方式。”

一波又一波新近出现的儿童科技迷，并不像人们印象中的那种目光呆滞的游戏玩家。随着越来越多的孩子拥有了手机和笔记本电脑，而且在很大程度上可以没人监督、不加限制地使用这些电子产品，他们变得和我们这些成年人一样依赖电子产品。他们无论去哪儿都带着手机——上学、睡觉、上厕所。如果不能拿着手机，或者手机电量不足，或是发现自己所处的位置信号不好，他们就会产生焦虑情绪。这是数字时代特有的一种“分离焦虑”，问题就在于，如果没有对技术的使用进行深思熟虑的时间管理，那么技术就会占据你的所有时间。

小学阶段的孩子非常容易冲动，不知道什么才是适合他们年龄段的东西，而且很容易用他们学到的那些并不单纯的内容，犯下无辜的错误。他们唯一能学会明辨是非的方法，就是向关心他们的父母和老师学习。这个年龄段的孩子不可能做到充分的自我保护。这个阶段，也正是孩子们迫切需要真正的限制和父母监督的时候。他们无法自我监控，需要我们以一种冷静而经过深思熟虑的方式来对他们监控、设定限制，而不是因为他们犯下的一些日常小错误而大发雷霆。

慢下来：薄酥卷饼理论和时间炼金术

我的同事，发展心理学家乔安·迪克（JoAnn Deak），提出了“薄酥卷饼理论”。她认为，对于每个孩子来说，一层层累积的天性、父母的养育方式、生活经历，以及将上述所有东西整合并巩固为一体的时间，都是独一无二、至关重要的。“我们能够也必须在时间的发展基础之上不断积累经验，帮助孩子们变得强壮、坚韧。”她这样说道。

从我们自己的生活经验中，我们知道，时间是最关键的元素。抱着蛋糕匆忙往前走，蛋糕很可能会掉到地上。带着孩子匆忙经过童年，不给孩子留出以个人的发展步伐为依据将各个层级的收获进行整合的时间，许多东西便会一去不返、永远消失。孩子的成长，没有回头路可走。对于这个年龄段的孩子来说，我们为人父母的方式是如此重要，如果我们不能放慢脚步，与孩子建立深刻而持久的联结，利用这几年来教育他们，那么科技将会取而代之，替我们养育孩子。我们所有人比以往任何时候都承受着更大的压力，想要去加快工作和生活的步伐，所以会利用科技作为一种工具和任务管理手段。科技的普及，让更多人向我们提出了更多要求，而我们也会对自己提出更多要求。在某种程度上，我们知道，这样做其实没有什么好处。

对所有人来说，过快的速度不利于人际关系的发展，对于这个年龄段的儿童来说，更是如此。研究表明，孩子们在受教育阶段发展出来的核心社会与情感技能，对于他们在学校和人生中的成功，比其他因素的影响都要大，包括平时成绩、高考成绩，以及大学选择。在利害关系如此重大的情况下，我们需要按下暂停和重置键，给孩子们提供充分的成长时间，让他们以自然的速度发展。我们面临的挑战是：有意识地、全面地向孩子们传授社会和情感技能，在家里、学校和社区中为孩子创造机会，让他们发展出优秀的性格特征，从而获得成功所需的心理力量和韧性。

孩子 5~10 岁这个阶段，你完全可以对家庭环境进行控制，对孩子使用的电子产品和看到的内容进行过滤。你完全可以充分了解孩子的社交和情感生活，与他们的朋友、朋友的父母、老师、辅导员等建立起紧密联系，号召大家齐心协力来共同保护好孩子。一旦过了这个阶段，你的控制力会逐渐减弱。在你还没反应过来时，孩子转眼间就进入了青少年阶段，而到了那时，你帮助孩子的机会将随之消失。

这个年龄段的孩子，需要切身体会到你的存在和陪伴，需要你敞开心扉去深入了解他们，需要你努力帮助他们建立界限和信念，与他们在这个充斥着各种困扰的技术新世界中共同前进。只有这样，才能确保他们在六年级、七年级或八年级遇到问题时，会前来向你求助。

当孩子的年龄还是个位数时,他们还称得上是被小问题难住的小朋友。而等到青春期阶段，我们很难预料他们会遇到什么样的困难。如今这个社会，人们都急于让孩子尽早为学业和未来的职业成功做好准备，在这样的风气中，我们很容易无视前方的危险，而当危险到来时，只有孩子自身的坚定情绪和坚毅性格是最好的保护伞。孩子在成长过程中一旦成为“问题少年”(一种委婉的说法，专指自身问题十分严重的青少年和大学阶段的年轻人)，就可能会出现酒精和药物滥用、焦虑和抑郁、厌食、高风险性行为和性暴力、考试作弊、学术欺诈等严重的行为问题。然而，我们还是未能看透全局，没有将孩子早期的学习经历和媒体科技对孩子的强大影响结合起来进行分析，看不到这些影响对孩子创造真实、健康、有爱心、负责任、令人满意的人生轨迹有着怎样的负面作用。

第五章

张开翅膀学会飞

前青春期，屏幕与独立带来的危害（11~13岁）

> 孩子13岁之前，不要在他们房间配备电脑，孩子越早拥有电脑，你就会越早失去他们。自从我弟弟的房间里放了一台电脑之后，我整整一年都没见到他。真的很悲哀。他还在读小学六年级。
>
> ——戴夫，15岁

不久前，一位妈妈给我讲了关于她女儿丹妮尔和女儿的朋友凯蒂的故事。两个孩子在读六年级，都是负责任的好学生。那天，她们俩计划去当地一家比萨店吃午饭。自己去餐厅吃饭，是一种特权，一般到了中学阶段才能享受到。两个孩子的父母知道她们要去餐厅，都表示支持。但父母不知道的是，她们还给夏令营认识的朋友艾莉发了一条短信，邀请她一起吃午餐。艾莉在赶往餐厅的路上，遇到了三个熟识的男孩，便邀请他们一起去。午餐时，其中一个叫埃里克的男孩，用手机给女孩们拍了照片。没人觉得这是什么大不了的事情。毕竟，如今的孩子们成天都在给自己和其他人拍照。

但后来，埃里克把照片上11岁的丹妮尔、凯蒂和艾莉的头部剪了下来，附在网上找到的裸体女人的照片上。然后，他把这张照片发给了学校里的另外六个男生。有人把这张照片贴在另一个男孩的社交网络主页上。很快，所有认识照片中三位女孩的人，都看到了这张照片，包括一位和这三个女孩一起参加夏令营的男孩。这个男孩将此事告诉了他的妈妈，他的妈妈又给凯蒂的妈妈打了电话。知道此事之后，三位女孩受到了极大的刺激，恼羞成怒。

与此同时，女孩们的父母开始互相责备，激烈争吵，完全不知道他们该做什么。一方面，艾莉一家和埃里克一家关系很好，他们坚持认为埃里克是有着良好家教的好孩子，只不过做了一件蠢事。另一方面，凯蒂的父亲异常愤怒，他想直接去埃里克家里，“把那个孩子吓得魂飞魄散，再把警察和校长叫来”。家长之间的争论持续了好几天。在他们所在社区里，这件事成了广为流传的八卦。这场闹剧，因一次本应很单纯的比萨店午餐而上演，对于前青春期的孩子来说，一起吃比萨本是一件无伤大雅的事情。

初中阶段是小学到高中的过渡阶段。这三年，孩子们不再像八九岁时那样思考、做事，但还不具备十四五岁时那种相对复杂的抽象思考能力。这个年龄段是尴尬而充满不确定性的。在家里，孩子前一分钟还依偎在妈妈怀里，后一分钟便开始厌恶父母。学校则是一个充满荷尔蒙变化的世界，青春期让孩子的身体发生了变化，令孩子们的大脑终日沉浸在荷尔蒙的影响之中，极大地改变了他们的思维方式和情绪。

前青春期阶段的孩子，有着强烈的自我意识，也会展现出极其残忍的一面。此时的孩子非常脆弱，头脑中充满困惑，会产生极大的情绪波动，这就是有些教师将初中戏称为“存储仓”的原因。初中是一个封闭的教育空间，旨在帮助孩子顺利度过前青春期阶段，而这个阶段孩子在学习上的付出，几乎无法与身体和情绪的激荡相抗衡。还有人将初中阶段称为小学和高中发展领域之间的“桥梁”。一位督学称其为“教育的百慕大三角……荷尔蒙在整个校园翻云覆雨”。

在过去的时代，当学校舞会和比萨店约会还是前青春期社交日程上最令人兴奋的新鲜事物时，当男女生们带着好奇、对异性的好感和社交探索而躲着父母，尴尬地交往时，老师和家长们就已经有些头疼了。在夏令营上，孩子们第一次拉手跳舞，青年社团在教堂或寺庙举行集会。这类活动性质温和、安排紧凑，有成年人监督，男孩和女孩也可以借机相处。孩子们处于前青春期阶段，还没到青春期，而他们的社交互动也充分反映了这一点。所有这些活动，对他们和父母来说，都是相对可控的。

然而，互联网将这个“存储仓”的大门炸飞了，将我们所有人都卷入了网络世界之中，来到了一个由前青春期少年、屏幕和无法无天组成的全新百慕大三角。如今，随着笔记本电脑和智能手机、短信和社交网络的出现，我们已经失去了所有的控制，令原本充斥着社交、情感和身体发育变化的过渡阶段，彻底变成了一场令人瞠目结舌的在线闹剧。

在史无前例的前青春期环境中，当我们失去控制时，孩子们也就彻底失去了触及成年人底线而承担后果的重要体验。我们告诉孩子们，不要在做作业的时候发电子邮件，不要在课堂上看时装网站，不要在网上写任何不会当面说出来的话，但很多孩子还是会这么做，因为他们可以逃脱后果，而我们完全没办法阻止他们。他们没有经历过道德形成的早期经验教训内在化的过程，没有经历过“某事是不对的，不能这样做，如果做了我会被抓到，然后就死定了”这样的心理过程。现在的情况是“爸爸妈妈什么都不知道,真是太好玩了”。父母的警告,如今早就没有什么实质性的作用了。孩子们的实际生活体验,才是他们真正内在化的东西,而他们的生活体验,就是怎么逃脱父母、老师的法眼。

我们之所以称之为前青春期，是因为这一发展阶段正好处于童年阶段和青春期阶段之间。但事实上，这两个阶段的概念已经过时了。网络世界和社交媒体，已经让这些处于前青春期的孩子提前进入成人世界。我们的孩子们依然用孩子气的方式，凭借初生牛犊不怕虎的精神，做着自己想做的事情。但从心理上讲，他们在数字文化中面临的挑战要复杂得多，而且常常令人困惑。这个阶段，包括友谊、兴趣和性意识等至关重要的自我元素，都非常容易受到外界的影响。原本发生在学校走廊里的同学之间随口说说的侮辱性语言，顶多让人难受一会儿，而在社交网络中或在线聊天时，逐字逐句地读到这样的侮辱，其伤害程度就会成倍放大。网上流传的限制级内容，孩子们都能轻而易举地看到，而看到这些东西，孩子们总会感到困惑、不安，一些孩子还会上瘾。在前青春期的发展阶段，孩子们需要不断提高人际关系技能，而在科技的影响下，如今的孩子们逐渐远离那些能构建起社交和情感意识的面对面互动，选择发短信和在网上进行肤浅的在线交流。

在孩子们闯祸之前，我们也不太可能了解到他们的网上冒险经历。如果他们活跃在我们不知道的渠道之中，那么我们也会对他们遇到的麻烦与坎坷一无所知。在过去那个年代，初中阶段的孩子如果情绪崩溃，家长第一时间就能知道，因为孩子会回到家里诉说。现在，他们可以全天候不间断地与同学进行网上交流，再也不会等着回家跟你说什么了。他们所处的文化，告诉他们要与朋友、朋友的朋友或无数随时唾手可得的“朋友”在网上交谈。互联网，才是成百上千万的前青春期少年接受性教育、培养人际关系、了解毒品和药物滥用、定义什么是酷，以及想办法应对生活中起起伏伏的主要源泉。某一社交网站是 750 万 13 岁以下美国儿童开展课外学习小组的地方，而在美国，建个人主页的法定年龄是 13 岁。不幸的是，孩子们在社交网站上学到的东西，并不是我们想让他们学到的。但仍然有许多家长放任孩子小小年纪便成天浸泡在社交网站上，正如一位律师妈妈所说的一样 ：“我的道德感已经麻木，明知这样做违反法律，但我还是在孩子 12 岁时给她建了社交网站账户。她所有的朋友都有社交网站账户。”

孩子们告诉我，他们也不怎么和父母交谈，因为有些父母的工作单位对手机有着严格的要求 ：发短信比较容易，打电话很难。还有些孩子说，他们的父母在工作时特别专注，要么就是投入到自己的兴趣爱好或在线活动中，要么就是经常往外跑。有些家长告诉我，就算是在家里，可以和孩子一起玩，他们也会被孩子的问题和抱怨吓到，不知道怎么应对孩子们表现出来的行为。孩子坚持声称“网络世界属于他们”，家长无言以对，只能选择沉默，但同时还在担心孩子对网络上或明或暗的风险视而不见。家长们羞于表现出自己的无知和无助，也不敢向孩子提出问题，担心会因此而掀起一场风暴。有时，即使他们态度明确并勇敢采取措施来保护他们的孩子，也无法阻止网络暴民以迅雷不及掩耳的暴虐对孩子展开攻击。

许多学校和宗教机构都会通过某种仪式来强调人的成长与发展，比如类似成年礼之类的活动。在学校里，这个年龄段的孩子们所关注的文学作品，基本都围绕着英雄探险、极限挑战，以及对核心价值观进行明确和强化的性格历练所展开。女童子军和男童子军徽章曾经是这个年龄段的象征。为了让孩子们通过仪式而切身体验成长的历程，仪式中必须包含明确的起始、中间过渡和尾声部分。没有了富有仪式感的学习和准备，前青春期少年的世界就会直接与青春期少年的世界联通，因为这些孩子都在同一个媒体和网络世界中游荡。曾经史诗般的探索，如今已被彻底改写。自我发现的探险历程，如今变成了天天都在进行的竞赛：看谁能找到最新奇的视频，谁能打败线上敌人，每天跟视频游戏里的恶龙和学校走廊里骂你的孩子较劲。与此同时，迪米特里·克里斯塔基斯和杰克逊·卡茨等研究人员指出，青春期前的性格形成，不仅以虚拟体验为参照，也受到真实的生活体验的影响。

前青春期少年与世界相遇：误拨号时代的成人之路

无论你是否留意过这件事，现实情况都是一样。虽然你可能给手机和电脑做了周密的隐私设置，也没有给六七年级的孩子买手机，但孩子很可能早就对视频游戏和网络生活了如指掌。皮尤研究中心与美国生活项目于 2012 年进行的一项调查发现，年龄在 12~18 岁的青少年“通常都能接触到游戏”，而这些游戏的评级，基本都是 M（包含成人内容）和 AO（仅限成人）。四分之三的父母报告称，他们“总是”或“有时”会查看孩子玩的游戏评分。有一半的受访男孩称，他们最喜欢的游戏是评级为“M”或“AO”的游戏。而女孩中，有 14% 给出了相同的答案。

孩子身边总是围绕着许多朋友、同学或偶尔相识的同龄孩子。这些孩子有最新版的手机、平板电脑、游戏或应用程序。在自己家或别人家里，总会有一台电脑是无人监管，没有安装防火墙的。只要孩子有想法，就可以在任何时间、任何地点跑到网络上的任何一个角落。一旦上了网，他们就会主动开始寻求刺激，也可能不小心撞见什么不该看的内容。我们根本没办法用传统的方式来保护他们。随着学校开始加大力度，教育孩子要以负责任的态度使用科技，家长也要同时背负起教育和预防的任务：我们可以给孩子讲讲家人的期望和网络礼仪，明确的指导原则、家庭契约和规则；随时监测儿童接触媒体和使用科技的情况；教他们如何保证自身安全，如何做一名负责的网民。上述预防措施并不足以解决问题，我们还需要知道如何在事后将伤害降至最低，也就是说，要教导孩子承担责任，从他们的错误中吸取教训。这个年龄段的孩子渴望独立，正是需要在通往成年的道路上一点点练习如何对自己负责。此时对孩子进行教育，难度可想而知。

我的一位朋友曾感叹道，她曾经认为，对和她的三个女儿一样大的孩子来说，科技不过是“相对温和的工具和令人兴奋的新玩法”。她说：“我以为，这和我读书时每天和朋友们在学校里传纸条并没什么太大的不同，而且那时，回家后我还要和朋友们打一整晚的电话。”直到有一天，她13岁的女儿亚莉克莎不小心误拨一通电话，对方是她几年前在舞会上认识的男孩。后来，她收到一条来自一个不认识号码的短信，内容直截了当：“你是谁？”她不知道自己误拨了电话，就回了一句：“你是谁？”经过几轮短信交流，身份未知的双方都不客气起来，对方甚至威胁要将她的手机号放在广告网站上，于是她言辞激烈地斥责了对方一番（当然是通过短信），便把手机关机了。

接下来的几天，亚莉克莎受到了暴风骤雨般的短信袭击，她的电话号码果然被张贴在广告网站上，还配有带性暗示的女性照片，并附带消息称，她只是在此处逗留两天时间。亚莉克莎说：

我准备睡觉，以为这件事已经过去了，结果第二天早上我醒来，发现有36条短信、12个未接来电，还有好多人发来一丝不挂的照片，留言说“美女，希望我们见个面”。然后我就开始恐慌，感觉这件事有点超出我的控制范围。

她给父母打了电话，但他们正在回家的飞机上，于是她便给两个姐姐打了电话，先跟 18 岁的斯黛拉在电话里讲了这件事。斯黛拉听后感觉很害怕，觉得事情非常严重。随后，她们俩一起给 21 岁的姐姐萝丝打了电话。亚莉克莎在她的联系人中找到了这个号码，确认是她四年级时遇到的那个男孩的电话号码。萝丝挺身而出，打电话给那个号码，想直接向那个男孩问责。这时才发现，原来那个号码早就不属于那个男孩了，而是一位性工作者。电话那头的人态度非常恶劣，她被亚莉克莎的短信所激怒，认为这个孩子需要“吸取教训”。于是，亚莉克莎的电话号码被发布在洛杉矶的一个广告网站上。父母回到家里才知道发生了这场闹剧，迅速采取行动对事态进行控制。他们给亚莉克莎换了号码，给她买了一部带密码保护的手机，这样她就不会不小心再次拨错号了。亚莉克莎说，对所有人而言，这都是一场经验教训。

> 我没有做卑鄙的事，从一开始就没有想去惹恼任何人，我也没有给任何人发裸照。事态逐渐失去了控制。我从这件事中了解到，在网络环境下，事情会很迅速地发展到失去控制的地步，互联网和社交网络能在很大程度上掩盖人们的身份。我曾经嘲笑那些在网上和 50 岁的男人搭讪的女孩，觉得她们怎么会不知道是在跟谁说话呢？但我真的不知道我在跟谁说话。

“我错了，”她妈妈后来说，“我大错特错。这和传纸条或电话聊天完全不是一回事。”

亚莉克莎身上发生的事，没有造成真正的伤害。现在想想，其实并没什么可怕，反而有些可笑。但情况并非总是如此。在一年半的时间里，生活在康涅狄格的辛迪，与一位年轻男子成了“最好的朋友”，她认为这位生活在俄亥俄州的男孩与她同龄。几乎每天下午和晚上，他们都在网上聊天，她会和这位名叫“锈色”的网友分享一天的事情，将全部的信任交托给他，认为他是自己最亲密的朋友之一。后来到了夏天，辛迪参加了一次夏令营活动，和一群长期在一起参加夏令营的伙伴同去。这次旅行意义重大，而目的地也一直是最高机密，这进一步增加了悬念。当组织方宣布目的地是加拿大的一个城市时，她和锈色分享了这个令人兴奋的消息，而锈色也一如既往地询问了所有的细节——什么时候到达、在哪里、行程安排。在旅行的那天，当女孩们和辅导员们都到达目的地时，他们发现锈色也在。他不是一个和辛迪同龄的男孩，而是一个年长又“令人毛骨悚然”的大叔，还带来了几个莽撞的朋友。

辛迪的同伴们和辅导员们被这些举止鲁莽的不速之客吓坏了，对辛迪大发雷霆。她怎么蠢到告诉陌生人他们要去哪里？在网上和一个素未谋面的“男孩”产生恋情，并告诉他所有生活细节，她究竟在想什么？后来，老师将这些社会人士打发走了，旅行如期进行，但是辛迪变得焦虑、沮丧，而且之前从未出现过饮食障碍的她，竟陷入了厌食的境地。旅行结束后，她仍然被这件事困扰着，觉得非常害怕：朋友们的愤怒，她在需要帮助时的孤立无援，成年人对此事表现出的无法理解的态度，以及辅导员对保护女孩安全的担忧。这件事以极坏的方式改写了她的整个暑假，动摇了她的自我意识，震撼了她的全世界。

我们总对孩子讲“陌生人很危险”，但更多时候，心存恶意的坏人恰恰是孩子认识的人。就这样，科技变成了一个步步惊险的网络，坏人可以通过锈色接近辛迪的方式去接近你的孩子。此外，社交网络和在线营销中出现的隐私问题，令人根本不知道什么人掌握着关于你孩子的哪些信息。这个年龄段的少年，都有一种自然而然想要接触世界并与整个世界建立联系的美好愿望。虽然有很多优秀而健康的青少年在线社交，但在我们把车钥匙交给孩子之前常常问到的“和谁？什么事？哪里？什么时候？”等问题，现在需要在孩子年龄更小时，在我们把键盘交给孩子时就要提出来。

美国儿科学会沟通和媒体委员会 2011 年的一份报告指出：“这一代人的社交和情感发展，很大一部分是在互联网和手机上进行的。”这份报告认为，增强的社会联系和交流，是社交媒体带来的好处。但这份报告同时也提到一个熟悉而令人不安的现象：前青春期的孩子对健康发展的需求以及沉浸在媒体和科技中所造成的影响之间的差距。

许多孩子都怀着轻松、积极，相对不那么复杂的眼光看待在线活动。孩子们基本不会在网络上有过分的举动或上演闹剧。研究证实，接受全面的社会和情感教育后，闹剧发生的可能性就会极大地减小。但即便是最简单的时刻，也有可能带来麻烦，就像莱拉某天晚上和朋友一起做家庭作业时所遇到的那样。

八年级的莱拉和她的两个好朋友宝拉、梅勒妮从幼儿园开始就在网上做作业。她们经常一边视频聊天，一边发短信，一边做作业。聊天时，莱拉无意间提到父母要外出度周末。短信的交流内容是这样的——

宝拉：我们到你家开个派对吧，哈哈！

梅勒妮：好主意！

宝拉：现在我要告诉大家！

莱拉：你敢！

宝拉：但那样会很酷！

梅勒妮：太好玩了！

在莱拉再次打出了“你敢”两个字之前，宝拉便按下发送键，将电子邀请函发了出去。

周六8点，莱拉家派对（不许带父母）。

宝拉和梅勒妮忘记了，她们还和莱拉的妈妈在网上聊过天，也发过短信。所以，莱拉妈妈和八年级班上的五十多个孩子一同收到了邀请函。当时，莱拉的妈妈也在自己的屏幕前忙着做事，一眼就看到了邀请。于是她大步走上楼，发现莱拉一边哭一边在网上和那几个女孩争论。妈妈立刻介入，通过屏幕对女孩们说：“你们必须马上将此事处理好。你们怎么能这样对莱拉？我很失望。如果现在搞定此事，我可以考虑不告诉学校。”

她们照办了。但她们并没有向莱拉道歉，而是对她进行了声讨：“你真行啊，竟然去找妈妈！”当她解释说：“不是，你自己把邀请发给我妈了，你们就这点脑子。”女孩们依然不道歉，甚至变本加厉。在接下来的三个星期里，莱拉每天上学前都会哭。每天，宝拉和梅勒妮都用最明显、最伤人的方式对她置之不理。她想要跟女孩们“和好，重新成为朋友”，但所有努力都是徒劳。就这样，通过口头攻击——不，是让你想躲也躲不掉，不得不一字一句读到的即时消息，女孩们展开了一系列不依不饶的攻势。这段关于友谊、信任和背叛的经历，让莱拉痛苦了好几个星期。从中，所有人都学到一个教训：快速而激烈的网络互联，会令社会活力极大地增强。

2011年的一项关于青少年在社交网络上表现出善良与残忍的研究发

现，在所有人群中，青少年在社交网络中通常能以积极的眼光去看待同龄人之间的交流，但年龄稍小一些的女孩（12~13 岁），认为社交网络上的人并不友善的比例要大得多。有三分之一的 12~13 岁女孩表示，同龄人在社交网站上并不友善，而 12~13 岁男孩的同一比例仅为 9%，14~17 岁男孩的同一比例为 18%。孩子们目睹的不友善行为，小到对某人头发的尖刻评论，大到野蛮的言语攻击或羞辱性的揭短。

“闲逛，胡闹，钻研”

我喜欢伊藤美子及其同事提出的孩子利用科技的三个基本目的：闲逛，胡闹，钻研。在我对孩子们的研究中，发现这三种现象存在于健康的社交、游戏、娱乐和发展兴趣的过程中。

伊藤将“闲逛”描述为一种“持续的、轻量级的社交接触”，这种接触让孩子能够与同龄人交流，并体验到与父母、老师和成人世界相隔离的某种独立感。他们和同龄人相处，创建出自己的世界，其中还包括属于他们的文化语言——音乐、电影和文化参考点，成长过程中不断涌现的传奇，在各种关系之中的斗争和胜利，以及这个年龄段所专有的责任与情感强度。

在网上闲逛，可以随时加入朋友们持续不断的聊天之中。对一些前青春期少年来说，尤其是那些在学校里被孤立的孩子来说，在网上找到朋友，能给他们带来一种健康的联系感和归属感。在其他环境中，这些孩子会因找不到归属感而痛苦。因此，网络提供的可能性，甚至能挽救一些孩子的生命。网上闲逛，是如今孩子们的社交方式，在这里他们从同龄人身上学到规则与价值观。当孩子们加入社交网站、关注博客、发视频时，社交网络为他们提供了创造性的学习场所。

特别是在这个年纪，有特殊兴趣的孩子们经常会在网上“钻研”，全神贯注地不断发现内容来源、专家或有类似兴趣的同龄人。我的女儿莉莉和她的朋友——一群非常可爱的男孩和女孩——会一起摄制搞笑视频。他们会连续几个小时写剧本、拍电影。初中阶段的孩子会以极具创造性的方式来使用科技，利用艺术和摄像等手段，以非常美好的方式将故事保存下来，记录他们所看到的世界。如果你是一位极客少年的父母，你肯定也会对技术带来的契机心存感激。有些孩子和成年人都会玩一些复杂而带有战略意义的另类现实游戏，某些游戏的设计初衷是为了解决现实世界的挑战，比如城市规划，或者如何应对水资源和能源枯竭的问题。这些游戏知识含量很高，带有亲社会的道德感，在游戏中达成合作的经历令玩家充满能量感，比无休止地玩战斗型游戏要好得多。

至于在网上胡闹，我们都知道那是怎么回事，都有亲身体会。正如一位中学男生对我说的那样，问题在于父母太过“迷恋”他们的平板电脑和手机，但他并不是想要与父母在一起花更多时间相处，而是想多花点时间玩电脑。“他们挺虚伪的。”他这样评价父母，因为父母对他玩电脑的时间进行了严格管制，但他们自己每天花大量时间上网。

对于这个年龄段的孩子来说，在网上适度的钻研、闲逛、胡闹，是健康的。但作为一名治疗师，我也看到了前青春期少年因为身体形象和身份认知而挣扎的阴暗面，他们会在网上以更大胆的方式，来展示自己的社会力量和残忍的能力。

别想着跟所有人做朋友。你难道看不出来，你的新“朋友”有多讨厌你吗？如果你的后脑勺上长了眼睛，就能看到别人在你说话时做的鬼脸。

诚然，在网上闲逛是孩子们密切关注朋友动向的方式，但这种方式并非总是积极的，即使是在所谓的互相支持的好朋友之间也是一样。认为别人总是在观察，总是在等待答复，总是对自己反应迅速，总是有态度尖锐的想法，会让人生活在对他人的期待之中。经常与他人保持联系的需要，本身就是一种压力，与我们希望青少年培养出自我意识、反思能力和内心对话能力的愿望背道而驰。

前青春期少年，因新的关系变化而感到困惑和挣扎。一方面，尽管有时会有些尴尬，但存在于三维空间中的面对面的友谊交流是更加丰富的。另一方面，正如一位前青春期女生向我说过的那样，在网络上的二维世界之中，她可以更开放地交谈。她曾和两个男孩在网上交过朋友，他们都曾向她倾诉生活中的烦恼。他们在网上交流时，会坦诚地谈论与烦恼有关的话题，她说："我们的关系真的很亲密。"她很快发现，网络之中的亲密，会令现实中人与人的接触变得尴尬。

> 我对你了解很多，你对我也了解很多，可是我们从来没有面对面地交谈过。但你真的存在，你知道我所有的秘密，我很脆弱，于是我背叛你……这就像是意识到你在网上聊天的那个人，是个活生生的人，你意识到这个网络上的人比现实生活中的人更"完美"。在线的状态，可以让你创造出一个人物性格、一个身份，而这些并不一定会和现实之中的那个人相匹配。你知道如何与这个网络中人相处，却不知道如何与这个实际生活中的人相处。

孩子们有时会发现，他们被自己所创造出来的网络角色所困，还会因为要在现实的学校生活中去扮演这个角色而苦苦挣扎。一个在学校被边缘化的男孩，在网上创造了一个傲慢的谐星形象——粗鲁、愣头愣脑、讽刺挖苦，愿意说任何话来博取笑声或让人震惊，还会说一些别人不愿意说的话。他有一位同班同学，从小学就认识他。这位同学告诉我：

> 互联网就像一个陷阱，他掉了进去，成为这样一个人。每个人都期望他说最恐怖、最粗鲁的话，以此来换取笑声，而每次他做了别的事，人们都会问："你在干什么？我们是这样给你定位的，你不能改变！"所以他被困住了，因为没有人希望他成为一个更善良的人。六年级时，他"表现"得更"好"，我敢打赌，如果周围没有人，他肯定会对自己做过的事情说"对不起"，但观众越多，就越难做到。

闲逛变成走神

想象有这样一个工作机会，你可以从入门级的职位一路晋升到高层，甚至坐上首席执行官的头把交椅。你非常喜欢在这个地方工作，天天如此也不厌倦，工作任务很明确，工作目标很直接，成功志在必得。所有这一切，在你十二三岁时便尽在掌握。这就是视频游戏对孩子的吸引力。他们可能会经常玩，以父母的标准来看，更是玩得太多，但如果游戏不过是动静平衡的生活中的一小部分，孩子们还有许多与屏幕无关的活动和兴趣——一群好朋友，对学校和成绩也有比较合理的关注，生活方式也有利于良好的身心健康，那么玩玩视频游戏倒也无伤大雅。我和很多年轻人交流过这个问题，比如我的儿子丹尼尔和他的朋友。他们属于第一代视频游戏玩家，如今都有了自己的事业，或是在研究生院深造。他们说，视频游戏不过是个有趣的社会活动，在这个活动中，他们在家里或学校更有可能成为自己命运的主人。社交网络也有一种游戏特质:孩子们发布信息，在上面玩耍，收集社会资本，还能领导一场行动去拯救或惩罚他人。他们会评论、“点赞”、聊着八卦、说着含沙射影的话。语言成为在线社交领域的通货，可以用来结盟或惩罚敌人。

视频游戏和社交媒体可以为孩子提供合理、健康的社交和娱乐体验，也是孩子在青春期早期应对压力的一种方法。健康的应对策略能帮助我们更有效地应对生活中大大小小的压力。但如果前青春期少年的应对机制，导致过度或强迫性地看电视、玩游戏、发短信、浏览社交网络，本来有趣、有益的消遣方式，便可能会占据孩子的全部生活。直到最近，我们还把沉迷网络游戏的问题与年龄较大的青少年联系在一起。而现在，在年龄更小的孩子身上，我们也看到了同样的问题。从临床经验中，我们了解到，青春期网络成瘾的种子，通常是在初中阶段播下的。如今的孩子们，从很小的时候便接触电子产品，很容易导致依赖。

雅各布：在网上钻研有很好的理由

雅各布的妈妈非常担心13岁的儿子。儿子成天泡在网上，非常执着地研读世界各地的科学期刊和新闻出版物。妈妈从专家和针对酗酒者家庭的专业机构处了解到一些知识，一直在想办法用更加有效的方法来应对孩子的网络成瘾问题。后来，她打电话给我。她举例讲出了孩子上网时表现出的一些危险信号：

他不能在较长的一段时间里不上网。他知道，只要打开屏幕，情绪和身体的化学反应都会受到影响。“相信我！”他总是这么说,“瘾君子”们都会这样说。每次谈到上瘾问题，他就会用信任来说事。我知道，在某种程度上的确是信任问题，但也可能是因为他在隐瞒什么。

与此同时，她了解到了关于雅各布的某些事情，也学会了从一种不同的、可能更合理的视角来看待孩子的行为。“他太聪明了，”妈妈说，“他关于世界的理解,可能我永远也不会明白。”这是真的。从学术的角度来看，雅各布是个天赋异禀的孩子，他对世界新闻和科学充满热情。他一直都怀有这样的激情，而他在网上对这些激情的极度追求，始于他有一段时间长期身患重病，无法上学，不得不待在家里。他妈妈告诉我，那段时间里，命运的急剧转变彻底改变了他的生活，令他非常消沉。现在，他回到了学校，一切都很好，但他每天回家之后，都会一连好几个小时盯着屏幕不放。妈妈认为，孩子对网络的痴迷程度已经超出了健康、合理的范围。

“我对他上网时那种多任务处理、开着一堆窗口的状态感到非常担心。”她说，“我记得我自己是如何学会学习的，他目前正在探索学习方法的过程中。针对某个目标，投入大量的努力，才能在此基础之上，通过培养出来的专注力，获得顿悟。我希望他能拥有深度分析的能力。”她担心，孩子在网上的时间正在削弱他这方面的能力。

不久之后，我与雅各布见了面，一起讨论他妈妈的顾虑，以及他对自己与技术之间关系的看法。他能从妈妈的视角来看问题，但他认为，自己没有网络成瘾。他解释说：

我在学校也经常使用电脑。我不觉得电脑会让我分心，因为我在电脑上做作业，做着做着就忘记了时间，但我不认为“用电脑的时间已经太久了”……我不会去看表，但眼睛会疲劳，这通常是一个信号，然后我会休息一下。

我请他描述平日的一天，包括他在网上和利用其他电子产品的时间。和许多学生一样，他通常在下午 4 点离开学校。他会和朋友们出去玩 45 分钟，在下午 5 点前回家。他会和他的狗狗打招呼，之后和父母一起吃晚饭，然后在晚上 7 点到 10 点 30 分用电脑，最后上床睡觉。在这段时间里，他在电脑上做什么呢？他说，家庭作业通常会占用 3 个小时的时间，不过是与其他娱乐活动穿插在一起进行的。他会访问 30 个左右的新闻网站，因为他是新闻迷，然后玩一会儿小游戏，看几个视频网站上的游戏节目，还会看电视。“我看过的大部分电视剧都是在网上看的。”他还有一部智能手机，用来和朋友打电话，还会用来玩游戏（通常是和朋友一起）、发短信和拍照。

雅各布讲到他的健康问题以及这些问题对身体状况的影响时，我能很明显地感觉到，身体状况也给他的情绪带来了一定的挑战，而上网则是一种有益的应对机制。雅各布对世界时事的热情更加高涨，但他也承认，自己已经变成了一个“略读者”，不再像以前那样深入地阅读和思考。尽管如此，我还是认为雅各布拥有非常成熟的反思和批判能力。这是一个冷静、有创造力、头脑聪明的孩子。

当我们谈到技术使用，以及技术依赖或上瘾问题时，他承认，他确实花了大量时间在这些活动上，这可能是一种依赖的表现，但他也能够在需要的时候及时放手，转移注意力。拔掉电源后，他不会焦躁不安，也不会对电脑产生强烈的渴望，而且可以很轻松地将技术抛在脑后，和父母一起享受家庭时光。有一次，他手腕上出现了重复性压迫损伤的症状，于是他一个月没有玩游戏，直到症状消失才继续。他有很多朋友，真实生活中遇到的很要好的朋友，而不仅仅是网上的朋友，而且他也没有忽视对友谊的关注。他没有谎报自己花在网络上的时间，而他的上网活动也没有干扰到学业。当妈妈要求他下线一起吃饭时，他会立刻按她的要求去做。

我曾为几个小男孩做过咨询，他们像雅各布一样，因为在学校里被孤立，或环境迫使他们改变熟悉的生活方式——生病、受伤、搬家，或者是最好的朋友搬走了，他们对电子产品产生了暂时依赖。雅克布迫不及待地想要开始读高中，而且从种种迹象来看，他会全身心地投入其中。他对新闻和政治的热情，可能会让他走上严肃的辩论学者之路，或许他会选择国际关系或政治方面的专业。也许，某天晚上我会在电视节目上看到他。对雅各布来说，对许多和他类似的中学生来说，在线生活是一条生命线，在这里，他们可以找到与自己志趣相投的人。

凯伦：当电脑成瘾成为一种应对机制

凯伦一直是家里的热点话题对象。她妈妈罗娜说，她从出生起，就一直是“非常有挑战性的一员”。喂饭困难，入睡困难，一直不停地陪玩逗乐更困难。罗娜全天候地陪伴着年幼的凯伦，一路艰辛地走了过来。小学阶段，罗娜发现可以把凯伦放在电视机前，因为这是让凯伦保持快乐的为数不多的事情之一。“我现在觉得当初这样做很不好，”罗娜告诉我，“电视的作用是，在我黔驴技穷时，能让我享受片刻安宁。当凯伦看电视的时候，她不会和妹妹打架，不会找哥哥碴儿，不会在家里引起骚乱，但这不是一个很好的理由。”我可以理解罗娜。

她接着告诉我，为什么在她抚养第二个孩子时没有得到帮助，在育儿的艰难与挣扎中，她又是如何失去对电子产品的防守的。凯伦上中学的时候，家里已经有了四台电视。电视和电脑游戏已经成为一剂良药，让凯伦接触到了罗娜所厌恶的一切文化——“垃圾节目、垃圾价值观、垃圾语言和垃圾态度”。最近，她女儿又迷上了卡戴珊姐妹。

“我 13 岁的女儿知道关于卡戴珊姐妹的每一个生活细节。每次我看到她在看卡戴珊姐妹真人秀的时候，听到她们在电视里谈论的事情，以及她们在节目中展现的道德观，我都觉得很恶心。”

当凯伦上七年级的时候，事情变得更糟了。学校给学生发放笔记本电脑，供他们在学校使用。罗娜说，从此，她变得对屏幕更加着迷。放学后，她就像粘在了笔记本电脑上一样，说是要做家庭作业，但明显是在非教育网站、聊天室和社交媒体上一心多用。她在学校时，会在线联络妈妈，请求妈妈在平板电脑上和她一起玩游戏。学校并没有监控学生的电脑使用情况。罗娜感到不知所措，非常担心女儿的现状。

凯伦是带着戒备心来找我做咨询的。她认为妈妈遇到事情一向反应过度。整个咨询过程中，她一直坐立不安、抓耳挠腮，但似乎没有意识到自己的身体在不断运动。她的眼睛很大，表情丰富，可以瞬间从美好的阳光少女状态转变为大发雷霆的狂躁状态。与雅各布不同的是，凯伦确实表现出了上瘾行为的早期迹象：她说当她插上电源，打开电脑时，情绪会立刻发生变化，她会感到更快乐。当父母强迫她离开屏幕时，她会愤怒地回应。她认为，父母的行为是对她的干涉。从诊断来看，她无法以合理有效的方式在屏幕和其他活动之间做转换（许多家长都对这样的状态再熟悉不过）。跟与家人、朋友之间进行的无关电子产品的活动相比，她更喜欢对着电脑和手机。每当罗娜问她看了多久电视或在网上玩了多久的时候，她都会谎报数字。她也承认，自己会偷偷地把笔记本电脑藏在床上，躲在被窝里继续看，经常看到深夜，让她睡不着觉，导致第二天在学校的日子更加难熬。

我们见面后不久，我建议她进行神经心理测试，凯伦被诊断出患有多动症。她的父母现在认为，多动症从一开始就是造成家庭紧张的核心，也很可能是导致她沉迷于屏幕的原因之一。对于有注意力缺陷和其他一些学习障碍的孩子来说，屏幕可以让他们迅速上瘾，因为屏幕活动能舒缓焦虑的心情和暴躁的头脑。针对凯伦的多动症治疗计划包括对她使用媒体和屏幕时间给予建设性的关注。

对于那些利用屏幕时间减压的孩子来说，风险就在于，孩子没有与父母、朋友或家人进行对话和互动，没有机会在这些活动中发展出自我调节技能和社会情感洞察力。他们越是依赖电脑来处理潜在的、未知的问题，越有可能令这种依赖演变成上瘾。尽管他们在网上联系了很多人，但这种沉浸式的体验往往是一种孤立的体验。我们知道，在这个年龄段，牢固的友谊和来自父母的支持至关重要。当电脑破坏了人与人之间的联结时，就是时候关机重启了。

前青春期的性发展、性冲动和性娱乐

一位老师曾告诉我，当她 13 岁的儿子在写作业期间将笔记本电脑带进卫生间的时候，她是多么骄傲。“我想，‘哇，他真的很喜欢写作业！’”然后，她发现儿子在卫生间里对着网上的色情片手淫。“好吧，看来这事是藏不住了。”

孩子进入青春期的年龄越来越早，有些孩子在 10 岁或更小时就开始发育。无论是由于食物中的激素还是其他环境因素，很多孩子都比他们的父母在更小的年龄就进入身体的变化阶段。这种变化，发生在将他们暴露于成人世界性内容的时代。这些内容，都将青少年们急速推向一个令人迷惑的世界。

互联网是学术研究的主要资料来源，也能为我们提供许多日常信息，但同时，互联网显然也成了性教育的主要来源。尤其对于那些对性有关的话题避之不及的家庭来说更是如此，这些家庭的父母不喜欢对爱、亲密、优质性爱、低劣性行为等话题进行全面、持续而积极的对话。许多家庭都是如此。具有讽刺意味的是，我们生活在一种性话题随处可见的文化中，父母却不愿意和正处于前青春期阶段的孩子谈论性，仿佛谈论性就会在他们的头脑中植入色情的想法一样。流行文化让孩子们接触到几乎无穷无尽的性信息，其中很多都是不真实、不健康的，甚至有些带有情感伤害、虐待和暴力行为。父母们根本不知道应该怎样去采取应对措施。而当年，我们当中很少有人和自己的父母进行过如今应该和自己的孩子进行的对话。

如今的孩子，比过去的几代人更早对性有所了解。他们掌握的性知识往往比父母还要丰富，因为他们看电视，包括所谓的家庭电视剧、视频网站以及朋友转发给他们的网站。当我们对性话题绝口不提，以回避的态度拒绝坦诚的讨论时，不愿意了解他们看的在线内容或从同龄人那里听到的性知识时，孩子们就失去了机会，不能以深思熟虑的态度与关心他们的成年人谈论自己的性发育困惑。我们也失去了机会，不能与孩子们谈论如何带着自我保护意识步入健康的性旅程。在没有对话的情况下，孩子们在心理上得不到保护，就赤裸裸地暴露在媒体和青少年文化的性内容之中。

几年前，心理学家迈克尔·汤普森（Michael Thompson）为纪录片《抚养凯恩》（*Raising Cain*）的拍摄而采访了一群高中男生。这群男生坦然地讲到基本上每天都会看色情片。他告诉我："当父母看到这部电影时，他们感到不安。那些男孩提到，从小学三四年级时便开始看色情片。美国孩子接触色情片的平均年龄是 11 岁，而他们的父母在孩子十三四岁时仍然不和他们谈论性话题。由此，孩子们是在没有任何大人指导的情况下获得信息的。这样的现实情况，就迫使家长不能再奢望自己的孩子不看色情片。"

汤普森指出，在网络色情如此普及的情况下，男孩们什么都看，而且他们很早就看了。他们知道性是令人兴奋的，他们也知道在这个年龄段性是被禁止的。“当你 10 岁的时候，你怎么可能去找父母说，‘我看到了这些色情图片，这些照片让我很兴奋，让我很困惑，让我无法抗拒’？你向谁求助？只能求助于你的朋友或比你大几岁的男孩。”

这种同辈文化，以放荡为时尚，并认为提及性很酷，而营销人员已经迅速捕捉到了这种风潮，向前青春期少年提供表达和鼓励这种性文化的产品。万圣节的服饰，包括“性感的护士”和“性感的女战士”，还有明显带有性暗示色彩的服装。

迈克尔·汤普森长期以男孩为研究对象，他看到了家庭文化和父母（尤其是父亲）对孩子的长期影响。“色情作品激发了男孩的幻想。这些作品让每个男孩未来都成为强奸犯吗？我认为不是。”他说，“我认为在充满爱和关怀的环境中长大的男孩，没有亲眼见过女性被侮辱的场面，也没有看到他们的父亲和其他男人在生活中不尊重女性。我认为他们可能有幻想，但他们知道这只是幻想而已。”我曾与一些很有思想的父亲交谈过，他们发现儿子们观看网络色情片的时候，主动给孩子提供了一些对女性充满尊重的非暴力情爱图片，供孩子欣赏。

在这个真人秀节目为主流的时代，视频中充斥着互相打击、不断冲突的成年人。研究表明，对于许多男孩来说，他们很难将幻想和现实、娱乐和凌辱区分开来。一项针对 1430 名七年级学生的研究发现，许多人都在约会，并经历着身体、心理和虚拟的约会暴力。报告称，青少年约会暴力和虐待是全国范围的重要公共健康问题，预防措施应被设为公共健康的重点事项。

健康的性行为与良好关系之间的脱节，自己是谁以及自己在做什么之间的脱节，都令人免不了震惊和担忧。自由去选择随意的、不负责任的性爱，这种价值观并不是我们想要让前青春期少年去学习的，而且，这种行为也是不合法的。一个男孩和一个未成年女孩发生性行为，无论是自愿的还是非自愿的，都有可能面临刑事指控，并有可能令这名男孩一辈子背负性犯罪者的名声。这种不成熟的性关系中，谁又占到了便宜呢？乍一看，似乎男孩得到了他想要的东西。但让我们退后一步想一想，男孩们是否真的受益于这种文化，即把女性物化，将爱与浪漫的能力和性行为隔绝开来，更糟的是，对女孩直截了当地贬低和虐待。这种关系中无人受益。自古以来，前青春期阶段的少年都是在接近青春期时逐渐发掘出自己在性方面的领悟，但如今这一代人，是第一代在这种全新文化中长大的人，在这种文化中，性行为被视为与稳定关系、爱和关怀完全没有联系的一件事。我们需要和孩子讨论，在这种文化中做朋友意味着什么。

杰克逊·卡茨（Jackson Katz）曾说过，媒体已成为“我们这个时代的一股巨大的教学力量”，色情文化“塑造了整整一代男孩对性的错误理解”。卡茨认为，没有关于性的深刻讨论，没有以信息为重点的深刻教育，色情行业便取而代之，引入了“一种极为野蛮的男性性行为模式”。

孩子身边的父母和大多数成年人，都小心翼翼地回避这个话题，因为这个问题而感到尴尬，拒绝面对。卡茨认为，我们隐藏在语言的背后，这些语言对令人不安的现实进行了美化和缩小。

男孩不是在“看色情图片”或“观赏色情视频”，他们是对着这些色情作品手淫。这是比“看”或“观赏”更积极主动的参与。所以，我们再来想一想男孩在这个过程中的经历，比如一个12岁的男孩，正在经历青春期的变化，充满了激情和性活力，他可以很容易地上网，上了网，就能看到这些色情内容，对吧？看这些视频的年轻人，正处于性冲动最强烈的年纪，对女性非常着迷。而这些画面就成了他们认为的正常现象，他们显然对此很感兴趣。

这种内容会对男孩和女孩造成巨大的伤害。成年人之间就此话题进行的公开讨论常常变得两极化，非常没有效率。男孩总被定义为侵略者，而女孩则是受害者。还有一种观点认为，色情内容一直存在，对此我们无能为力。但我们忽视了一点，就是这些内容对孩子们造成的影响。孩子们正在从色情作品中学习关于性行为和浪漫关系的模式。这是一种极不健康的影响。我们不应让谈话到此为止，不应忽略男孩和女孩丰富的情感生活，因为孩子们需要找到爱，需要被爱，需要负责和被欣赏，需要以最好的方式做出改变，影响他人。

正常的性唤起和充满暴力、虐待的色情诱惑，有着天壤之别。以模特为例，无论是泳装广告、《体育画报》的泳装版的模特，还是《花花公子》的模特，都可以作为一种刺激性唤起过程的幻想对象。在一个 12 岁男孩或 20 岁年轻男性的脑海中，留下这样的女性形象，并据此演绎出一部富有情节的电影。从古至今，一直如此。而现在，人们观看着充满虐待和暴力情节的视频，想象着他们参与其中，其间充满了对年轻“观众”身心发展都不合适的性内容。在学校的焦点小组讨论中，在我组织的其他类型的讨论中，在私人咨询过程中，孩子们经常会问到这些问题，讲出以色情影片为基础的关于女孩的假设和对女孩的期望。男孩们看到这些色情影片中的女性行为，将这些行为印在脑海中，却没有意识到这并非大多数女孩希望获得的亲密行为。如果他们一遍又一遍地看，就会认为，影片中的一切都是真的。我曾经为一些男孩提供咨询，他们对女孩在现实生活中不愿满足男孩从色情作品中获得的幻想，而感到惊讶、失望和困惑。

当我的朋友妮娜的女儿和她的朋友们在网上发布自己摆出模特造型（比如春假时在海滩上穿着比基尼摆造型）的照片时，她们是希望自己看起来像电影明星一样酷、一样性感。妮娜很明显地觉察到了女儿正在向轻浮的一面发展，于是提出建议，希望女儿考虑以后不要将这些照片放到网上。女儿却坚称一切正常，因为“只有我们的好友才能看到这些照片”。妮娜决定要做点什么让女儿保持清醒的头脑。

> 于是我就直言不讳地说了出来：“我本不想告诉你这些，但是八年级的男孩子可能会看着你穿比基尼的照片，然后抚摸自己的性器官。”她说：“那我还是把照片删了吧。”我对她说：“我知道他们是你的朋友，但这就是他们现在正在做的事。”然后她便惊恐地说：“我的天啊！”当时她的反应，是很不希望知道这样的实情。

✖ “把孩子们扔进这个世界，他们每天都会犯可怕的错误”

在一个清爽的秋日清晨，我和罗伯特·沃伦（Robert Warren）见了面。沃伦是美国中西部一所独立学校的中学校长，经验十分丰富。他是4个孩子的父亲，也是一个善于思考的人，总是乐于重新思考各种假设，非常平易近人。他对学生态度坚定而公正，很容易和他们打成一片。

他所在的学校，在他入职之前采取了一项进步举措，为所有学生配备了笔记本电脑。从那以后的10年里，他目睹了前青春期少年整个世界的转变。学生社交生活的聚集地已经从学校、体育赛场、课后玩耍场所、社区购物中心转向了线上和社交媒体。客厅里的革命，让像沃伦这样的教育工作者纷纷冲向第一线，在孩子和媒体文化发生碰撞时，为孩子、父母和社区提供帮助。

沃伦说，刚开始给学生发放笔记本电脑时，最大的问题就是孩子们想在课堂上玩游戏，或者使用学校的电子邮件系统互相发送信息，而这是不被允许的。“学生能做到的最糟糕的事情，就是给别人发送恶意电子邮件，辱骂别人，等等。第二天，孩子们就会哭着来求助，我们会开诚布公地讨论这个问题。”

就像在很多学校一样，这只是笔记本电脑带来的诸多问题的开始。现实情况已经从在线辱骂演变成了更为复杂的问题。现在，学校与笔记本电脑的蜜月期已经结束，许多教育工作者越来越担心，在初中生还没有准备好承担这种责任的情况下，给他们无限制地使用电脑的机会，会造成越来越复杂的局面。越来越多的学校正在制定政策、签署合同，并提出明确要求，学生在笔记本电脑上能做什么，不能做什么。和其他事情一样，有些孩子会遵守规则，有些则不会。

他认为，前青春期孩子的大脑还没有准备好承担自由使用网络媒体的责任。网络媒体可以在几秒钟内迅速将图片或消息传得四海皆知，对发送者和接收者都可能造成严重影响。如果不受限制地上网，“孩子们每天都会做出糟糕的决定……为什么不呢？互联网更有趣，更令人兴奋，应有尽有。我说的不仅仅是看色情片的问题，我说的是社交网络以及他们在上面以不友好的方式相互交流。”

沃伦说，网络上的“匿名”为卑鄙行为提供了一个安全的掩护，这种说法是对的，但并非全部事实。沃伦并不认为孩子们之所以更愿意通过短信或电子邮件对他人恶语相向，是因为他们看不到这些话对接收者的影响，没有意识到会造成多大的伤害。相反，沃伦认为这种行为令人兴奋的一部分原因就在于，他们很清楚自己的行为会造成什么样的痛苦。“我真的认为孩子们知道这种影响是什么，他们之所以这么做，就是为了产生这种影响。我不认为这种行为是同理心缺席的体现，我认为，网络攻击能让肇事者拿出袖手旁观的态度，轻而易举地做出更加恶劣的事情。”

在他所在的学校出现的最糟糕的一件事，就是学生们联合在网上设了个页面，将一位同学的名字公然写在上面。这是一位新来的女生，平时和祖父母生活在一起，她在社交上遇到了困难，一直交不到朋友。在这个页面上，学生们形容她是“一个悲惨的、无聊的、愚蠢的、丑陋的失败者”，还警告其他孩子离她远一点。和女孩的家庭商讨之后，学校领导决定将这篇可恶文章中最无礼的部分在全年级师生面前公布出来。领导在师生大会上措辞非常强烈，明确表达了几个要点：网上的这篇文章内容令人震惊，发布该文章的学生要承担相应的后果；任何伤害他人、破坏社区团结的行为，都不能被容忍。当莽撞的行为成为常态时，孩子们就会变得更加大胆。这位校长不愿意让这些孩子们认为，他们利用网络发帖来凌辱他人的习惯是无伤大雅的。

沃伦敦促家长，在家中制定关于媒体使用的规则和明确的指导方针。他认为，利用电脑程序和防火墙对电子产品的使用进行控制，是必需的，“因为孩子能做的事情，并不是孩子应该做的。某些行为必须被制止。”

家长们经常跟我说，他们对孩子使用电脑的限制，已经失去了定义，因为孩子总是有很多不同的原因需要用电脑，而且似乎认为自己有权随心所欲。由此可见，你需要传递的基本信息就是：这不是你的电脑，我知道上面有你的名字，但这是我的电脑（或者你学校的电脑）；我是你的家长，我有权看到上面发生的一切；你需要在一个开放的地方使用电脑；我有权利知道你的家庭作业是什么；你不能关着门待在房间里；你不能带电脑去睡觉；我走过的时候，你不能把屏幕关起来；我们有自己的行为准则，我们希望你坚持下去——不要对他人刻薄，不要撒谎，不要让别人难堪，不要假装出另一副样子，不要去我们不允许你去的地方，不要发布奶奶不喜欢的照片，不要做我不赞成的事。

恐惧、焦虑和竞争的刺激，将网络上的幸灾乐祸放大成了一种观赏性运动。这个年龄段的孩子需要设限，而网络世界没有界限。这个年龄段的孩子需要更多面对面的交流，建立更加丰富的人际关系，而他们在网络上所得到的却越来越少。在孩子们进入更广阔的世界时，非常需要与家人保持联结，帮助他们站稳根基，而许多孩子发现与家人的关系日益隔绝。于是，他们只得再次回到屏幕前。

基于文化和数字环境的现实情况，随着孩子们在数字文化中变得越来越独立和活跃，我们保护孩子的最好办法，就是尽早地、持续地教育他们。这个年龄段的孩子，夹在无忧无虑的校园生活和视频网站世界之间，需要我们付出时间、关注和勇气，来与他们讨论那些让我们感到不舒服的各类话题。他们需要在放松的心情之中，和父母共处、聊天，共同讨论价值观、爱、男女之间的感情和伤害、礼貌、残忍，以及什么样的行为算越界。前青春期的孩子真的很想了解你是如何看待这个世界的，对你来说什么是重要的，你的价值观又是什么。他们也希望感受到，你想要了解他们，想要知道对于他们来说什么才是重要的。他们想要将正在尝试的所有个性都展现在你面前，而不是看着你反应过度或听你说教。他们需要你保持好奇和清醒，设定界限，灵活变通。这个时间段，对于父母和孩子来说，都是个过渡阶段。

第六章

青春期少年、技术、诱惑和麻烦

大大小小的屏幕闹剧（14~18岁）

> 我这一代人，特别善于用网络方式进行交流，却极其不擅长处理实际生活中的人际关系。
>
> ——夏洛特，18岁

在紧张而充实的高中生活中，三个要好的女孩不分昼夜地彼此陪伴。她们通过发短信、即时消息、在社交网络上发帖等方式，从高一起便相互支持，共同度过情绪上的起起伏伏，经历严苛的考试，以及青少年生活中不可避免的社交闹剧。

“我们三人都很亲密，通过短信进行很多交流。”马蒂说。其中一个名叫吉尔的女孩，几乎总是通过短信和其他人聊天。这三个人都在同一所高中读书，但由于她们发短信的次数多过交谈，当她们在社交场合相遇时，几乎不会说到什么重要的事情。这是一种忠诚的表现，也是一种时代的标志。

“吉尔无法与人当面交流，所以我们会通过聊天软件进行所有严肃的对话，就是她难过或遇到麻烦时会和我们交流的内容。就连在我面前，她都不会当面说起这些事。不知道为什么，她就是无法与人面对面地正经谈一次话。”马蒂说。

后来，吉尔开始与朋友们分享她与新男友亚历克斯之间的起起落落，短信交流的频率和其间讲述的故事情节都逐渐升级。亚历克斯是吉尔在暑假认识的夏令营顾问。女孩们还没有见过他，但他在高一结束后的夏天就向吉尔表白，随着时间的推移，两人之间的感情在三个女孩的短信中演绎出了惊天动地的壮烈色彩。

“她和这个男朋友交往了两年，她会事无巨细地告诉我们两人之间的所有故事。他做了什么事，他们分手、打架，又重新在一起。”马蒂说道。后来，吉尔又说到了亚历克斯对她的虐待行为。

马蒂关心吉尔，知道她遇到了麻烦，对她有些担心，于是对她尤其关照，时刻“陪伴”在她身边。每当吉尔需要发泄或需要支持时，马蒂就以短信的形式与她对话。马蒂说：“我读初中时，经历过许多波折，所以我很高兴能有一个真正的朋友。”

一天，吉尔终于给朋友们看了她正在约会的这位顾问的照片。这个神秘的男朋友终于露脸了。

“但后来我同年级的另一位同学说，‘不，照片里的那个男生是我的朋友，我知道他参加过那个夏令营，但他只是参加，不是顾问。我认识他，他不是吉尔的男朋友。’”吉尔还提过她男朋友在哪所学校读书，于是马蒂做了一些调查，发现那所学校根本没这个人。最终，两个女孩通过短信的方式对吉尔进行质问。经过一番掩饰之后，吉尔承认自己撒了谎。那不是她男朋友的照片，她是从一本野营手册里找到这张照片的。而且，她的男朋友从来没有不关心她或是虐待她。他只是一个编造出来的虚构人物。

知道真相后，马蒂目瞪口呆。她觉得自己很蠢，坚定不移地相信了吉尔那么久，就算吉尔一直在这个话题上遮遮掩掩，而且这两年间她男朋友只存在于短信之中，马蒂都从来没有怀疑过其真实性。

> 我的朋友背叛了我，让我感到十分震惊，因为我真的花了两年的时间听她倾诉。她过着那种极富戏剧色彩的激动人心的生活，我觉得有这样一位朋友很酷……但没想到，这一切都是谎言。

并不是谎言本身，而是谎言在这份友谊中长时间、戏剧性的存在，让轻信的朋友们觉得自己被操纵了。就像马蒂说的一样："我认为人们的确有能力编造出这样的谎言，但我不认为谎言可以像过去那样一直存在下去，因为最终，人们还是要进行面对面的交流，我认为在面对面的互动中，谎言的编造难度会大大增加。"

文学作品中有许多关于错误和谎言的经典故事。我经常听到关于"神秘"男友或女友的传闻。在青春期少年的数字世界中，这种事件根本算不得什么惊天动地的大事。但这个关于欺骗的迷你闹剧，以它安静的方式，生动地展现了青春期的挑战和不堪一击，也充分体现了青少年努力定义自己和探索关系的挣扎。在他们寻找通往成年生活的意义、联结和关系技巧时，科技将其变成了一场空壳游戏。

从发展角度来讲，这个阶段的青少年，专注于在人际关系的环境中进行探索、试验和自我发现，而青少年与科技的关系本身，又成了所有其他事物的大背景，成了人生历程的试验平台。大自然最初所塑造的那种与他人关系的内在体验——面对面、丰富的感官信号、身体、情感、性，甚至精神上的微妙质地如今变成了一种中介体验。科技，尽管可以通过各种奇妙的方式来提高生活质量，但从青春期这个特殊的发展阶段来讲，有时更多地发挥了掩盖和迷惑的作用，并没有为青少年所需的人与人之间的联结做出有益的贡献。科技和社交媒体不会为深入的体验和理解开辟出一条道路，也不会为深入的社交和情感学习开辟出另一条道路，相反，科技和社交媒体会成为一条岔路，让青少年远离富有意义的自我理解与人际关系。某些极端情况下，一些青少年在脱离有意义联结的环境中，创造了一个属于自己的令人毛骨悚然的世界。在这个世界里，他们用自我伤害来取代人际关系，用色情取代亲密。在这里，可怕的思想会将以科技为基础的联结变成社会或情感虐待的武器。

化身、焦虑、野心和冒险

青春期的特点是情感强烈，冲动和冒险，对自主的渴望，对身份的追求,对亲密和性的期待。对青少年来说,科技是完美的辅助工具,无所不能，可谓是现代青少年必备的瑞士军刀。

科技唤起了青少年追求独立的强大驱动力，通过发短信和上网，他们有机会去创造成人基本无法进入的，只属于他们自己的世界。他们不用走出家门，甚至在发短信时边打字边左顾右盼，就这样，他们在整个世界自由闯荡，与同龄人自在地聊天，和他们喜欢的任何人在一起，既可以保持一段秘密的网恋，也可能被狂热的激进分子所感染。

就在青少年急着大张旗鼓地迎接人生时，电子产品正努力迎合着青少年人际关系和幻想中的肤浅一面。每个人都活成了化身。青少年在成长、适应、发现和定义自己时，会反复无常，有时甚至在他们自己看来都是不可知的。在线社交平台，则允许他们去塑造无数个身份。

科技是他们典型的冒险行为的完美帮凶。他们与灾难之间，仅隔着一个鼠标点击的距离。他们可以通过视频聊天进入危险的多人游戏，直到事后才发现全过程都被录制了下来。他们与陌生人搭讪，被人窃取身份，在网上被人假扮，或者为朋友提供短信或电话掩护，逃过父母的法眼。这些操作起来都很简单。

科技为青少年的闹剧提供了一个全天候的舞台。科技就像一个情绪化的应用程序，将一切连接并加速、增强和放大。就连沉默也难逃科技的魔掌。短信、视频聊天和社交媒体，已经为青少年打造了一部流媒体肥皂剧，一类异彩纷呈的真人秀文化，每个人都可以在其中同时扮演名人和狗仔队。故事情节生动地反映了网络和短信交流中存在的沟通错误和误解，以及青少年的自我批判、自我怀疑和卑鄙倾向。

无论是为了娱乐还是为了逃避，科技都提供了快速解决方案。强烈而持久的情绪，感觉自己不够格、没有希望、达不到目标，感到孤独、空虚、无力或焦虑，让青少年站在了成瘾的深渊旁边。同时，科技有时也会导致青少年缺乏自我控制、冲动，以及产生焦虑、抑郁和情绪障碍，甚至出现注意缺陷与多动障碍。

最后，科技迎合了青春期天然的性冲动和欲望，却消除了冲动和行动之间的停顿。当下时代特有的精神状态创造了一个全新的环境，令不负责任的性行为、色情和无爱的性关系成了新标准。这一点极其深刻地改变了青少年的生活，其重要性远远超越了其他因素。这里没有关于情感亲密的应用程序，也没有深入了解他人的数字化捷径，更没有帮助我们实现自我认知的工具。短信和社交媒体占据了青少年的时间和注意力，也让他们错过了那些能够培养友谊和亲密关系的对话和面对面的互动。许多青少年都表现出对有意义的人际关系的渴望，表现出对健康的浪漫关系的渴望，但他们并没有表达对爱情的渴望，而是感到困惑或失望，甚至有些人已经表现出对爱情和性的嫌恶。

从进化的角度来看，青少年理应逐步融入主导文化，由此来看，他们对边界的探索也就不足为奇了。而现在发生的变化是，边界不复存在，甚至连减速带都无法阻止他们进入一个充满破坏性元素的主导文化。青少年喜欢在同龄人的圈子中展现出饱经世故的形象，作为一名心理治疗师和在学校工作的教育界人士，我花了很多时间帮助他们去理解，在他们感觉有必要做的事情，以及他们情感或发展上准备好去做的事情，与他们想要忠于自我的愿望之间，存在着脱节。我听过关于视频聊天的故事，两三个女孩在一个房间里，和另一两个男孩在网上聊天，话语间充满了虚假的勇气，也许再喝上一两杯伏特加，突然之间，他们开始脱衣服彼此展示。在做这些事情的过程中，谁也不知道是否有人在录像，谁会记住这件事，并在第二天或其他什么时候把当时发生的事情公之于众。

技术很容易让人上手，但这并不意味着技术能让青少年成长的艰巨任务变得更容易。在网上，你可以使用 Photoshop 来建立身份。在现实生活中，你需要不断地努力和尝试，才能发现你是谁、你爱谁、谁爱你、如何去爱、你想要什么、你想成为谁。然后，你还要弄清楚在自己与他人的关系中，你所扮演的角色，以及与自我的相处中所积累的心得，你要不断培养自我接受能力，并处理好自己的外在形象。Photoshop 并不能胜任这个任务。

每当我为青春期少年做咨询时，我观察到他们会在沙发上舒舒服服地坐下，试图在没有手机和电脑的环境中放松自己。有些人手里还拿着手机，把脚放在我们之间巨大的坐垫上。如果手机没在身边，他们就无法充分地展示自己。就像高压线上隐隐约约的电流噪音一样，在青少年和他们的电子产品周围，有一种微妙的、悬于空中的电荷。你永远也不知道，在下一分钟，这股电流是会为暗处带来光明，还是会烧断保险丝，引发大停电。而这些孩子们，他们也不知道。

发短信按下了情感信息的静音键

诺拉是个 15 岁的女孩，她是个积极主动、温柔体贴、多才多艺的女孩，却在学校遇到了麻烦。她给我看了一段当天早些时候她与同班同学麦克之间的短信交流。她和麦克并不是很熟。

> 麦克：你会亲热吗?
>
> 诺拉：不知道。从来没想过。
>
> 麦克：嗯，我想和你发生性关系。你至少可以做我的女朋友吧?
>
> 诺拉：我不喜欢那种关系。我总要先了解你吧。
>
> 麦克：别这么拘谨。我真的很喜欢你。
>
> 诺拉：我觉得我们应该先做朋友。我不会和你发生关系，我不是那样的人，你要想明白。

此事过后，诺拉很沮丧。她说，当时她正在写英文作业，却突然收到这段“愚蠢、恶心的内容”。“这种交流根本不是我想要的，也不是跟我关系亲密的女孩子会去做的，更不是我愿意去回应的。难道这就是我们这一代人浪漫关系的样子吗？我讨厌这样，我讨厌一个看起来还不错的男孩，坐在离我两个座位远的地方，凭空认为他可以给我发这样的信息还完全不觉得有什么问题。难道他喜欢我，我就要为此感到受宠若惊？我不知道该对他拿出什么样的态度，这太恶心了。但老实说，这种行为在我们学校的男生看来是很正常的。”

她想谈谈她怎样才能了解到麦克的真实情况。显然，他发的内容并没有摧毁两人之间的关系，而是打破了之前的僵局。他本人是不是比这段文字内容更有内涵？他说他“真的喜欢”她是什么意思？她打算告诉他，当他表现出令人厌恶且不成熟的行为，还说她是古板时，她觉得受到了冒犯。听到这样的话，他会做何表现？她泪流满面地想，这样的努力值得吗？很多女孩都说过类似的话，说信任和友谊是生命中最重要的东西，说渴望有个男朋友，希望能获得一段真正的恋情。虽然她非常依赖发短信，也喜欢用社交媒体，但她也认为科技令人际关系变得更加复杂，而且起到了破坏作用。“我认为它剥夺了我们这一代人像正常人一样社交的能力。”

发短信，已经成为直接实时谈话的替代方法，对青少年而言更是如此，其替代性完全不同于历史上出现的其他媒介。发短信能实现快速、持续的人际沟通，能在同一时间与多人分别展开对话，还能令天堑变通途。每个人都认为，发短信是制订计划、商议事情、临时调整、及时表扬的好方法。但是，对于有意义的对话来说，发短信只能通过屏幕发出几行文本内容，这就造成了很多信息的丢失。老话说得好：“一个巴掌拍不响。”而短信则是数字时代拍不响的一个巴掌——没有语调或情感的复杂性对话，没有实质的内容。这是一种肤浅的语言，没有深度，没有亲密感。

从心理角度讲，发短信往往会促生一种伪亲密感，很容易成为真情实感的挡箭牌。青少年畏惧亲密关系，害怕别人认识自己、了解自己，也害怕被拒绝。孩子们开始使用短信来替代说话或阅读的时间越早，屏幕词汇取代倾听人类声音、读懂面部表情和肢体语言等非语言社交信号的时间就越早。他们发的短信越多，利用面对面交谈和相处来发展基本关系技能的机会就越少。他们在日常生活中面对面交流的练习越少，就越不懂得如何面对情感复杂的人际关系。

伊莎贝尔说：“我们可以连续好几个小时一直发短信，或者在做作业的时候视频聊天，这样就不会觉得孤单了。有时候我睡着了，聊天软件的摄像头还开着，我男朋友就在视频里看着我一动不动地睡着。但是，当我们在一起的时候，要想做到真正的坦诚相见，还是很困难的。我们之间很难交流那些真正重要的、私人的事情。我们太习惯在屏幕上表现出无所谓的样子，表现出聪明机灵、讽刺挖苦的一面。”

一天晚饭后，我和几个很熟悉的青春期少年坐在一起，请他们分享青春期阶段使用电子产品的一些经历和想法，特别是使用短信以及发短信对人际关系的影响。

19 岁的妮可告诉我，她曾和一位不是她男朋友的异性朋友互发了 1200 条短信。我对他们发送的短信数量之多表示惊讶，而她则表现出一副习以为常的样子：“这就是我总是不停收短信的原因。”

孩子们说，来来往往的短信是与青少年的核心团体和社会圈子保持联系的可靠方式。但是，时刻不停的短信来往也成了让人筋疲力尽的责任。对于带有情感内容的短信来说，这样的交流方式与其说是起到了澄清的作用，不如说是混淆视听。那些读起来毫无意义的玩笑话，似乎又充满了情感丰富的潜台词。莎娜解释道，尽管如此，还是有许多青少年会选择通过短信的方式来讨论情感问题，因为他们觉得“这样更容易”。她并不是其中之一，她更喜欢通过电话、视频聊天或面对面的方式来处理情绪激动的对话，因为“发短信的时候无法明确地表达自己的观点”。然而，她说，她的大多数朋友有着不同看法。

> 对很多人来说，当面吵架，是个让人感到陌生的概念。女孩们会说：“我不想这样做，当面吵架太尴尬了。”还有人会说：“是的，如果你要挑明问题，那就发短信吧。”如果你要求与某人面对面交谈或通过电话交谈，他们会拒绝。前不久，我和某人吵架了，给他发短信问：“能给你打电话吗？或者我们可以视频聊天吗？”他说：“不能。”因为面对面吵架实在太尴尬了。

“发短信更容易，因为你可以一边发一边思考，”雷恩插话道，“你可以想得更充分，可以计划好你想说什么，不需要看到对方的表情，不用看他们的反应。你只要等待他们的反应就行。”

学会如何沟通，是人生最关键的挑战和礼物。在别人有不同的想法和感受，而双方都很沮丧的情况下，去了解和交流你的想法和感受，是一种非常重要的人生技能。许多青少年告诉我，不必看到对方的反应，就能更多地关注自身的感受，而不会被对方的言语和肢体反应所压制或激怒。这样并没有错，但你看不到自己所说的话对他人造成的影响，无法在明白自身感受的同时去倾听他人的感受，并与对方一起找到前进的道路。发短信的好处是为你提供了停顿、思考和反思的时间，能够让你在说话之前想一想。如果发短信能带来更优质的现实生活中的直接交流，那么这就是件好事。说到底，身处一段关系，就意味着你要为自己和对方活在当下。但是，短信的本质，恰恰是一个人对自己和对方进行深刻反思的对立面。

发短信所取代的，正是青少年需要学习的经验：如何自我平复；如何以清楚而尊重的态度来表达自己；如何用同理心而不仅仅是愤怒的情绪去理解你给对方造成的影响；如何在倾听对方意见时读懂他的肢体和情绪线索，并共同找出向前推进的方法；懂得每个人都要对自身的行为以及自身给对方造成的影响负责。即使青少年想要传达情感的细腻之处，短信这种媒介的空间限制和快速反应周期也会产生不利影响。发短信可以让你避免处理复杂的人际交往。

科技常常会放大交流风格中的性别特征。女孩们总是喜欢寻找关于个人兴趣的信号（你认为他喜欢我吗？），而男孩们则时刻摆出一副满不在乎的样子。女孩们去看心理医生的时候，一般都很明显地表现出不开心。她们会给我看男孩发来的短信，上面无非写着“嗨，你好”或是“不好意思，今晚不行”。她们会问我：男孩是什么意思？他想要什么？仅仅是今晚不行，还是以后都不行？当你听不见声音，又没有机会当面问为什么时，是多么地折磨人！你还不能表现出自己的真实想法，不能表现得太过迫切或太喜欢他。当交流变得不直接时，你根本不知道应该如何打出手里的“牌”，还特别容易被人误解，有时甚至是被人蓄意误导。

一位 16 岁的男孩告诉我，男生并非天生就让人摸不到头脑，他们只是在交流过程中有着和女生不一样的目的：“确实，我们喜欢在网上尝试着去触及女生的底线……这是男生特有的行为，我们这样做是为了让别的男生觉得自己很了不起。”

17 岁的高中生蕾亚来找我做咨询时，说道：“今天下英语课时，我感觉自己的心已经彻底死了。我真想蜷缩在沙发里，用帽衫把自己裹起来，从这个世界消失。”她已经出现了抑郁症状，她还说道：“我觉得自己和周围的每一个人都没有关系，完全没有力气去做任何事情。”她很害怕在他人面前表现出坦诚的一面。我建议她和朋友聊一聊，她却说自己做不到。“现在的孩子都不会用那样的方式聊天了。”她只会给朋友发短信说自己

“很好”，她还告诉我说，以后还会继续“虚伪”下去。而短信，让这份虚伪更容易假装出来。

青少年的短信文化中，最令人感到失望的，就是不能直截了当地问问题。从心理学上来看，谈话、倾听、共情、提问等能力，是交流中的必备元素。只要你想在人生中拥有成熟、敏感、充满爱的人际关系，就不能将发短信作为练习手段。如果你想要发展出上述能力，就需要去学习如何挺直腰杆做人，如何在需要的时候展现出脆弱的一面，如何说出你的感受和想法，对他人的体验保持好奇，通过理解来加深人与人之间的联结，而不用太过担心他人会有什么样的反应。短信文化，直接导致青少年在最有益于发展关键社交和情感能力的人际关系中，选择了沉默。孩子们在心中为自己按下了静音键。

社交网络的真实与虚伪

斯派克刚刚大学毕业。他向我讲述了与女朋友分手之后的心情。他感到迷惑，觉得自己受到了背叛。他与女朋友交往一年，属于异地恋，只有在周末的时候才能见面。他们是高中时相遇的，绝大多数交流都是通过社交网络留言和短信。他一直觉得两人之间“非常契合”，但随着时间的推移，他发现，自己对人生的理想有了新的高度，从某些角度来看，两人想要的是不同的东西。他跟她提出分手,并对原因进行了解释。她悲痛欲绝。她一边哭一边说，自己在网上说的那些话，并不是真的，她愿意改变。斯派克继续说——

> 让我吃惊的是听到她说：“但是我并不是真的那样。”于是我说：“什么？你之前为什么不告诉我？你没开玩笑吧？”

她说："我不知道怎么跟你说。我很害怕，而这样可能会让你更加坚定和我分手的决心。"她说得没错！这件事让我对情侣间信任和亲密的程度产生了质疑。我以为自己了解她，可听她这么说，我整个人都不好了。如果她对我不够信任，不愿意告诉我她的事情，那么确定情侣关系又有什么意义呢？她所有的短信、社交网络帖子，还有我们在线共同度过的时间，都只不过是她展示出来的一种姿态而已，表现出她认为自己应该表现出的样子。

斯派克 20 岁出头，他女朋友年龄稍小一些。但她在网上小心翼翼地从高中一直维持到大学的形象，与她本人根本没有多少相似之处。这个网络形象，只不过是她认为自己需要拥有的一个形象而已，但她又没办法抛弃掉这个形象。最终，她与"在线自我"和"真实自我"都产生了脱节，以至于放弃掉在线身份之后，她根本不知道自己是谁。

青少年在寻找自我定义和身份认同的过程，并不是朝着某个已经完全定型的理想不断追寻，而是一路上通过逐渐累积的经历和见解实现不断升华的自我定义。你可以足不出户，通过阅读和看电视等方式游览大千世界中那些你无法亲身造访的地方，但宁愿成天守着屏幕，过着由帖子、图片和肤浅的社交媒体形象组成的人生而放弃掉真正的生活，就完全是另外一回事了。从古至今，十几岁的青少年都沉迷于自我装扮，这本不是什么新鲜事，但如今的某些孩子过度沉迷于自己的网络形象和在线身份，其程度远远超过了这个年龄段孩子所特有的照镜子等行为特征。我在心理咨询过程中，经常能遇到因形象问题而焦虑的孩子。最近有报告显示，一些青少年每天会花费长达 11 小时泡在网上，塑造自己的网络形象，由此引发的抑郁和孤独症状，也逐渐显示出某种规律。

凯丽·夏弗（Kelly Schyver）的本科论文，以青春期少年的社交网站使用情况为主题。现在，她是常识媒体（Commonsense Media）的教育内容专家。夏弗曾说过："孩子们有时会不经大脑地发表一些网络评论，不假思索地按下发送键……但每当涉及他们的网络形象时，他们就会花上大量的时间去看别人的社交网站照片，跟踪别人的动向，将自身与网络上的其他人进行对比，然后再塑造出他们自己的网络形象。拿自己和他人相比较的冲动，永远存在。以前，人们回到家里，也许会从电视上找到一些参照，现在却是 24 小时无休无止。孩子们总是想要获得反馈意见……他们发帖子，就是为了听到别人说'你看起来真美''我爱你''最好的朋友'之类的评论。"

17 岁的克洛伊认为，对于青春期的孩子来说，社交网站上的互动已经成了一种常态，就像出门前必须照镜子一样。在线时，他们觉得必须根据不同的场合表现出不同的姿态，而且必须时刻对自身形象保持警惕。"社交网络让人们尤其关注自己的外在形象，因为你的头像、你的样子、你穿的衣服，你通过这些照片所展示出来的其他蛛丝马迹，所有这些东西都很重要。"克洛伊这样说道，"人们根本意识不到，自己的社交生活是以网络为中心展开的，是以他们发出的照片展开的。"

在线形象，成了一场 24 小时不停歇的选美大赛。青春期的孩子们通过这些照片进行彼此评判和自我评判，而这些评判内容并不总是友好的。

一位 16 岁的男生这样对我说道："每个人在社交网站信息主页上的留言，都是经过深思熟虑的。你会去想如何表现出自己的特色，以显得自己和其他人有所不同。我觉得，很多人都会担心别人对自己的想法……我不认为人们应该装出一副虚伪的样子来给别人看。但的确有些人想要让别人觉得自己很酷。”

青春期的孩子们经常告诉我说，他们会在别人不知情的情况下，花大量时间去塑造自己在网络和学校邮件群组里的形象，其中包括他们的个人简介、照片、个人主页上的内容，以及他们在其他人主页上发表的评论。他们希望别人觉得自己聪明、幽默、受欢迎、言辞犀利、甜美可爱、性感热辣，或是其他一些能帮自己赢得社交资本的特征。做到这些，需要花费大量的时间，非常麻烦。他们会半开玩笑地说，这里面还有关于自我包装真实性的道德困境问题：你会对现实境况做出多少修饰？摆出多么扭捏作态的姿势？如何吹嘘一场自己根本没有融入的派对狂欢？给自己的照片做多少美颜？

事实上，对于那些有饮食障碍或对自身形象感到不满的青少年来说，在线人生无异于一场折磨。16 岁的卡丽患有厌食症。她还记得当父母发现她又开始浏览节食网站时，自己是怎么撒谎的。她对父母说，是因为那里有一位朋友。而父母不知道的是，卡丽会花许多时间在网上反复比对她厌食症时期的照片和现在的照片。

> 这样真的很可悲。我知道不应该这样做，但我就是管不住自己。我会一连几个小时不停地看自己九年级患厌食症时的照片，特别希望自己能回到当初那个样子……我知道我应该将这些照片删掉，但是我没有。我总是在想，照片里的我看起来可不可爱？为什么我臀部的骨感不见了？在学校时，我有的时候感觉还不错，但是很难坚持下去。过不了多久，我就会拿出手机，上网，看我自己的照片……然后对自己心生厌恶。

女孩子们告诉我，她们常常会在某个活动上拍两三百张自拍照，然后用两个小时的时间仔细挑出其中的三张发到个人主页上。人们可以说，青春期的孩子一直都对自身的形象包装非常在意，总是想要表现出富有吸引力的一面。这个说法没错。但如今的现实情况与往昔有所不同，青春期的孩子们告诉我，发布出来的照片，就是公开的，而且从某种角度讲是永久性的，因为其他人可以将这些照片保存下来，还有可能会利用这些照片来与你作对。当你知道自己犯下的任何一个“错误”都有可能被其他孩子用来针对你时，你就会感到十分担忧，因为孩子们彼此之间是很刻薄的。一个女孩对我说：“你可以自己删除，但这并不意味着你请求别人也删除时，他们会照办。”

在私下里，孩子们会同我一起翻阅他们的照片，并说道：“我存下这些照片就是为了报复……你永远也不知道什么时候会用得上。”这是一个没人能获胜的屏幕之战。

性，亲密关系

17 岁的凯瑞来找我做心理咨询，她想有个男朋友，对性非常好奇，对现状感到十分困惑。这一点可以理解。我们谈到了她希望“被人喜欢，处在恋情关系之中，有个男孩子疼爱自己，认为自己很漂亮、很可爱”。这种愿望，在某一刹那，可能会让人放松警惕，但随后就会因为自己做过的事情而感到痛苦和难堪。我们谈到了她的朋友会花上几个小时去修饰社交网站上的照片，就为了使自己看起来更加完美。但随后，她们又会“放下一切”，给男生发暴露照片。当机会就摆在你眼前时，冲动再加上刺激和冒险的快感，以及对童话般美好结果的憧憬，就会让人不假思索地点击“发送”。随后，你不得不面对现实。就如同凯瑞另外一位名叫吉雅的朋友，她有一张暴露的照片在学校里广为流传，被人发来发去，化学课上还有一名男生给她发带有侮辱性语言的短信。

在美国西南部一所高中，研究人员对600多名学生展开了一项调查。研究人员称，参与调查的全部学生中，近20%称曾用手机发过自己的暴露照片。约40%的学生称，他们曾在手机上收到过暴露照片。在这部分学生中，超过25%的人称，曾将这些照片转发给其他人。那些给他人发过自己暴露照片的学生中，超过三分之一知道这样的行为可能造成严重的法律后果或其他问题，但还是发出了照片。研究人员认为："由于这种行为存在潜在的法律和心理风险，青少年、家长、学校管理者，甚至立法者和执法部门，都应该对这种行为进行更加深入的了解。"我在此还想补充一点，那就是，我们要直面这个问题，将问题摆到桌面上来探讨，就这个问题对孩子进行教导。

如今，承载照片的媒介发挥着多重功能，人们可以轻而易举地将任何照片传播到世界各地，这就要求收发照片的两人之间的信任关系必须非常牢固，否则就会面临巨大的风险。家长需要帮助孩子看懂，什么样的人才真正值得信任，而什么样的人可能会违背你的信任，甚至将矛头调转，直指向你。当我们向另一个人倾吐心声时，我们都会面临这样的风险。但是，口头悄悄说出的秘密，其危险性比诸如文字和照片等在线证据要小得多。

艾拉：今晚我要毁了她的一生

在面对青春期少年面临的媒体暴露问题、屏幕游戏问题和在线人生问题时，我们讨论的中心，常常集中在"程度"上，而这个关注点也非常重要。研究显示，媒体暴露和技术应用所带来的负面影响，会随着孩子使用在线媒体时间的延长而逐渐增加。每当我被请到学校，为学生进行心理咨询，看到各个年龄段的孩子在咨询过程中所表现出来的问题，说到他们在学校遇到的麻烦，我就会反思这一点。同时我也看到了一些表面上看似无伤大雅的问题所造成的巨大甚至是毁灭性的影响。在某些情况下，例如之前几章讲到的年龄更小的孩子，他们可能遇到的问题是第一次在网络上看到一些让他们受到巨大伤害的内容，可能是一部令人伤心或恐怖的电影，也可能是带有令人困扰的性内容或暴力内容的视频。在孩子的身心没有准备好时接受这些内容，就会造成严重影响。

对于青春期少年来说，他们的生活经历可能随时会毫无征兆地让他们陷入险境，如果对这些青少年做进一步了解，通过持续进行的心理咨询，就会发现导致这种现象的一些原因。那些在情感上被忽略的青少年，被家长施加太大压力的青少年，他们所面临的风险都非常高。父母离异或具有破坏性的家庭氛围，也会让孩子面临非常大的风险。酗酒、吸毒等成瘾行为（包括网瘾），未经诊断的抑郁或焦虑，曾经发生过的社交侮辱经历，未经治疗的身体或精神健康问题，重要人物的离去，等等，都是很常见的原因。有时，青少年的家人和好朋友对这些原因非常了解，而有时，只有当事人自己知道。众所周知，孩子们，包括青春期少年在内，有时会刻意隐藏他们的痛苦，会因自己的痛苦而感到羞耻，不敢将这些痛苦告诉身边的成年人。在无意或有意的情况下，这种受伤的心理状态无异于随时可能被引爆的火药桶，而当诸多因素汇聚一起时，就如同划燃一根火柴。

去年秋天，我接到一位母亲的来电。电话里母亲的语气甚为慌张。她的女儿当时 18 岁，刚刚上大学，名叫艾拉。艾拉被第一志愿的一流大学录取，后来却遭遇劝退。这位母亲是一位不知疲倦的社区志愿者，她的丈夫是一位成功的商人，两人在教育孩子的过程中非常努力认真，也养育了一位知书达理、行为得体的女儿。艾拉成长于一个风景优美、远离城市的郊外社区。在经过反复思索之后，父母决定送她上寄宿学校。在那里，她表现优秀，担任壁球队队长，很会写诗，非常受同学的欢迎。如今她刚上大学却被劝退，母亲完全搞不懂孩子为什么会变成这样。

艾拉被劝退的原因是恶意伤害同学。艾拉将另一位女生带到一次派对活动中，给那个女生灌酒，然后将她留在那里，独自离去，并由此导致了一系列非常严重的后果。

原来，问题的开始就在于这位名叫克里斯蒂的女生在一次派对活动中称艾拉是“贱人”，这让艾拉非常不爽。于是，她做出了自己所谓的“暴力回应”。艾拉一边生着闷气，一边看《绯闻女孩》，并从这部电视剧中得到了灵感。艾拉带克里斯蒂去了一次兄弟会的派对活动，连哄带骗地让她喝了很多酒，以此作为报复。

克里斯蒂在派对上喝多了之后，和西蒙发生了性关系。克里斯蒂和西蒙在房间时，没有关门，许多人都看到了这一幕。第二天，克里斯蒂指责西蒙强奸，指责艾拉怀有恶意企图。后来，西蒙被证明是清白的，克里斯蒂已经过了法定年龄，没有证据显示这次性关系是在未经她认同的情况下发生的。所有看到的人都认为，双方为自愿发生关系，也没人看到任何暴力行为。但是，艾拉被劝退了。原来，在去参加派对活动之前，艾拉更改了自己的社交网站状态，加上了一句从电视剧《绯闻女孩》中学来的话：今晚我要毁了她的一生。

我并不是说《绯闻女孩》这部电视剧要背负责任，也不是说艾拉将自己的意图发在社交网站上，就是社交网站的错。但是，当媒体和技术对青少年的不当行为产生越来越明显的催化作用时，艾拉的故事值得我们深刻反思。

我和艾拉及她的父母一起见过几次面，随后我单独对艾拉进行了长达两年的心理咨询。在这个过程中，艾拉逐渐显现出对克里斯蒂那句“贱人”的反应如此强烈的原因。这句表面上无伤大雅的玩笑话，触碰到了艾拉的神经，因为艾拉曾经在寄宿学校遭遇一位熟人的性侵，那时她才 14 岁。她没有将这件事情告诉任何人，像许多性虐待的受害者一样，她将这种耻辱埋在内心深处，认为自己才是应该受到责备的那个人，而且非常害怕，不敢将这件事情告诉任何人。后来有一次，在她参加去往国外的社区服务旅行时，被同行的另一位男生性侵，这个男生也没有将这件事告诉任何人。

从心理学的角度来看，艾拉一直生活在这段从没向人说过的伤害所造成的旋涡中，没有意识到这段伤害的力量已经将自己淹没。她对克里斯蒂所怀愤怒的严重程度，让自己都感到惊讶。而不那么令人惊讶的是，在这种深刻而痛苦的情感中，这位聪明而富有创造力的年轻女性，用危险的方式表达了自己的情绪，并从这部关于聪明、残忍、冲动的青春期少女的电视剧中找到了灵感。她没有用大脑中取得 SAT 700 分成绩的那一部分聪明才智来看《绯闻女孩》，而是从未经化解的性伤害这个角度去汲取其中的内容。在创伤后应激响应的影响下，她遵从了方便易行而且大受欢迎的文化行为方式。孩子并不需要真的受到性伤害，才会表现出这种类型的脆弱，才会被自己强大而失去方向的情感所左右。

《绯闻女孩》只是这种类型影视剧中的一部。我们在视频网站上也能找到许多关于“女生打架”题材的视频。上述内容都反映了类似的主题：在社交环境中往上爬、女孩之间的打架、背叛朋友、违背规则或法律、约会、喝酒或醉酒，以及将其他人从社交等级结构中打压下去等。仅仅是为了娱乐吗？我们知道，更小的孩子也会看这种类型的影视剧，还会在学校里，以及早期的在线行为中，对这些行为进行模仿。到初中阶段，孩子们就开始尝试着在线创作一些幻想内容，将他们想要成为的样子或认为自己应该成为的样子描述出来，并将相关形象展示出来，而并不关注他们自己真的是谁。孩子们会精心设计出心目中的理想形象，不惜任何代价，以此来影响周围的同学和朋友。到了高中和大学阶段，孩子们就会在真实的人生中将头脑中的幻想表现出来，有时他们意识不到，当幻想与真实生活相结合时，有可能导致真正的严重后果。

患有精神疾病的青春期少年，其病因中有多少成分与媒体和在线文化有关，我们很难得知。但是，新闻中屡屡出现的悲剧和惨案时刻提醒我们，应对此问题给予更多的关注。最危险的幻觉，可能就是认为当下文化中普遍存在的这种彼此伤害、彼此侮辱的现象无伤大雅。

毛琳和她疯狂的前男友：你最可怕的噩梦——虐待关系在社交媒体和技术环境中找到了新的突破

毛琳高中的最后一年有着很好的开端，唯一想要的就是一位男朋友，让自己的人生更加圆满。史蒂芬这个人看起来很不错，外表英俊，还颇具领导气质。他喜欢参加派对活动，但并不沉迷其中，他热爱学习，又不是书呆子，他还非常有幽默感。史蒂芬注意到了毛琳，而毛琳也很享受他的关注。史蒂芬经常给毛琳发短信，对她在做什么、和谁在一起等非常感兴趣，也会在她没想到的时候突然出现在她面前，给她惊喜。不到一个月的时间，他就开始每天给毛琳发数百条短信，这些短信内容都很甜蜜、亲切，但是，也越来越多地展示出威胁和控制的意图。

这段关系维持到四个月的时候，毛琳开始感觉很不自在，但不知道如何才能从中脱身。之后，他因为毛琳全家外出滑雪旅行的问题而大发雷霆。他坚持要求毛琳全家去滑雪时带他一起去，但是毛琳的家人并不同意。于是，他便持续不断地用短信侮辱她和她的家人，说出卑鄙的语言，还要求她必须回复，否则，他就不再“做好人”。他警告她最好小心行事。他做了一个分手的音乐视频，将她的名字放到里面，还将这段视频放到了网上。她提出了分手，但他并不打算就此了断。

毛琳坚持分手的决定，让他的虐待行为进一步强化，他通过短信、电子邮件，还有持续不断的在线帖子发布色情图文内容，其中还包括毛琳的朋友和亲戚的名字。他写下充满愤恨的评论，发布到网上，还对毛琳的身体、外表、个性，以及他知道的那些非常敏感不能轻易触碰的问题，大肆发表见解。下面这段摘录，可以集中体现此人的语气，但我并没有将最露骨、最愤怒、最具冒犯性的内容摘录下来。下面这段文字，只是通篇长度的五分之一：

> 希望你的新男朋友不介意你的长相……自从跟你分手，我已经跟六个女孩约过会，跟三个女孩发生过关系，在和你分手之前，还和另外两个女孩发生过关系……我这么做，就是为了让你知道自己是什么德性……你就是个十足的笨蛋……现在我才意识到，跟你约会让我感到丢人……你是我发生过关系中的女生最差的一个……你那么胖……以后我不再做好好先生了，也不想再见到你，不会因为你而抑郁……我保证以后不再跟你说话……不要担心，我不会再搭理你了……我对你只有讨厌。我打心里希望从来都没见过你……跟你说过别惹我。

毛琳怎么也没想到，自己会受到如此恶毒而令人难堪的攻击，当她将这些内容展示给父母看时，又给自己带来了一轮全新的侮辱。后来，根据法庭的要求，她又将这些内容展示给了法官、警察和学校管理者。最让她感到痛苦的就是把这些文字给父亲看。其中有几页内容，她留下了来，没有给父亲。她说她不希望父亲用这样的眼光来看待自己，不希望雪上加霜，给已经非常伤心难过的父亲又一轮打击。

虐待型伴侣，一向喜欢利用贬低他人、蔑视他人的评论语言，去控制并惩罚另一半。不幸的是，当代的男性文化，实际上也在倡导这种公开对女性进行评论和取笑的行为，还经常从性的角度对女性进行公开议论。而媒体中的性和暴力、网络色情片、短信和其他社交媒体融合在一起，进一步令这种行为变成常态，也将公开展示这种行为的冲动变成常态。

这个男生利用了一切可以利用的技术手段去折磨这位女生。当毛琳高中毕业去上大学时，他的威胁和骚扰还在继续。没过多久，他就开始在网络评论中加入了毛琳大学生活中新认识的人和新发生的事。原来，他一直通过社交网络跟踪她的一举一动。最终，毛琳从法院拿到了针对他的限制令，但这种类型的事件，一般都不会有美好的收场。法庭能做的，只是防止这位男生在今后的日子里再骚扰毛琳，却无法消除他的行为对毛琳造成的伤害。他发布在网上的一些内容是永远删除不掉的，而他这些行为给毛琳带来的可怕回忆，其本身就是极其糟糕的体验。毛琳是一位聪明、可爱、富有爱心的女孩，时至今日她依然为这件事而受伤，依然十分困扰。她总是控制不住自己的冲动，想要上网看看史蒂芬的近况。社交媒体中，都是他发出的参加派对的照片，还有许许多多开心享受的照片，而他也上了自己理想的大学。

很明显，这位男生有很大的问题。绝大多数年轻人在分手时，都不可能采取如此卑劣、下流的方法进行报复。但是，由于青春期少年生活中普遍存在的媒体色情内容，将技术和短信作为沟通武器的习惯，再加上这个年龄段特有的情绪丰富与强烈的特征，以及在线文化的不道德大环境，就构成了一个危险的复合体。这样一个复合体到了青春期少年手中，当他们的愤怒和冲动不再是儿戏时，就会引发极其严重的后果。

青春期是严重心理问题的高发期。在这个阶段，潜藏在内心深处的焦虑和抑郁会浮现到表面，而随着童年时代心理创伤的重新浮现，激烈的情绪会变得无法控制。在某些情况下，存在心理问题的青春期少年会在媒体和社交网络中寻求帮助。当有人在这些青少年展示出自我伤害或自杀行为的帖子上给予积极回复时，就有可能挽救他们的生命。就连陌生人，都可以发出警告，让更多人去帮助存在心理问题的青春期少年。一位学校顾问给我讲了一件事，是关于他的一位学生。这位学生在网上读到了一个英国孩子发的表现出自杀倾向的帖子，于是，他找到了英国与这个孩子有关的成年人，让他们去帮助这个有自杀倾向的孩子。当时，这个孩子已经吃了许多药。幸好人们发现及时，把他送到医院，才保住了他的性命。但是，对于如今一些存在心理疾病的青少年来说，技术成了通往自我伤害和高风险的大门，或是助长网瘾的工具。还记得网瘾成疾的罗斯，他是名副其实的网瘾患者，带有成瘾的所有症状，也因为网瘾而消耗着自己的生命。他的网瘾始于父母因离婚问题而纠缠不清的阶段。他利用屏幕游戏和上网的方式，作为应对这种非正常家庭环境的手段。随着父母展现出更多的自私行为，他们为很明显表现出成瘾行为的罗斯是否需要帮助而争论不休，罗斯又进一步深陷入自己的幻想世界中，在那里，有他幻想的暴力和色情内容。

所有年龄段的孩子，都可以轻而易举地接触到大量的网络内容，可以很快学会如何在难过时采取自我伤害行为。这样的现象令人十分困扰。曾找我做过咨询的孩子给我看过一些网站，在那里，他们学会了如何用刀切开自己的身体，还会对比彼此的切痕，相互竞争。有饮食障碍的女孩，会去节食网站，学习抵御饥饿的新方法，要么就是相互对比，给彼此的饮食障碍“添砖加瓦”。

与此同时，技术令史蒂芬这样的孩子能接触到一些内容，进一步加剧他们内心的烦扰，而不能帮助他们控制住自己的冲动，无法让他们离开内心中的危险境地。互联网让这些人能接触到一些最具破坏力、最可怕的东西，也让他们有能力将目标直指他人。

杰克逊·卡茨（Jackson Katz）认为，在青春期阶段，孩子们的身份认知和性意识会突飞猛进，令人困扰的媒体和在线内容，再加上那些将个人感受抛到九霄云外的人际沟通技术，“实际上就是在改变社交互动及其本质。改变身为男生或女生的本质，改变恋情的本质……在缺乏关于性意识深度讨论的情况下，在缺乏以信息为关注点的深度教育的情况下，色情行业冲入人们的视线，让男孩见识到了极为野蛮的男性本色”。

车库乐队的男生：一夜成名的梦想唱不成曲调

在数字化时代，成名是一场白手起家的梦想。我们每个人都是独立艺术家，都希望在视频网站上找到一群观众，通过社交网络将成功传遍大江南北。由此可见，青春期少年和年轻的成年人，会将成名这件事看得无比重要，也就不足为奇了。技术使得青春期少年的成名之梦变得触手可及。十几岁的青少年非常喜欢利用技术来博得众人的眼球，要么是为了出名，要么是为了报复。技术也让孩子们可以轻而易举地借用在线内容。许多孩子都利用流行视频或音乐，将这些内容做个人化处理，希望能借此赢得朋友的瞩目，在学校出名。但是，如果孩子们的社交冲动超越了自身的判断能力，在没有考虑后果的情况下就按下发送键，那么一刹那的创意灵感便可能很快演变成一场一发不可收拾的灾难。

利安、雨果和蒂姆在一所市郊的高中读二年级。这所学校以学业严格、课程富有创意、对学生高标准严要求而出名。在考试可以测评的所有方面，这几个男生都远远超过平均水平。但是在考试无法测评的那些方面，他们也都是再平常不过的青春期男生。在成年人的陪伴下，他们谦逊、有礼貌；在学校里，他们也受到同学和老师的认可。他们与家长保持着良好的关系，但即使是这种良好关系，也并不意味着他们会将自己生活中发生的事情说给家长听。至少，在事态爆发之前，家长对他们的生活细节一无所知。

一天下午，他们听一位朋友说，自己被一位女生拒绝。于是，他们便做了世世代代的青春期少年都会去做的事情——写一首关于失恋的歌。放学后，他们聚在一起，但并没有在家里拨弄吉他，而是去了学校的音乐实验室。在那里，他们也并没有拨弄吉他，而是用了手机上的应用程序来写歌。这是个数字化录音程序，专门用于在互联网上创造、录制并且上传音乐。在学校的设备上，他们才思泉涌，对一首非常下流、包含露骨的性内容的流行音乐进行了改编，里面还提到了那个拒绝他们朋友的女生的名字，也提到了那个女生就读的学校。

他们充分利用了自身的创造性天赋，以及在模仿和改编音乐方面的才华，但没有运用头脑中的下列常识：第一，不要针对个人进行攻击，不要在网上写出指明身份的信息；第二，不要做任何可能将你自己、你的家人、你的学校或其他任何人置于尴尬境地的事情。他们以为是在开玩笑，将这首歌进行改编、拼凑，并将女孩的名字和学校加入在内，进行录制、上传，然后将音乐发送给朋友们。到了第二天早上，女孩的家长发现了这件事情，打算采取正式行动。直到那时，这几位男生才意识到，他们做了一件非常愚蠢的事情。

几周之后，我与几位男生见了面，在校长拉孜尔先生办公室旁边的一间安静的房间里。校长特意安排了这次对话，给这几位男生一次机会，让他们对自己的所作所为负责，并反思在这件事中吸取的经验教训。几位男生回顾了整件事情发生的过程，讲到了他们曾经是多么幼稚，做事时又是多么不经大脑。

雨果：当时没人真正想过这件事情会造成什么样的后果，好像整件事都完全在我们的控制中，我们只不过是在瞎闹而已，就像是我们几个人之间开的一个玩笑，根本不是什么大事。我们什么都没想，没有想后果，没有想到她可能认为我们是在对她进行个人攻击。

利安：我们根本没有想到任何可能因此而发生的事情，只不过是假设每个人都会觉得这首歌好玩。

蒂姆：我们觉得别人也会像我们一样喜欢这样的音乐。

利安：是的，我们以为别人会像我们一样，认为这是一个很有意思的玩笑。

他们没有想到，将这首贬低他人的歌曲放在网上四处流传，其中还加上了女孩的名字，这样的做法会被认为是恶意行为。这种意识从来都没有在他们的头脑中出现过。他们都认为自己是忠于朋友的好人。这就是自我意识极强的青春期大脑的工作方式。他们并没有认为这首歌是针对个人的攻击，因为正如他们所解释的一样，他们根本不认识这个女孩。他们并没有意识到，自己的行为已经侵犯了她的个人隐私，打破了正派和公平的界限。就在这首歌在朋友们之间传播时，在他们还没有得知女孩的父母非常愤怒时，有朋友告诉他们说，这位女孩非常愤怒。但是，他们还是没有抓住机会，直接向女生道歉，争取和解。因为在他们的头脑中，这首歌是为他们的朋友创作的，跟这位女生无关。

女孩的父母非常愤怒，针对这几位男生采取了正式行动。当学校管理层和律师参与进来，采取法律手段，登录他们的社交网站页面，寻找相关内容时，他们才真正意识到整件事的严重性。

> 蒂姆：当时真的是我这辈子经历过的最可怕的瞬间。
>
> 雨果：我也很害怕。我当时想，完了，这回动真格的了，事态已经完全超出了我们的控制范围。当你把东西放到网上时，你真的不知道会发生什么事情。

“等等，”我说，“家长和老师们肯定曾经告诉过你们，网上没有什么东西是私密的，不管那些隐私设置怎么说。点击发送键时，那些东西就真的发出去了。”

蒂姆耸耸肩说：“是说过，但我们没往心里去。”

事实上，雨果的父亲曾经警告过他，并给他提出了一些非常好的建议。

“我父亲总是说，如果你想到了一些事情，不用说出来，那么就想想吧。如果你能说出来，而不用写下来，那就直接说出来，不要写。最不应该做的事情，是写下一些东西放到网上，因为很多东西是你一旦发出去就永远无法收回的。”

但雨果无视父亲的忠告，还是做了蠢事。现在，几位男生坐在学校办公室里，反思着如何成为优秀的网络公民，反思着愚蠢的选择是如何给自己招致巨大的麻烦的。雨果说道：“现在，每当我在网上发表任何内容，事先都会反复阅读和思考，想一想我是不是真的想要这样做。”

数十年来，我一直在和青春期少年打交道。孩子们的说辞也一直没有变：“我错了，妈妈，爸爸，我就是没走脑子。”男孩女孩们因为他们自身的问题酿成大错，而坐在我办公室里痛哭流涕。无论他们住在哪里，上什么类型的学校，读几年级，有什么兴趣，家长是谁。这就是青春期大脑的特点。“家长不在家时办个派对，这样的事情太有意思了。”他们的脑海里想的全是其中的乐趣——因为办派对而获得的社交优势，在周末成为最受欢迎的孩子，让所有人都想和自己做朋友，因此他们忘却或忽略了和家长之间关于信任、家庭、隐私，以及保护家里不受外人侵犯的谈话。在无法抗拒的兴奋和冒险的刺激下，他们在头脑中删除了多年以来和父母之间充满爱意的对话内容。十几岁的青少年，自古以来都会被冒险的浪漫吸引。从许多角度来看，这些孩子的所作所为也恰好反映了这个年龄段孩子的心理发展过程。但是，技术给了他们一把全新的钥匙，一种全新的既可利用亦可滥用的物质，一种全新的独立形式，也给了他们一种关于名声和匿名的幻觉。

这个时代和以往一样，好孩子也会犯错误、找麻烦。在这样的时候，我们如何与孩子谈话，如何在事情发生时为他们和他们的家人提供帮助，会给孩子未来的成长造成非常大的影响。我们将在下一章具体来讲。

第七章

可怕、疯狂、毫无头绪

青春期少年口中的数字化时代靠谱家长

当你还是个小孩子时，你什么事情都能跟家长说，不用担心会有什么后果。但后来，你听到他们讲关于你朋友或其他孩子的那些话，听起来好可怕。之后你就想："嗯，我真的需要跟他们说这些事情吗？"往长远看，你这辈子都要与父母打交道，如果你跟他们说自己犯了错，那么真的可能会破坏许多东西。我可不希望这辈子都让他们以恨铁不成钢的眼光看待我。

——杰德，15岁

为了搞清楚究竟什么样的特质让孩子认为父母是值得交流和沟通的，在过去三年以来，我与超过1000位年龄在4~18岁的孩子进行了访谈。

我请他们告诉我，家长怎样做才能让他们感觉安心和有安全感，才能让他们在遇到问题时、需要出主意时向父母求助，或在他们因朋友的问题而担忧时向父母吐露心声。毕竟，信任才是孩子与父母关系中最核心的元素。这种信任关系是从婴儿时代婴儿与父母你一言我一语的交流中，随着双方学会“读懂”彼此而逐渐建立起来的。

我们的孩子永远都不会成长到不需要信任我们的程度。而且，他们永远都不会停止尝试读懂我们。随着他们慢慢长大，随着他们活动的范围越来越广，他们生活中的内容越来越复杂，和我们之间的对话也变得越来越复杂。他们会继续密切地观察我们，寻找线索，察觉我们是否可以接近，就像婴儿时期一样。他们会逐渐了解，父母会在何种情况下做何反应。在哪种情况下，谁更有可能表现出包容的态度，或更有可能被激怒，表现出愤怒的情绪。他们逐渐发展出一种敏感的直觉，知道谁在哪种情况下是可以接近的，谁会因为自己考试没拿到 90 分就大发雷霆，谁会因为自己犯了一次小错就小题大做。他们逐渐知道，什么时候是可以在父母工作时打断他们的，什么样的理由是合适的。他们也知道，或认为自己知道，发生什么样的事情是无论如何都不能告诉父母的。在许多情况下，技术完全没有改变亲子关系中的基础特征。

有意思的是，当我问孩子们，父母具备什么样的特质让他们觉得可以接近，他们却总是将关注点集中在家长做的一些事情上。因为这些事情，孩子们不愿意向家长寻求建议或帮助。在与孩子和教师的对话中，令我感到很有意思的一点，就是三个形容词总是反复出现：可怕、疯狂、毫无头绪。

一位 16 岁的男生讲道，他妈妈在他睡着之后，把他的笔记本电脑从床上偷偷拿走，然后背着他重新写了一遍第二天要交的作业。他在不知情的情况下，将作业的电子版发给了老师。后来作业发回来之后，他才发现妈妈“编辑”的内容。当时他都没认出来这是自己的那一份作业。

一位老师跟我讲了一个14岁男生的事。这位男生在没有注明出处的情况下，从网上拷贝、粘贴了一大段文字，构成了明显的抄袭行为。当她在全班同学面前质问他这件事，并告诉他必须要通知家长时，他吓得哆嗦个不停。他实在太害怕面对自己的父亲，学校不得不分步骤采取行动，以确保他的安全。他的父亲经常批评孩子的学术成绩和道德水准，而最近更是变本加厉，威胁孩子说如果作业不能拿满分，就取消他的夏令营活动，以此来激励孩子在截止日期之前完成作业。

在一次高中焦点小组活动中，一位男生开玩笑时说父母在家里立了个规矩，吃晚饭的时候不可以玩手机，只能和家人聊天。听到这里，一位女生用消沉的语气说道，她父母除了对她的成绩感兴趣之外，对其他的都不闻不问：“他们对我在线上或线下做的一切事情都毫不知情。至少你父母还在乎你。”

另一位女生说道，她因为她妈妈对网上的规矩一窍不通而感到非常郁闷。一次，她妈妈看到一个女孩在她的社交网站个人主页发了一条很直白的评论，于是便给那位女生留了言，言辞充满指责，还给那位女生的妈妈打了电话。她没有意识到，那句看似直白的评论，是一首流行歌曲中的歌词，孩子们常常用这句话来代表“我今天过得不好”。

当孩子和家长与我私下约见时，常常是因为遇到了危机，或是孩子的情况已经超出了家长能够管理或忽略的范围。每当此时，家长的回应方式都是至关重要的因素。我们说什么、怎么说，对孩子来说非常重要。随后我们会在本章中了解到，父母的反应，可以将一场灾难转化为一次千载难逢的学习机会，也可以引发一场情绪反击。家长突如其来的密切关注，可能在原本已经十分危急的情况下火上浇油。而有时，父母对事态根本不了解。在情绪反应激烈的情况下，亲子之间的信任完全瓦解，而成年人的响应方式，就对修复这样的情感损伤、强化亲子之间的沟通方式发挥了至关重要的作用。

我在书写这些内容时，并不仅仅是以一位心理咨询师的角色来思考的。同时，我还是两个孩子的母亲。我可以直言不讳地告诉你，可怕、疯狂、毫无头绪，这些状态我自己都亲身经历。为了淡化我可能表现出来的负面反应，我与孩子们订立了一个原则：如果你遇到了麻烦，首先给我们打电话，那么你的麻烦程度就会比坐等事态严重之后再给我们打电话要小得多。我们之所以这样做，是因为我们知道，遇到事情之后的第一反应，会成为整件事情的一部分。虽然遇到麻烦事之后，你可能首先会很想跟朋友联系，但作为家长，我们才是将你的最大利益牢记于心的人，也有经验和能力以最有效的方式做出回应。但同时，这个原则也包括以下内容：作为家长，你不能询问事情的细节——那瓶酒是谁带来的，那包烟是谁买的……最重要的是孩子的安全。孩子给你打电话，是因为他们觉得不安，作为家长，你要保证自己首先为孩子提供足够的安全感。

前面一章提到过的作曲乐队中的一位男生曾跟我讲到过“我一生中最可怕的时刻”。当时，他意识到了自己的所作所为酿成的恶果，远远不止是在线恶作剧那么简单。他知道，自己必须马上向爸爸坦白。

> 从小到大，我爸爸一直强调，诚实比什么都重要。他会说：“说实话，我不在乎你到底做了什么事，只要你对我诚实，讲出事情。”因为在他看来，我们之间的信任关系是无价的，比其他任何东西都宝贵得多。所以向他坦白对我来说就像下意识的直觉一样。

我们都想成为这样的家长，不是吗？至少我们都在想办法努力成为这样的家长。现实中的我们，却是可怕、疯狂、毫无头绪的。而我们常常用来质问孩子的那个问题，现在又反过来摆在我们面前：我们在想什么？问题在于，我们很可能是在恐慌的应激状态下去思考，情绪激动、肾上腺素爆棚。在我们心中，没有什么比孩子的安全、健康、教育和未来更让人敏感的了。我们都希望孩子能在未来拥有事业和家庭上的幸福。孩子遇到麻烦，我们就会觉得脆弱无助。当下的家长，都是全身心投入孩子的成长过程中。我们希望能参与到孩子的生活中，我们希望孩子能向我们请教、向我们提问、寻求我们的意见，也让我们帮助他们去探索人生、解开顾虑、抚慰不安，与我们分享美好的事物、坦承郁闷的感受。但是每当孩子们向我们敞开心扉，我们却没有足够的能力去应对。此时，我们就能感受到作为父母的艰难和困惑，甚至会因此而暴躁、反应过激。从本质上讲，如今的育儿方式，已与我们当年成长时所经历的教养有天壤之别。

第一，我们一直都了解儿童发展过程中的一些特定方面：婴儿从牙牙学语到能说会道，从匍匐前进到走走跳跳，随着孩子渐渐长大，还会遇到其他可以预见的里程碑事件。

这些都是成长过程中自然而然的事情。但是，文化的剧变、媒体和技术的影响，甚至动摇了这些原本自然而然的成长过程。而其影响，也令我们这些做家长的感到不安。

第二，曾经被普遍视为“不好”或危险的行为，如今已成为常态。

现在的孩子们经常去听成年人的演唱会，浏览网上一些专为成年人设计的内容。孩子在电视上看成年人的节目，其中的内容会鼓励饮酒、鼓励娱乐、鼓励随意的性行为，还会将屏幕暴力和色情内容作为娱乐的一种方式。当我们看到具有破坏性的性别偏见和极端的体形被媒体大肆宣传成理想状态时，我们希望保护孩子们免受伤害，我们做到这一点的能力却极其有限。就连带孩子去看专门为他们打造的电影时，开播前的宣传片也完全不是我们想让孩子们看到的，哪怕一小会儿都不想。

第三，技术消除了家长的控制力和影响力。

技术打破了工作和家庭之间的界限，让那些希望陪伴孩子却担心耽误工作的家长感到压力巨大。在线社交不受时空限制，家长繁忙无比，经常不在家，而孩子们从很小的年纪开始就会与年龄相仿的孩子为伴。随着孩子的成长，他们逐渐变得越来越独立，就会有自己的隐私和秘密。令人不舒服的是，技术使得孩子们可以藏起来更多的东西，甚至是严重的麻烦，而让我们无法发现。每当遇到问题，孩子们宁愿向在线的陌生人求助，也不来找我们。这样的现实足够令每一位家长感到害怕。有时，同样的现实情况也会吓到我们的孩子。

第四，经济形势的不确定性，让家长对孩子未来的事业和人生感到深深的焦虑。

大学入学竞争变得极为激烈，许多家长都认为自己必须采取行动，为孩子出谋划策。在遇到危机时，家长可能会迅速进入危机模式，更关注如何将损害控制在最小的程度，而将自己的可靠性和亲子信任关系抛到九霄云外。家长会迅速以修复者的身份介入事情之中。在我们可怕、疯狂、毫无头绪的状态下，恐惧占了上风，成了我们的声音。我们怀着恐惧呐喊，而孩子在一片喧闹中一个字都听不进去。

我们想要与孩子建立联结的愿望，再加上我们对孩子长大后即将面对的这个世界长年累月的焦虑感，可能会让我们表现得无法接近、毫无用处，尤其是在危机事件的水深火热中。孩子们在“边浏览边学习”的在线模式中，在他们以技术为联结方式的生活中，一旦遇到麻烦，便可以去各种各样的地方，找各种各样的人寻求建议。这类资源中，许多是好的，但还有许多并不好。我们希望在孩子需要帮助时，首先想到来找我们。就像在紧急医疗救助中一样，你采取的第一个行动以及你回应的方式，对事件的结果有着至关重要的影响。作为家长，我们希望打造的家庭环境，是让孩子们知道，每当他们遇到麻烦，首先来找我们是非常重要的。我们的日常行为方式，也要鼓励他们这样做。

以下是孩子们希望我们了解的事情。如果我们做了这些事，他们就会在我们最希望他们来找我们的时候，将我们拒之门外。家长们可以看看下列建议哪些适合、哪些不适合。请记住，每个人都做过这类事，而且做过很多次。我也做过，你最羡慕的那位家长，她也做过。我们的目的不是每一次都做得很对很好，我们的目的是每一次都能做得更好。当我们可以从彼此的错误中吸取教训，倾听那些真心关注孩子的老师和成年人的思考时，我们所有人都能从中受益。

“按我说的做，别照我做的做”就是在告诉孩子，他们不能信任你

如果以“可怕、疯狂、毫无头绪”作为主题，设计一款视频游戏，那么在第一关，你会来到一片看起来平淡无奇的疆域。你肯定想不到，在这里的小动作、交换的小物品，最终可能会让你全盘皆输。孩子们很喜欢讲述一些家长的日常行为模式，正是这些看似无伤大雅的小事，破坏了孩子们对我们的信任。

首先，他们会说，家长让他们诚实、负责任、对他人予以尊重，要有合作精神、团队精神。每当他们因为课堂项目或在足球比赛中与其他同学发生矛盾而烦恼时，我们就会这样告诫他们：好好学习，公平竞争，谦逊

有礼，冷静处事，按我说的去做，不要迟到，不要还嘴，不许看那么长时间电视，不许上网！之后，我们便会去做那些不让他们去做的事。每当我们说的话和我们的行为举止不相符时，我们就成了孩子眼中的伪君子。每当我们的话语和行动不相协调时，孩子就很难认为我们说过的话是站得住脚的。下面是孩子提到的最常见的三个现象。

第一，我们破坏规则，却说没啥问题。

姐妹俩，一位10岁，另一位14岁。她们告诉我，爸爸带她们去上课外班的路上，一边开车一边发短信。这样的行为把姐妹俩吓到了。而且，她们一家所在的社区还尽是崎岖的山路。姐妹俩请爸爸停下车再发短信，爸爸却因此冲她们发火，告诉她们他完全能够一边发短信一边开车，还确保安全。孩子们知道这是不可能的。在学校里，她们听到过老师在这方面的教育，研究也证实了边开车边发短信是多么危险的事。她们还知道，在她们所在的州，这样的行为是触犯法律的。和爸爸在一辆车里，让她们感觉很害怕。而更让她们害怕的，就是看到爸爸用这样的方式将自己的行为做合理化处理。爸爸冲姐妹俩发火的行为也让她们感到深深的不安。抛开安全驾驶问题不谈，父亲就是在用实际行动告诉女儿，有权势的男性、掌握着方向盘的男性，不需要遵守规则，不需要尊重女孩们对安全的关注。这是对孩子们未来人际关系的一个非常危险的示范。

所有年龄段的孩子，都不喜欢看到我们随意改变规则、无视规则，不喜欢看到我们骗人或做错事。学龄前儿童不喜欢看到家长在开车时随意加塞，不喜欢看到家长进入只允许孩子进去的游乐区域。年龄大一些的孩子不喜欢家长要求老师或学校领导为孩子改变规则，更不喜欢家长向学校老师请求对孩子给予特殊照顾。

家长总是告诉孩子，受教育很重要，要尊重老师，要有团队精神。但一旦学校的感恩节活动或课堂演讲与家庭假期计划相冲突，家长们就将这些说过的话全忘了。你的孩子可能会因赶在交通高峰前到达迪士尼乐园而开心，但在孩子内心深处，规则和行动之间的矛盾会让他们很不舒服。许多人都会偶尔做这样的事情，孩子会从中学会什么叫例外情况，什么样的情况可以让我们灵活处理。但如果家长一而再，再而三地这样做，就将例外情况变成了对特殊待遇的期待，让孩子对按规则办事的道理感到困惑：规则是相对的，只要你能将自己的理由进行充分的合理化修饰，或者不让人抓住，那么规则就是可以被打破的。从更宏大的角度来看，也让孩子们习惯了无须承诺的生活方式。他们从中学到，家人并不是特别重视承诺。在这些情况下，孩子们的理解就是，之所以有人制定规则，就是为了有人将其打破。他们会记住这一点，直到他们长大成人，就会主动打破规则。

第二，我们对他人不够体贴、不够有礼貌。

孩子们不喜欢看到家长对老师或其他人表现出无礼的举动。每当我们对保姆或超市店员大吼大叫时，孩子们都会不开心。

“每当爸爸用特别愤怒的语气向餐厅服务员大发雷霆时，我都会非常生气。”一位 16 岁的女生这样说道，“这样的行为让他看起来特别混蛋。”

“我爸爸听说我因为数学测验没考好而特别伤心地哭了一场后，便给老师打电话冲他大吼大叫。”一位十一年级的女生说道，“我觉得特别难为情，还不如去死。”

当妈妈和爸爸彼此之间恶语相向时，孩子就会觉得特别难过。父母之间互发短信彼此谩骂的行为，也让孩子们很受打击。“我妈妈和爸爸在去学校的路上用短信吵了一架。我觉得特别伤心。”一位 8 岁的女孩告诉我。父母离异的孩子对我说，父母离婚之后，如果他们还继续互骂，那么就会比离婚这件事还要可怕 100 倍。许多父母都会离婚，但不是每个人都表现得这么不成熟。另一位 16 岁的男生说道："我父母会想尽办法偷看彼此给我发的电子邮件和短信，就像互相竞争、互相比试一样。所以我从来不让他们碰我的手机。真烦！"

第三，我们对别人（包括别的孩子）说刻薄话。

你在讲到其他家庭和其他孩子时，表达出来的语气和用词，会影响到你的孩子是否会对你吐露心声。当你在评论他人时表现得尖酸刻薄，孩子就会认为你不值得信任。无论你说起其他孩子时有着怎样的表现，你的孩子都会觉得，当他们自己遇到同样的情况时，你也会这样评判他们。请记住，从五年级开始，孩子就会跟你讲班里某位同学做了什么事，用这样的方法来测试你。其实这件事是他自己做的。你建立起作为家长的安全、伟岸、可靠形象，不仅通过如何回应你的孩子，也通过你在提到其他孩子时表现得慷慨大度还是尖酸刻薄。尤其是在孩子们遇到麻烦时，更是这样。

如果我不跟家长说某个孩子遇到麻烦的事情，只可能是因为我希望家长能喜欢这个孩子。我不跟父母说我的朋友遇到了麻烦、做错了事情，是因为我父母特别会品头论足。我不希望父母认为我的朋友不好，于是我就隐瞒了事实，希望他们不会从其他家长那里听说这件事情。

※

如果你跟家长说起一些不好的事情或很严重的事情，你会希望家长全神贯注地倾听，但随后，你就会希望他们将这件事立刻忘掉。我不喜欢他们说"你跟我说了那个孩子的某某事"，然后他们就会把整件事上升到全新的高度——"你要是敢那样做，小心我收拾你！"唉！

※

我爸爸总是会说一些关于不同种族或信仰的坏话——就是那些

种族主义的言论。也就是说，我不能把朋友带回家，也永远不能跟爸爸提到我的一些朋友。

※

每当我妈妈说起她妈妈和她姐姐在感恩节家庭聚会中的着装有多么不得体时，我都会不开心。我妈妈实在是太刻薄了。我真希望她能听听自己说出来的话。

※

如果我朋友做了什么蠢事，即使我知道他不会再犯同样的错误，我父母也不会听我的，他们肯定不让我再跟那个孩子一起玩。于是，当这样的事情发生时，我不会告诉父母。我真希望能跟他们说："我们是孩子。我们需要从自己犯过的错误中学习。"

可怕、疯狂、毫无头绪：反应过激的三个面孔

孩子感到害怕的时候，就是家长太过紧张、太过严格、太过苛刻的时候。每当此时，就是孩子的感受与家长对孩子感受的假设之间脱节的时候。当家长开始激动、指责、评判，当家长拿出长辈的身份去震慑孩子，当家长情绪失控的时候，孩子就会觉得非常害怕。当家长对自身的反应或态度非常执着，对孩子接下来将要面对的情况非常紧张时，孩子感受到的就是家长固执己见、无法沟通，而且家长只能从他们眼中的一个角度去理解或误解整件事情，无视其他相关的因素。家长们极端的评判或灾难性的预测眼光，令孩子成为一个永远只能遇到人生灾难的倒霉蛋：会毁掉上大学的机会，毁掉拥有幸福婚姻的机会，毁掉美满人生的机会！

疯狂的家长会在任何情况下无限放大当时的情绪。如果他们的孩子有一点点不开心，他们就会表现得更加不开心。如果孩子觉得某事有点不

公平，那么疯狂的家长就会笃定地认为这件事是彻头彻尾的不公平。一位12岁的女孩不知如何回复一位朋友发来的带有伤害性质的电子邮件。她告诉我说，她没办法跟妈妈讲这样的事，因为妈妈肯定会小题大做。“她会说‘太可怕了！’然后便开始发作。于是,我不仅要想办法对付我的朋友，还要想办法对付我的疯子妈妈。”另一位15岁的男生说，他很不想给爸爸看他和老师之间的电子邮件（他所在的学校，师生之间的常用沟通方式就是电子邮件），因为“每次我通过电子邮件向老师寻求帮助或提问，只要收到一封老师不在的自动回复，我爸爸就会单独给老师打电话。真的太尴尬了”。

我们教导孩子，要放下执迷向前看；而疯狂的家长总是十分记仇。我们教导孩子，要想办法将冲突大事化小；而疯狂的家长总是有办法小题大做。我们告诉孩子，要将情绪的温度计向下调整；而疯狂的家长总是一肚子情绪。在孩子看来，这样激动的家长，让他们非常困扰。于是，他们选择闭嘴、远离。令人伤心的是，他们也同时丧失了将家长作为教练，向家长学习解决自身问题的机会。“我不能给妈妈看我朋友的照片，因为她觉得自己有责任给每个人的妈妈打电话。”一位16岁的女生这样跟我说,“她跟我说什么是对，什么是错，我就忍了，但是……”

疯狂的家长会因孩子在选拔过程中被淘汰，而给教练或戏剧老师发内容非常不堪的电子邮件。他们将孩子痛苦的经历进行无限放大，不知道在面对挫折时要引导孩子接受现实、坚韧不拔，而是深陷情绪反应的泥沼之中，给孩子火上浇油。与此同时，孩子失去了宝贵的机会，没有在面对问题时学会如何与权威保持关系；没有学会当你觉得某事对你不公平时，应该以怎样的语气和态度与人交流；没有学会如何面对误解，如何处理被伤害的心情或困惑的状态。当家长发起疯，闯进孩子的世界妄加干预时，也是给孩子发出一个信号，那就是，家长认为自己的孩子没有能力处理问题。“如果我妈妈认为我能处理好，她就会让我去处理，不是吗？”

孩子们总是用一些略带怜悯的词汇去形容毫无头绪的家长：幼稚、啥也不懂、笨、没用。毫无头绪的家长对事情的前因后果或其中的某个重要细节完全不知情，容易轻信他人，还总是不合时宜地冒出一些让人摸不着头脑的话来。莱恩是一位喜欢打游戏的四年级学生。他尤其喜欢带有暴力性质的屏幕游戏，越暴力越喜欢。他找到了办法去操纵自己的父母，既可以混过他们定的规矩，又可以按自己的意愿玩游戏。“有时，我觉得这样做有点不合适，我就会问爸爸妈妈，能不能看一会儿，”他告诉我说，“一般情况下他们都会说，‘你之前看过这种类型的东西吗？’我说‘看过’，然后他们就会说，‘无所谓了，反正我也管不了你’。”

更具体地来说，家长会以两种不同的方式表现出自己的毫无头绪。有些家长之所以毫无头绪，是因为他们不知道究竟发生了什么事情，或是发生的事情让他们觉得无以招架。孩子早就跑到了他们前头，无论是玩技术，还是聊流行文化，家长根本听不懂，而且完全不知道怎么跨越与孩子之间的这道鸿沟。也许，他们之所以和孩子拉开差距，是因为他们总是公务繁忙，为了让家人过上好日子而无暇顾及其他，或者是因为他们是数字化时代的移民。无论出于什么样的原因，家长都太过投入日常家庭琐事，感觉自己没有办法去关注孩子生活中发生的事情。

家长毫无头绪的另一种情况，就是他们时刻摆出长辈身份，以达到家里的兄弟姐妹不打架、和孩子做朋友、将孩子从犯错误的后果中解救出来等目的。这类家长基本都会选择无视那些他们不想要看到的东西。也许在屈指可数的那一点点可以和孩子共处的时间里，他们不希望有任何不愉快的情绪掺杂其中。或者，也可能是因为他们不想要“小题大做”。这样的方法是合理的，但有时，这些家长会把每一件事情都当作“小题”，避免去面对任何“大做”。也许，他们不认为自己有能力与孩子进行充满指导意义的亲子谈话，不能在和孩子的对话中涉及界限设定，让孩子负责，辅导孩子如何处理愤怒、沮丧和失落的情绪。也许，他们是打心里不在乎。

还记得那个将“四个男人”的视频发给同班女生的五年级男生吗（这位男生因此而受到了应有的惩戒）？他父亲为儿子据理力争，说孩子的行为属于“言论自由”，还跟校长说，那段视频不是色情片，因为“没有太露骨的镜头”。许多成年人都会认为，这位父亲对视频内容的看法和对他儿子将这段视频发给毫不知情的女生的做法的反应，非常荒谬。但是，这位父亲没有去想这段视频对那位女生的影响。女生受到了惊吓，还因此而出现了创伤反应。正如男孩父亲所说，《第一修正案》（*First Amendment*）可以让学校基于法律的技术性问题而将此事做无害处理。但这位父亲也没有去想自己的言论会对儿子产生什么样的影响。老师们已经和这位男生谈过话，他也知道自己犯了错误。这位父亲的反应既愚蠢又虚伪。每个人都这样认为，包括他的儿子在内。

有些家长会为了避免孩子情绪失控而选择退让。负责任的教养，每天都要在无形间春风化雨地为孩子设定界限，进行修正式指导。而这些家长则错失了许多良机。孩子们在家里变得无所不能，因为他们知道自己能震慑住父母。只要他们开始闹情绪，家长就会退缩。

一对父母向我讲述每天晚上他们让孩子关掉游戏，或告诫孩子玩游戏时间太长了时，家里就会掀起一场血雨腥风的战争。孩子会对家长恶语相向。如果家长胆敢靠近他一点，他就会暴跳如雷。最后，他还是会关掉游戏，但总是很生气，还会带着敌意到餐桌边吃饭，以此来惩罚父母。“我知道，我应该给孩子玩游戏的时间设定界限，但实话实说，我真的尝试过，简直就像是《魔兽世界》从虚幻变成现实一样，实在受不了。我为了保证家里气氛的和谐，只能选择妥协。”

有时孩子会说：“我爸爸妈妈总想和我当好朋友，于是我就借坡下驴，玩弄他们。但他们毫不知情。”毫无头绪的父母，总是想尽各种办法去尽量做到最好。他们看不到孩子生活中存在的教导线索，还总是太过投入表面化的东西，而没能与孩子进行关于人生观、价值观，以及期望和后果的有意义对话。

在家庭心理咨询的过程中，只要听到家长说“我和孩子是最好的朋友”这句话，基本就可以将这位家长归到“毫无头绪”的类别里。之所以说这样的家长毫无头绪，是因为作为家长，你首先要做的就是家长，而且你的孩子也希望你好好做家长。和孩子保持亲密的关系是非常美好的一件事，但是朋友并没有家长肩负的责任。当家长更愿意跟孩子做好朋友，而不是做家长时，他们就是逃离了至关重要的亲子层级关系。在这种关系中，权力、权威和指导是必须存在的。你可以在和孩子保持亲密关系的同时，好好做一位家长。毫无头绪的家长，不知道如何坦然接受身处权威位置而不可或缺的、健康的疏离感。

可怕、疯狂、毫无头绪——这三个标签大有用处，我们可以从中看到孩子眼中的自己。但是，在冲突或危机的水深火热中，这三个特征，就成了同一只野兽的三声咆哮。这只野兽，就是家长的反应过激。我们所有人都知道反应过激会给人带来什么样的感受。

“我感觉特别无助，特别无能为力。”一位律所合伙人这样说道，“关于我家 15 岁的双胞胎上网的事情，我总是在信任与疑神疑鬼之间摇摆不定。他们告诉我，是在做作业，但电脑上总是不停地蹦出各种窗口和视频。然后一刹那，我就变成了一个暴怒的疯子，冲着孩子们大吼大叫。我很讨厌自己说话时的语气，听起来就像是站在证人席上质问他们一样，而他们根本也没犯什么错。我就是不知道怎样才能恰当地处理这个问题。”

吉利安的故事：反应过激、救赎、重新开始

乔治和杰西夫妻两人都 40 岁出头，他们非常努力地将自己家打造成了 4 个孩子和朋友们共处的理想空间。他们希望孩子们拥有活跃的社交生活，但希望这些社交活动都在自己家里，这样他们就能时刻观察孩子的一举一动。4 个孩子都对电子产品了如指掌。当时，女儿吉利安 14 岁，他们还有 3 个儿子，分别是 8 岁、10 岁和 16 岁。孩子们享受着手机、笔记本电脑、无线设备、全开放的网上活动。但是，当他们第一次给我打电话，希望获得紧急咨询时，他们没收了女儿吉利安的所有电子产品。他们说，吉利安和一位网友捅了娄子。现在，禁用电子产品成了他们惩戒孩子的手段。

第一次见面一开始，主要是乔治在讲话，杰西在丈夫叙述的同时，不断点头以示附和。乔治将女儿说成“九头牛都拉不回来的固执和皮实”。几个月之前，她通过朋友认识了一位名叫大卫的同龄男生。大卫的家和吉利安家之间隔着几个镇子，因此，他们见一面并不容易。于是，他们便在彼此的个人主页上发帖子，并通过网站的私人聊天工具进行交流，还经常视频聊天。

乔治和杰西说道，他们一直以来都和孩子就性行为和亲密关系进行开诚布公的对话，希望帮孩子建立起自己的价值观。“我们和孩子就性话题的交流非常直接，”乔治说道，“我们一直都说，性是件神圣的事情，他们应该等到遇见一位他们真爱的人，再发生性行为。”

他们希望，公开谈论这个话题可以帮助孩子们避免那些危险而没有必要的试验性行为。

最近发生的一些事情，包括青春期少年酗酒，一位朋友的女儿在光天化日之下被人强奸等，令乔治和杰西感觉，孩子们所处的世界实在太可怕。在聊天的过程中，我也了解到，杰西在童年时期，曾遭遇过性虐待。乔治知道这件事。可以理解，夫妻两人对吉利安的保护欲非常之强。

随后，就发生了“那件事”。乔治和杰西发现，吉利安后来又与大卫见了一次面，并且在公共场合与大卫进行了性方面的尝试。事后，14 岁的大卫给他的两位朋友发了电子邮件，讲述了这段新体验，完全没有考虑到这样做的后果。流言蜚语一传十，十传百。后来，有人跟吉利安的哥哥说：“听说你妹妹的事了，兄弟，你真够倒霉的。”吉利安的哥哥觉得这件事特别丢人，后来又恼羞成怒，对妹妹大发雷霆，向家长告发了妹妹的事情。父母勃然大怒。

与此同时，吉利安已经原谅了大卫犯下的错误。当大卫意识到整件事情失去控制时，立刻向吉利安坦白，承认了错误。他道歉称没有想到会对吉利安造成不好的影响。他是真的在意她的感受。之前在很多事情上，他都表现出对她的关心，而且他们两人都希望能继续约会。但是，当乔治和杰西得知女儿在性方面的尝试时，立刻暴跳如雷，没收了吉利安所有的电子产品，不让她再碰手机、平板电脑等，不允许她和任何人视频聊天。他们要求女儿以后不准再和大卫见面。

事情发生后的六周时间里，吉利安一直躲着父母，不和他们讲话。她茶饭不思，失眠严重。在父母看来，女儿似乎表现出了抑郁倾向。现在，除了愤怒和失望之外，他们开始担心女儿会陷入一发不可收拾的恶性循环。

乔治、杰西和我密集地见了几次面，随后，我才提出与吉利安见面的请求。我希望能彻底搞清楚父母的看法，也希望能通过这几次见面，让这对父母找回更加稳定的心态和更加开放的思维，能够与吉利安进行富有成效的对话。我可以理解，当他们听说女儿在九年级时就开始进行性方面的尝试时，他们立刻爆发出非常强烈的反应。在他们看来，女儿年纪太小。他们都认为，吉利安破坏了家庭的价值观，她在这个世界中不再安全，而且亲子之间的信任也被打破了。他们也没有准备好去倾听吉利安想说的话，反而太过沉溺于自己在事态中的感受。这件事激起了杰西早年受到性侵的记忆，而杰西的痛苦又进一步激发了乔治的保护欲。经过几次深入咨询，他们两人分别就自身对吉利安的反应进行了剖析。现在，他们已经可以用一种平和而富有建设性的方式与女儿进行交流——是时候听听女儿的说法了。

吉利安见到我时，如释重负。她知道自己需要帮助，才能处理好这个突如其来的大麻烦。14 岁的她,目光清晰、心态成熟,在讲述自己的感受时,十分笃定。她告诉我,她并不因自己与大卫做的事情而感到很糟糕。但是,她认为这件事对家庭造成的伤害非常糟糕。她是真的喜欢大卫，觉得和大卫在一起很舒服。关于她是否准备好进行性方面的尝试,两人坦诚地聊过,而且大卫也没有给过她任何压力。她不觉得自己可以去做那些他们还没有尝试过的事情，但是她愿意有朝一日去尝试一下，毕竟，她是自然而然地对性感到好奇，而且她也很在乎大卫的感受。他们也达成一致意见，如果她在性行为过程中感到不舒服，就立刻停止。而当她真的感到不舒服时，他们的确停下了。她认为大卫向朋友吹嘘这件事的行为非常愚蠢，但她也认为,大卫事后的道歉是诚恳而真挚的。“他知道自己做错了,”她说道,“而且他从中吸取了教训。他以后不会再这样了。”

令吉利安最为困扰的，就是父母大发雷霆的过激反应，包括他们的愤怒与指责，他们对她说话时的语气，以及他们对她强加的限制。

“我以后再也见不到大卫了，”她边说边哭，“他们觉得他十恶不赦。

他们总是把人往坏处想。现在，我不得不对父母撒谎，才能跟他继续聊天。我要用朋友的网络账号，才能跟他保持联系。14 岁这个年纪就要偷偷摸摸的，让我感觉很不好。我以前和父母关系很亲密，本来以为他们会让我放心地做自己，做出自己的选择。我选了这条路，并不因为自己的行为而感到羞愧。”

现在，她开始对父母说谎。她以前从没想到过自己会变成这样，也因为自己的谎言而感到内疚。她因父母的过激反应、与大卫关系的疏远，以及父母切断她与朋友们之间的在线联络而烦恼。她意识到，自己吃的东西比以前少了，胃口变差了，而其中一部分原因就是自己的抑郁情绪。但同时，这也是因为她感觉非常愤怒和无力，拒绝进食就成了她表示反抗的一种方法。

随后的四个月中，我一直在为这个家庭出谋划策。乔治和杰西慢慢厘清了激起他们极端反应的各种问题和情绪，而这些问题和情绪又在事发之后的几周时间内变得更加复杂。其中一部分原因，就在于他们忘却了作为青春期少年家长的意义所在，忘却了他们根本无法控制这个年龄段的孩子。借用卡里尔·吉布兰（Kahlil Gibran）的话说，孩子们是“人生的儿女”，“因你而来，却与你不同”。吉利安在相对安全的情况下，与一位关心她、喜欢她的男生发生性方面的亲密行为，并由此而进一步自我发现，这样的事实并不能将她定性为一个坏女孩、不孝女甚至本质恶劣的坏人。吉利安的行为并非冲动之举，甚至比许多孩子都要成熟。

相对而言，两人的这段关系有着非常重要的意义，虽然大部分时间都存在于网上，是通过聊天软件建立起来的。他们见过几次面，而在网上，他们聊过许多，两人之间的关系和深刻联结是乔治和杰西没有看到的。父母看到的全部，就是吉利安在九年级就已经积极开展性行为，这让他们非常不安。

这对父母在与我的谈话过程中，逐渐能以更加客观的角度来看待整个事件以及他们在其中的反应。乔治是一位略带痴情的父亲，总是用浪漫主义的眼光来看待女儿，将她视为童话中的公主，期盼有朝一日能牵着她的手，将她送入美满的婚姻殿堂。他根本没有意识到，自己的女儿已经长成了一位14岁的大姑娘，身心发育接近成熟，有着这个年龄段女生的全部想法。他费了很大力气，才在头脑中将这些令人不安的现实与自己的女儿联系在一起。而从此之后，他也逐渐理解，14岁的女儿是可以与一名男生建立相互尊重、安全而积极的关系的。乔治和杰西在与我的对话中，逐渐理解了上述现实，能够看明白，他们养育了一位好女儿，因为吉利安能够明确表态“我可以接受这样，不可以接受那样”。她没有与陌生人做这件事，没有先把自己灌醉，没有冲动行事，而且大卫是真的在乎她。大卫没有给她压力，而是用尊重的态度问她是否能接受他想要做的事情，她也对两人共同经历的肢体亲密接触感到舒服而心安。

令吉利安感到不堪的是，首先她父母让这件事变得很不堪，认为她做了一件彻头彻尾的大坏事。她并不接受这样的说法。她不为自己的所作所为感到羞愧，也不认为她应该感到羞愧。她因为父母单方面切断了她与所有朋友（包括大卫）的联系，而日益深陷抑郁泥潭，并以绝食的方式来反抗。以前，她每天都与这些朋友聊天、发短信或视频。她的父母非常害怕失去控制，于是将控制权全部拿到手中，令她感到害怕。他们的惩罚措施——让她交出手机，关掉社交网站，在6个月内不许有任何在线活动，在她看来是如此不可理喻，而且父母完全不理解为什么女儿在严厉的惩戒后还不知道未来何去何从。

在针对一家人的心理咨询过程中，他们逐渐能够进行发自内心的真诚交流，以尊重的态度倾听对方的见解，共同努力，为女儿接下来的青春岁月建立更加深厚的理解基础。关于和男生在性方面的互动进度问题，吉利安也接受了父母的看法。吉利安的父母认识到，他们一开始的确是反应过激了，并为此道歉，并最终同意女儿恢复和大卫的关系。大卫给吉利安的父母写了一封信表示道歉，后来还专程到她家来拜访。见面时，他们彼此都感到很尴尬。但后来，关系慢慢得到了缓和。

当一些不好的事情发生时，或当一些我们认为不好的事情发生时，我们就会失去理智。我很欣赏这个家庭的一点，也是这一家人从始至终一直坚持的一点，就是他们的家庭原则。全家人非常重视就问题进行交流，一起努力，共同解决关系僵局，从而实现更加深厚的家庭联结。原本可能持续时间更长、问题更严重的家庭危机，在全家人的努力下，被化解成为一次深入理解、彼此加深感情的契机。无论发生的事情有多么严重，我们都有把握当下、与孩子加深感情的机会。每个人都可以做到去倾听、去处理、去成长、去接近。

从孩子很小的时候开始，家长就很可能会遇到一些出其不意的事情，甚至发现孩子沾染上了带有性色彩的内容。而每当此时，我们需要做的，就是泰然处之。有许多家长跟我说过，当看到年龄还小的孩子无意间在网上浏览色情内容时，他们是多么怒火中烧。如今，哪怕仅仅是在搜索引擎中输入一些动画片主人公的名字，都可能会找到色情网站。我们需要为此做好准备，因为虽然有一些浏览器可以阻止对色情内容的访问，但这些内容很有可能会通过其他的途径出现在孩子的屏幕上。此时，我们需要冷静地说："这样的图片不是给小孩子看的，谢谢你给我看这个，现在我们来找你的东西吧。"没那么复杂，不必为了这件事大张旗鼓地说教。我们需要让孩子知道，无论给我们看任何东西，讲任何东西，他都是安全的，我们根本不会因为这些事情而失去理智。

最恐怖的家长：当成年人霸凌孩子

一位学校顾问曾经讲到过，关于孩子在社交过程中的残忍态度问题，某些家长的反应非常过激。他们会公开要求对受到指责的孩子进行最严厉的惩罚，只要这个犯错误的孩子不是他们的孩子，多难听的话他们都说得出来。她说道："他们不希望你来处理这个孩子的问题，他们希望你让这个孩子人间蒸发。家长的态度就是，'这个孩子根本就不应该存在，让他赶快消失'。"

的确，当孩子表现出极其恶劣的行为时，为了保证学校里其他学生的安全，这个孩子需要离开。但很多时候，家长的表现，就好像摆脱掉那个问题孩子就是唯一的解决方案一样，而家长的这种表现，也是用实际行动教育孩子，与人隔离是人生以及屏幕游戏中的一个选项。在我的工作经历中，我经常会与校方和家长共同讨论包括停课和开除在内的多种惩戒方案，也对与这个问题有关的各种情绪有着深刻的理解。这样的情况往往非常复杂，而法律问题有时会让校方很难将事件的原貌原封不动地呈现给所有相关方。无奈的是，公开透明的信息，对所有人都是最佳的选择。

马丁是一位单亲父亲。一天，他在慌乱中，打电话给我，告诉我说，当天下午，他和两个儿子所在的市郊社区的警察局给他打来电话，他 11 岁的大儿子里奇被告到警察局，说他霸凌一个之前的同班同学。这位同学在一年前搬家到了旁边的社区。马丁知道，这两个孩子之前发生过一些摩擦，但并没有什么严重的问题，只不过是 10 岁男孩在他们的社交尝试中，多多少少都会出现的一些小小的敌对情绪而已。结果没想到，里奇的名字还在一个群发邮件列表之中，而这个列表里也包括之前的这位同学。一天，另外一个学生发了一封群发邮件。在邮件中，这位同学谈到了之前那些不愉快的往事。里奇不假思索地写下了“我讨厌你，你的鞋真难看”这样的话，回复了过去，还以为只是和那个男生两人之间的对话。但突然间，他意识到，这是一封群发邮件，列表中的所有人都会收到这封邮件，他也很快意识到，哪怕只是给那个男生一个人发这样的邮件也是不对的。于是他将这件事告诉了爸爸，并且给这个男生单独发了一封邮件，向他道歉，也向群发邮件中的所有人跟进一封邮件，让他们忽略之前的内容，他是发错了。从那以后，他再也没有听到过那个男生的消息。时至今日，两个月的时间已经过去了。

警察打来电话告诉马丁，他们正在调查一起投诉。有人投诉称，里奇霸凌这位男生已有三年之久。马丁听后惊诧不已，里奇也非常害怕，他已经向父亲坦言，自己曾经写过一封略带侮辱性质的邮件，但除了他随后跟进的道歉邮件之外，他和这个男生之间再也没有其他的沟通。只是偶尔在同学中群发邮件，但邮件中再也没有提及过这位男生。

马丁说道：“那位警官和我说话的语气，就好像我在窝藏罪犯一样。她说，她正在调查里奇霸凌行为的历史，而当我告诉她说，以前根本没有发生过这样的事时，她说道，‘难道你不担心吗？我是说，如果他在这个阶段就会思考并且写下这些有关霸凌的想法，那么5年或者10年之后，他可能会变成什么样子？’她的语气中充满了指责，就好像是在说‘你家孩子真的有问题’一样。从一开始，整个谈话过程就不客观。她已经对里奇有了先入为主的判断，已经确凿的认为他是个坏孩子，总是霸凌其他人。而这个想法，就是在那个男生的父母对里奇进行投诉之后。”

马丁立刻给里奇的学校打了电话，告知他们警察局打来电话的情况，并向校长和里奇所在阶段的老师询问，他们是否看到过任何可以被理解成为霸凌的行为。如果警察的指责是事实，他希望知道实情。而校长和老师们都告诉马丁,里奇没有霸凌其他同学。警察也给校长和老师们打过电话，得到了同样的答复。

马丁给警官打电话，希望能够在学校安排一次与那位男生和他家人的见面，来开诚布公地讨论他们的担忧。他也向警官询问，她是否知道里奇在给那位男生发完第一封邮件之后，很快又写了一封道歉的邮件。警官听后，请他将那封道歉邮件转发过来。从此之后，马丁再也没有收到过警察局的来电。马丁从间接途径了解到，不知出于什么原因，那位男生的家长因为里奇给他们的儿子发的那一封邮件而作出了如此巨大的反应，在完全没有事实根据的情况下，就向警察局投诉里奇的霸凌行为。他们也没有和马丁联系，没有与马丁讨论他们的担忧，也没有因为向警察局投诉里奇这件事而道歉。

我们每个人都在不断适应着突飞猛进的技术发展对沟通方式的改变和影响。随着新的规则不断追赶着日新月异的电子产品，人与人之间不可避免地会发生误解，会产生伤害。在这个案例中，投诉里奇的家长，在事件面前反应如此激烈，完全忽略了首先应该去做的一些事情，例如给学校打电话，或是给里奇的父母打电话，来了解事件的全貌。因为，一个 10 岁的男孩称自己有 3 年的被霸凌历史，这个说法肯定只是他的一面之词。或者，那个男生的家长因为看到这件事对自己孩子的影响，而慌了手脚。当成年人（在这个案例中，就是投诉里奇的家长和那位警官）不假思索地去指责一个孩子犯下了滔天罪行，我们不得不去思考——我们的这些行为，是否是从我们孩子的角度去考虑，从我们孩子的利益出发?

如今，这种带有霸凌性质的成年人行为，并不少见。每当我听到这样的事情时，我就会想到，在技术对孩子的负面影响所导致的恐惧与焦虑面前，人们是多么脆弱和不堪一击。

可悲的是，如今的学校环境中，社交网络已经被用来作为一种反社会武器，甚至导致受害人在极端网络霸凌行为的伤害下而自杀，这些行为包括骚扰、公开侮辱等。学校为了保护孩子，纷纷设立了针对霸凌行为的零容忍政策和反霸凌举措，虽然这些举措有着良好的初衷，但是效果并不尽如人意。我们看到，有一年级的小学生因为学唱流行说唱音乐中的歌词而被学校开除，而一些恶劣的霸凌分子，却在同学中制造出强大的恐惧氛围，让人不敢向老师告发他们的行为，他们因此而隐藏在阴暗的角落里，逍遥法外。

有些时候，成年人会反应过激，甚至向警察局举报，对童年时代某些司空见惯的孩子之间的社交冲突也进行严厉的惩罚。孩子们日常行为中那些卑鄙的、恶意的、不经大脑的冲动行为，不仅需要反霸凌举措去进行限制，更需要一套综合的社交与情感学习课程以及教育思路，对孩子们未来的学术和社交成功所必备的性格特征，进行引导和强化。

正如保罗·图赫（Paul Tough）在《性格的力量》（*How Children Succeed*）一书中写到的那样，我们不应仅仅将学校的角色定位为教会孩子阅读、写作和数学的场所，更是培养孩子人际关系和性格特征的地方。这些技能才是帮助孩子成为对社会、对个人充满责任感的公民的关键所在。这些技能，可以让我们有效地阻止任何一个人，无论是孩子还是成年人，去采取霸凌行为。在我的工作过程中，我看到所有人，包括教育者、家长和孩子，都对这些问题有过一些思考。我们需要采取行动，确保这些社会情感技能，成为孩子在学校中年复一年的学习过程中的核心内容。而且，这些内容也应该由孩子带回家里，带到家长身边。

在我们想办法应对文化中和儿童群体之中的攻击倾向时，我们也需要坦诚地扪心自问。有些时候，家长为了保护自己的孩子避免因自身的过激行为承受相应的惩罚后果，而匆忙采取行动，同样是这些家长，却完全无视其他孩子是否会因此而受到影响。如今，错误和过失很容易通过技术和社交媒体逐渐升级，这些错误所导致的后果，对我们的孩子来说是影响巨大的。作为成年人，我们需要更加努力地去平衡自身的恐惧，以及在事情发生时所产生的强烈的心理反应，去想办法尽量客观地看清事实的原貌，以负责任的、合理的态度采取回应。如今的学校和家长，不仅需要帮助各个年龄段的孩子去抵御反社会的文化模式，更应该帮助孩子们培养出足够强大的性格和足够充盈的人文情怀，让孩子们能够为了去改变现状而付出努力，让我们的文化环境变得更加理想。

乐队少年：将“走调”的行为转变为学习契机

可怕的反义词是可亲；疯狂的反义词是平静；毫无头绪的反义词是把握全局；反应过激的反义词是合理回应。前一章中讲到的乐队的故事，就是成年人以有效的方式进行回应，以积极态度处理问题的典范。这个故事告诉我们，你的每一次回应，都是你所构建的学习契机之中的一部分，而所有的小事汇总为一体，就最终形成了孩子与家长之间牢固而深厚的沟通模式。

现在我们就来讲一讲，参与此事的成年人都做对了哪些事情。校长保持冷静，收集了所有的证据，并没有表现出可怕的一面。和那位在头脑中构想出反社会犯罪分子的警官不同，这位校长认定这些孩子不过是有点个性，犯了些错误而已。他知道这些孩子都是好孩子，只不过做了一件坏事，犯了个错，需要让这些孩子对自己的错误负责任。校长也与那位女生和她的家长进行了推心置腹的交流，倾听了她的故事，了解到这件事对她、她的朋友，以及她所在的学校造成的影响。他与这位女生所在学校的校长专门聊过好几次。当然，此事肯定会在惩戒委员会中进行讨论。但这位校长始终保持一名教育者的视野，希望能够帮助这些孩子，帮他们从错误中习得经验教训，获得成长。校长和参与事件的各方都进行了谈话，其中包括每一位男生、每一位男生的父母、这位女生、女生的家长、另外一所学校的师生、自己学校的学生，还有学校委员会、学校报纸，以及当地媒体等。

校长的惩戒计划，让这些男生能对自己的所作所为负责，同时确保自身的尊严不受侵犯，不会因此而蒙羞。他也提醒教职员工和家长，不要给这几位男生太大压力，并且提醒社区中的所有人，帮助孩子打造性格的方式就是从错误中进行学习，而他人也不应该用孩子犯的错误给他们贴上标签。这几位男生除了受到停学几天的惩罚之外，还要对青少年利用媒体的高风险行为进行研究和写作，并在全校师生面前进行发言，还要反思从错误中习得的经验教训。此外，几位男生还从事了社区服务，给小孩子进行互联网安全的教育。校长与每一位男生和他们的家长都见了面，清楚地告知他们，此事有明确的开始，发展过程和终结。诚实透明和勇担责任，是我们成年人为孩子树立的榜样。孩子们这个错误的本质，随后的惩戒，孩子们为自身行为所负的责任，以及改过自新的态度，都成了这段历史中的一部分。而此事也不会像家长们害怕的那样，毁掉孩子们上大学，拥有美好人生和光明未来的机会。

当这位校长知道我正在撰写本书时，他邀请我到学校来采访这几位男生和他们的同学。因为他知道,和我交流的过程可以帮助他们进一步自省，从事件中吸取更多的经验教训，并且能够与更多的读者分享他们的心得。这所学校因严格的学术氛围而著名，同时也通过成年人树立的领导力和人生导师形象，为学生们创造了一个从心理学角度讲的安全空间，让他们不仅可以从课堂的课程中学习知识，更能从学校这个小社会中，习得关于人生的实用课程。

利安告诉我说，在事件发生时，成年人的回应方式，让他深刻地理解了这些成年人的善意和智慧，也让他和自己的父母关系更加紧密。

> 这件事发生之前，我并不是家里话最多的孩子，所以每次当他们问我，今天在学校发生了什么的时候，我总是会说没什么。现在，他们对我每天在学校的学习和生活产生了更大的兴趣，这种兴趣进一步加深了我们之间的关系。以前我经常会把许多事情藏在心里，认为这些都是我自己的事，应该自己处理，不应该麻烦他们。现在我明白，遇到事情应该讲出来，保持诚实，和父母之间，没必要隐瞒。

我和这几个创作了歌曲的男生聊天时，他们讲到在网上看到所有人的回复，这些回复又将他们个人感觉最差的一次表现转变成了一次艰难而富有价值的学习体验。他们的老师和校长利用这次宝贵的学习机会，让几位男生对事件负责任，并创造条件，让他们能够弥补对受害人造成的伤害，也将他们从中学到的经验教训传播给其他人。最后，几位男生都变得更加富有智慧，对自我的认同感也更加强烈，同时对学校充满感激，与家长关系更加密切。

关于性的话题：将可怕、疯狂、毫无头绪置之门外

迈克尔·汤姆森讲到一次八年级的健康课程，课程的主题是与 14 岁的男生谈论关于性的话题。当他问到，有多少人曾与父母就性话题进行过

有意义的对话时，3 位男生说他们有过，11 位男生说从来没有过。他告诉我说，这是非常典型的现象。这些 14 岁的男生和他们的父母，基本不会正面应对这个话题。大家都围着视频游戏的问题团团转，但同时，这些男生都看过大量的色情片。因此，你能做的唯一的事情，就是尽早开始对孩子们进行性教育，用一种温和的、循序渐进的方式来讨论这个话题。因为问题就在于，如果你针对性话题的讨论开始得太晚，说起这件事的时候，你又太过夸张，你在孩子心中就失去了可信度。

和孩子讨论性话题，你可能会觉得很不自在，父母都会这样。我知道，你认为你应该和孩子坐下来好好讨论一下性话题，而让你犹豫不决的，就是不知道应该如何开口。许多年前，我在菲利普斯安多福学校担任校心理学家时，曾经为十一年级和十二年级的学生开过一门名为“爱与人类性行为心理学”的课程。在课上，学生可以针对性话题与亲密关系进行坦诚而有深度的思考和讨论，并且共同探讨当下文化中所蕴含的各种类型的关系。我们讨论到了美好的爱、拙劣的爱，性关系的各种表达方式，讨论到了性别、文化和政治，用这样的方式帮助学生想清楚自身的价值，以及在人生的这一重要议题上，想要获得什么样的体验。令人感到讽刺而悲哀的是，直至今日，许多学校的教育者依然不允许学生在课堂上就性话题进行公开讨论，不允许学生们在学习环境中掺杂有关性的内容。而与此同时，孩子们又被媒体和娱乐所包围，其中充斥着扭曲而暴力的性行为、色情内容和不健康的关系。虽然当下的情况不容乐观，但如今十几岁的孩子们还是会告诉我，正如多年前我教过的学生一样，他们希望获得美好的爱、真实的爱。他们知道，真正的关系比随便乱搞要有意义得多。

随后即将讲到的对话内容，是我经常用到的。在针对各个年龄段的青少年进行心理辅导的过程中，在面对小规模群体和大型演讲活动中，我都曾借用过这些对话内容。关于为什么以及如何与孩子们讨论性话题，我想要与读者分享两段内容，一段是与男生谈话用到的，另一段是与女生谈话用到的。这些都是比较基础的版本。每当父母因孩子暴露在性内容面前而感到焦虑不安，惊慌失措地给我打电话时，这些谈话方式可以为他们提供指导。孩子们可能是看到了色情片，可能是流行电影或电视节目之中的性行为，或是贯穿整个剧情的随便而不负责任的性关系。也许，是你无意间听到孩子们之间的对话。每当此时，你就需要负起为人父母的责任，为孩子填补这个空白。

这些建议，更适合应用在年龄较大的青少年身上。无论孩子在哪个年龄段，作为家长，最重要的事情，都是要尊重孩子独一无二的自我体验、社交状态，以及对性知识的接纳能力，并以这些现实为前提进行对话。同时，也建议你在对话过程中加入自身的价值观、合理的考虑，以及你对孩子的良苦用心。在这里，可以加入一些有关健康价值观的观点、文化信息、恋爱和亲密关系、紧密联结的性行为、在稳定关系之中所发生的性行为，以及在毫无联结的情况下所发生的性行为。还有一些极端的情况，就是你们可能会讨论到有关扭曲或暴力色情内容的理解。虽然在大多数情况下，我们会遵从普遍的社会现象，也就是男生对女生主动发起性行为，但同样的道理也适用于女生向男生主动发起性行为。

你可以在驾车途中与孩子进行这些对话，因为边开车边谈话也是我自己最喜欢的方式。在车里，孩子们无法逃开，只能接受和我进行对话的事实。我会在谈话开始时先说：我需要跟你说一些事情，需要你好好听。你不用对我说什么，但是我希望你能认真听我说。

与男生的对话

我听说现在有的男生会想办法说服女生和他们发生关系,就是性伙伴之间的关系。我需要你好好听我说说这件事。首先，任何一个女生，无论出于什么原因，即使她某一天同意这样做，也有可能在事后反悔，并且指责你强奸她。任何一个女生都能说是你强迫她这样做的，即使你并没有，而且在这种情况下你有可能被指控为强奸罪。是不是很可怕？她的父母一旦知道他们的宝贝女儿和你发生了关系，一定会大发雷霆，不停地找你麻烦，就算他们的女儿不希望他们这样做也没用。你要明白，在这件事上你是有法律责任的，而且一旦涉及法律问题，整件事就超出了你个人的控制范围。

好，现在法律问题说完了。另一个问题就是，你所在的这个文化环境普遍存在一种观点，认为男性利用女性作为他们的性玩物是一件很酷的事情，不需要对女性负责任，不需要在乎她们的体验。这样的想法，对女生是毁灭性的，同时对你也很不好。如果你认为，女性的存在就是为了让你体验到快感，那么你就不再认为对方是一个人，这就是物化的意思。而性也不再是有关于爱的行为，只不过是与你和你自己的愉悦感有关而已。这种类型的性，并不会持久，也不会存在于真正的关系之中。

你们这些男生，现在看过太多的色情片，其中的性行为都与浪漫和爱情无关。我希望你拥有良好的、充满爱意的关系。看那些暴力的色情片等乱七八糟的内容，就破坏了你获得充满爱意的性关系的能力。你真的认为你打心里喜欢的女生会愿意和你一起做那样的事情吗？真的认为女生会心甘情愿地和你玩角色扮演吗？我不想这样告诉你，但如果你总是看那些东西，并且习惯了那些东西所传达的行为方式，今后当你和真正喜欢的女生在一起时，就会遇到大麻烦。

如果你希望拥有真正美好的性关系和持久的爱情，那就好好反思一下你现在看的色情片是什么样子的。永远、永远不要强迫一个女生做任何事情，不要把她灌醉，想都别想。你要知道，你需要去了解那个和你发生性关系的人。如果能在一段良好而持久的关系中，一步步挖掘自己的性体验，并且在这个过程中彼此关心，那么你的体验，就会更加优质，更加持久。

与女生的对话

我听说，有的男生会给女生压力，希望女生和他们成为性伙伴，或者发生性行为，而无须为此负责。我希望你能听我说说这个事，也想知道你对这件事情怎么看。性伙伴关系中究竟是谁受益呢？（听到这里，女生们经常会笑出声来，她们知道问题的答案。女生比男生更愿意诉说，因此我们可以先等待她们的回复。但如果她们不作声的话，那么你可以继续往下说。）

事实是这样的，性伙伴关系，就给了男生一个许可，允许他们去利用女生。性伙伴这个说法非常有意思，有了这样的关系，你可能会希望这个男生会真的关心你、在意你，但是性伙伴关系的本质，就在于可以让男生对你做各种事情，而不在乎你的感受。因为如果一个男生真是你的朋友的话，他不可能请你和他做这样的事情。没哪个男生在真正在乎某个女生的情况下，还会请她做性伙伴。

还有一件事：性伙伴之间的性行为，对于女生来说，是走进性生活门槛的一种非常不好的途径，因为性伙伴之间并没有实质性的关系。没有承诺，没有彼此之间的关心。当你还年轻，在性方面不断进行自我探索时，很重要的一点，就是要在真正的关系之中进行探索，和一个真正在乎你的人一起探索。性伙伴的行为，并不是为了满足女生，对吧？其实男女双方在性伙伴关系中都得不到真正的满足。（说到这里，女生很可能会发出表示嫌弃的声音。）性伙伴关系，就是要让女生认为，你有义务满足男生的性需求和欲望，而忽略自身的需求和欲望。性伙伴关系会潜移默化地塑造你的人格，转移你的关注点和需求，也会让你觉得随随便便的性行为是无所谓的一件事。女生真正需要的，是浪漫、爱情，更是独一无二的感觉——自己对于男生来说非常重要的感觉。换句话说，女生真正需要的，是一段真正的恋爱关系。而在你的性体验探索历程中，拥有这样一段关系是很好的一件事。

现在，很多优秀的男生也会从四处得到各种乱七八糟的信息，以为男性强迫女性发生性行为或在性方面利用女生，而无须对女生付出关心和爱护，是一件很酷的事情。于是，男生就会找到你，急切地表示他是多么需要你成为他的性伙伴，然后就会跑到男生中间去吹牛。他们也可能在不动脑子的情况下就将这样的事情拿到网上去宣传，根本不想这样做你会怎么看，是否会对你产生影响。这种事情对女生来说，打击非常强烈。这样的事情，就会让你认为，你根本不值得男生多付出，不值得男生的关心，不值得男生的承诺。但是，你真的值得获得更多的东西。当你到了性活跃的年龄段时，你需要等待自己处在一段美好的恋爱关系中，再进行尝试。与你发生关系的人，应该是你真正了解和熟悉的，真正关心、在乎你的，这样，你们才能在共同探索的过程中享受到快乐。你不想感觉自己被人利用，不想因为与一个不在乎你的男生随随便便发生关系而被吓到或被伤害，不要去做你觉得不想做的事情。

性可以是很多面的：可以非常美好，也可以极其下流；可以优质，也可以差劲；可以混乱不堪，也可以充满乐趣。保护自己和性探索之旅的最佳方式，就是与一位真正关心你、在乎你的人一起踏上这条路，并不断地自我发现。但是，这并不是你这个年龄段的孩子会感受到的一点。这就是问题所在。当你在太过年轻的时候就尝试了一些事情，很可能会让你感到害怕，或是让你对本应在日后感到很享受的行为留下心理阴影。而如果你能等待遇到那个对的人，找到对的时间，就会在共同探索的过程中留下非常美好的回忆。

你们这一代孩子成长过程中的文化环境，让性与浪漫脱节，让性与亲密关系脱节，而我希望你能获得美好而充满爱的浪漫关系。等你再长大些，就会发现，还是有好男人，和你一样希望能获得美好而充满爱的浪漫关系。这样的男人，值得你等待。

无论是对男生讲，还是对女生讲，有的家长基本得不到孩子的应答，这也没关系。还有一些家长告诉我说，他们的孩子会讲一些学校里发生的故事，或问一些问题。如果是这样，那么请你深呼吸，保持平静，让孩子带着你往前走。

有效的性教育，远远不止是简简单单地讲讲生物知识和健康知识而已。

还要讲到爱、价值观、尊严、正直、性别角色、性角色转换；对性取向的尊重；超越文化角色；超越媒体塑造的形象；理解性物化的风险、心灵相通的性爱、与亲密关系脱节的性爱；酒精、药物和性之间的关系；尊重自己的身体；了解自己的身体、头脑和心灵；意识到我们可以疗伤、复原，但需要在可能的情况下尽量防止自己受伤。只要你听到孩子说起性伙伴、乱搞之类的话，就要与孩子坐下来进行一次谈话。也请你鼓励孩子所在的学校与学生进行性方面的对话。在对话过程中，请保持平静和专注。孩子听后，很可能无言以对。但你已经在没有发生闹剧的情况下，顺利地将需要传达的信息传达了出去。

成为理想中的父母：平易近人、波澜不惊、了如指掌、面对现实

当孩子年龄尚小时，我们可能会幻想着目前这种亲子关系一辈子不改变，我们永远都是他们不开心时想爬进来的怀抱。但没人能保证这种关系会永远不变。随着时间的推移，我们需要不断维护、经营与孩子之间的亲子关系。在日复一日中，不断打造着亲子之间的互动模式，不断加强亲子之间的信任和亲密感。学校不断努力教育学生如何成为合格的数字公民，家长也要将这部分内容带入与孩子进行的对话中。

如果你听到有人讲到如今孩子们会做出的一些行为，还认为自家孩子永远不会这样，那么你就有可能存在一厢情愿的幻想，认为自己还能控制住自己的孩子，并且控制住这个世界对孩子的影响。我们越早明白孩子将做出自己的选择，或者将经历一些让他们后悔的体验，就能越早找到办法让自己对孩子有所帮助——时刻保持开放、波澜不惊和平易近人的状态。

想想孩子们所在的这个世界，和他们将要融入的这个文化环境，你就

会觉得，让孩子在关键时刻能找到我们寻求帮助，是多么重要的一件事。我们需要让孩子向我们敞开他们那个世界的大门，去看看他们真正在做些什么，使他们在遇到麻烦时能向我们说实话。为了让孩子们能够在关键时刻来找我们，不仅仅是我们是否允许他们这样做，或者是否希望他们这样做的问题。孩子们首先要感觉到，在关键时刻找到我们，他们仍然能保持安心、安全。说话前，请你三思、慎重，千万不要小题大做，徒生闹剧。为人父母，最需要的，就是不断地练习、练习、再练习。

第八章
可持续家庭

将技术转化为亲密关系、创造力和团结力的盟友

关于我们彼此之间如何共处的问题，曾经有一种类似于“言传身教”的练习过程。这可能就是我们最难能可贵的财富，而这笔宝贵的财富，在数字化时代中被我们遗弃了。

——拉拉，72岁

我的一位朋友曾经给我讲过她家发生的一件事。一天下午，她9岁的儿子正坐在厨房的餐桌旁边，一边看着笔记本电脑里播放的《星球大战》，一边写着作业，而她正在厨房里做晚饭。此时，全家人陆续结束了一天的工作和学习，回到了家里。先是大女儿进了门，而后二女儿也回来了。每

个人都将手机连接到餐桌边上那一团乱麻般的数据线里，进行充电。我的朋友当时也正把自己的电子阅读器放在那里充电，旁边还有她丈夫的平板电脑。这时，儿子从电脑屏幕前抬起头来，望向那一团乱七八糟的电线和电子产品，说道："酷！我们家就跟个工作站一样！"

家庭生活并不总是如此充满幽默和笑声的。有的家长告诉我，他们担心自己的家庭生活正在变成另一种样子：每个人都在自己的轨道中。等到吃饭的时候，大家就聚到餐桌旁吃东西，和加油、充电无异，还互相交换彼此最新升级和购买行为的体验。这个餐桌，就像是一个预备区，而技术则是所有活动、对话和关系的组织方和主题。微博取代了面对面交流，发信息取代了面对面聊天。从这个角度来看，代沟不复存在。无论是数字化原住民还是移民，我们都深爱着自己的电子产品。那么，我们应怎样才能在保持自我的前提下去全然接受数字化互动呢？我们应如何维持家庭成员之间的联结和亲密关系，如何在数字化时代保持面对面以及由技术传达的美好情感呢？

可持续性的定义是，一个生态系统保持、维持或支撑各式各样有可能威胁到其自身健康运转的社会和自然力量的能力。这就是哲学家兼作家布赖恩·G.诺顿（Bryan G. Norton）所谓的"关于适应性生态系统关系的哲学"。我作为一名儿童和家庭心理咨询师，也将这种世界观作为我生活和工作中密不可分的一部分，因为我需要经常进行资源的更新换代，让那些可能导致伤害的行为淡化、消失，并在深思熟虑的基础上培育新的成长。我需要不断去寻找那些全新的行为之种，需要不断尝试为新的成长、新的技能、新的思考腾挪空间，像伙伴一样陪伴在孩子们身边，等待着他们准备好实现自我改变。每一个季节，都会迎来新的成长，也时常能让我见证意想不到的发展。

为人父母，感觉就像是在时刻不停地除草，如此枯燥乏味，还要不断重复同样的动作。园艺工作，需要不急不忙、持续不停地关注。从我多年的园艺经验中，我深刻地体会到，有时最美好的愿望却无法换来想要的结果。我们要一次又一次地检查泥土，一次又一次地增添新的肥料。我们还要学会不抱怨、不气恼。园艺工作，教会我们坚持不懈、保持希望，而与此同时完全接纳我们无法控制天气的事实。

家庭就是一个生态系统，耐得风吹日晒，包容得下世间万物，经得起各种考验，而同时又十分脆弱。无论家人的关系如何，他们彼此之间都共同创造并分享了一个对他们而言独一无二的环境。家人之间是相互联结的。我们每一个人，都希望自己的家庭能够发展壮大，能够幸福美满。我们也意识到，我们生活的这个时代和文化环境，已经出现了“数量庞杂的社会和自然力量，可能会干扰到其健康运转”。社交网站、聊天软件、视频游戏，以及大脑的多巴胺愉悦反应——所有这些都以强大的冲力席卷着我们的生活，可能会对孩子和家庭造成巨大的负面影响。

所幸，我们拥有创造出可持续家庭的关键——充满爱的、散发着蓬勃生机的人类生态系统。我近距离了解过太多家庭分崩离析的各种原因，也详尽地掌握了孩子因家庭而困扰的前因后果。一个家庭所能展现出的强大的适应力和生长力，总是让我惊叹不已。最能唤起家人响应的，就是充满爱意的关注。家人才是最本真的可再生能量来源。用饱含爱意的眼光看待家人，在过程中逐步筛选，淘汰那些不奏效的态度或交流方式。多年来，我与各类或幸福或不幸的家庭共同工作，在其中发现了家庭幸福所具备的某些共有特征，即我所谓的“可持续家庭”。这些特征跨越政治倾向、宗教信仰、教育程度、收入水平和种族。可以说，这些特征能搭建起一个普适的操作系统。这样的家庭可以是自由派，也可以是保守派，可以有宗教信仰，也可以坚持无神论，可以生活在城市，也可以生活在农村。这些家庭共有的特征,也能帮助你滋养你的家庭。我将在后面具体讲到这些特征，现在先让我们来看看可持续家庭的与众不同之处。

可持续家庭，创造出了一张联结大网。这张网结构强韧，层次丰富，可以凭借自身的弹性，团结一致地应对危机。可持续家庭充满灵活性，从不脆弱，通过家庭成员花时间相处，而培养出了高度的延展性。可持续家庭认为家庭生活比网上人生更加重要，而且确信，一家人必须要将全家的团结和睦作为头等大事，否则根本无法打造出可持续的特质。在可持续家庭中，家人会利用各种各样的好办法来与技术相处，时刻考虑周全，调动全部的感官来体会彼此的需求。在没有媒体干扰的情况下全然地彼此陪伴，永远是人类联结的基础。可持续性，就是懂得珍惜你能与孩子在家中共度的有限时光，知道无论是你还是孩子，都不可能永远在那里。这就意味着，你要勇担责任，对媒体和技术进行主动管理，在必要时将这些东西从家人的视野中移开，不去操纵媒体和技术，也不受媒体和技术的操纵。可持续家庭的核心，是以孩子为中心，给出最富爱意、最强支持、最为独特的家庭环境,促进孩子健康的成长与发展。这件事听起来好像难度很大，但实际上，都体现在我们与孩子日常相处时点点滴滴的选择中。并不是说做出这些选择或践行这些选择是很轻松的，但如果我们真心在乎孩子的未来，这些选择至关重要。

尼尔·波兹曼（Neil Postman）在 1982 年出版的著作《童年的消逝》（*The Disappearance of Childhood*）中，请求家长将育儿这项事业看作针对不断涌现的技术和流行文化中非人性一面的“离经叛道的举措”。“我们的文化还不至于忘掉对儿童的需要，”他写道，“但基本上忘却了儿童需要童年。那些坚持为儿童守护童年的人，就是在践行一项高尚的事业。”

他还写道，这需要家长在许多方面亲力亲为，包括教会孩子延迟满足，在性行为方面负责任，自我克制，培养风度和礼貌，以文明的方式做事、说话、写字。“但最叛逆的，就是对媒体进入孩子视野的方式进行控制。”他在三十多年前这样写道。如今，面对比以往更加无孔不入、复杂多变的媒体，我们在管理孩子对这些内容的接触时，波兹曼的呼吁则显得更加急迫，更具重要性。

无论你认为自己是为了育儿选择与流行文化离经叛道的另类者，还是坚持主动打造可持续家庭的积极分子，你都希望自己的家庭文化与主流媒体和在线文化中消极的一面相对抗。你希望孩子长大成人之后拥有什么样的价值观？你的生活方式和对孩子的教导，是否能体现出这些价值观？人们有时候会否认短视的决定会造成的长期后果，同样，我们也会否认整天发信息，缺乏对孩子的高质量陪伴。所谓的教育游戏，以及在家庭中充斥电子产品的毫不质疑的假定，甚至否认这些都存在着负面影响。我们欺骗自己，更多、更快就一定是更好的。的确，有些非常优秀的电脑游戏，能教会我们一些人生技能——例如战略思维和协作精神等。但并不是所有的人生课程都能从网上学来。人工智能正在以日新月异的速度变得越来越先进，但没有什么可以复制那些深深印刻在人生深层体验中的独特的人类智慧。

技术创新永不止步，但我们已经知道，这种超链接状态下的技术生活为我们带来好处的同时，也对孩子的心理健康和幸福成长造成了真实的负面影响。著名心理学家马丁·塞利格曼（Martin Seligman）是积极心理学之父，也是《持续的幸福》（*Flourish*）一书的作者。他提出了经研究总结的幸福五大要素，分别是：积极的情绪、主动参与、积极的关系、意义和成就。当我们将这五大要素带入我们与技术的关系中，思考一下多巴胺的刺激，社交网络和视频游戏带来的快感，以及从网上瞬间找到你想要的东西时的即时满足感，就能理解为什么这些技术上的联结会让人感觉到虚假的幸福感。从某种程度上讲，这些体验的确能让人在当时觉得幸福。但是，这也同样能解释，为什么大量的发信息交流、社交网站浏览和其他技术联结方式，会取代真实的、面对面的人类联结，破坏真正幸福感的本质和基础。

而对于环境可持续性而言，对可持续家庭的威胁，就是不去适应，不将圈子向新人和新思想敞开，不去建立联结，拒绝新技术。技术可以被我们当作加强家庭联结纽带的工具，也可以稀释家人之间的关系。当家庭成员“形单影只”太长时间，总是在网上经营家庭范围之外的社交小天地时，家庭凝聚力就会遭到破坏，家庭纽带就会松弛。如今的家庭，必须与技术保持关系，而同时不放弃建立良好的家庭关系，因为只有保护好、经营好这些关系，我们才能构建起真正可持续的家庭。

联网或断网：关于两个家庭的故事

纯粹主义者有时会无视中庸之道的智慧。我经常看到，原本关于“利用多少技术是可行的”这样合理的问题，演变为一场关于道德的辩论，正反方要么视技术为珍宝，要么视技术为糟粕。其实根本没必要。我想在这里与读者分享关于两个家庭的故事。这两个家庭，对技术秉承着截然不同的理念。从伊莱和伊万（7 岁和 9 岁）还在读小学时，我就认识了他们。如今，当年的两个小男孩已经成年，到了四十不惑的人生阶段。两人的妻子都是很优秀的育儿搭档，但他们在家中，针对技术和媒体采用了截然不同的态度和处理方式。他们都对技术世界了如指掌，他们的工作也要求他们掌握对科学和技术的复杂应用。因此，他们的不同意见，是理念层面的，而不是以对技术的理解和接触经历为基础的。两人都拥有蒸蒸日上的事业，而他们也都意识到，技术阻碍了他们参与家庭的程度。实话实说，两位父亲能有这样的认识，过程并不轻松。两人都因为技术在工作与生活平衡的过程中所发挥的作用而挣扎过，也花了好几年的时间，才把握住其中的成本收益比，找到办法进行权衡，改变自身的做法，做出适当的牺牲，让一切回归正轨。

伊莱是一位科学家兼顾问，经常要全世界到处飞。他第一个孩子出生时，他就开始处于长期出差的状态。他称自己对手机和电脑上瘾，需要利用简单快捷的小游戏和互联网作为高压力工作的缓冲，也可以借此填补长期不在家人身边的愧疚。

“从终极角度来看，成瘾行为就是将痛苦进行固化的行为，”他说道，“就是为了缓解自身的焦虑情绪。每次打开手机，我都想，‘好吧，我就看一眼——我的电子邮件、股票涨跌什么的’，因为看这些带给我的体验，比我当时的状态要好一些。”他开始将这些一点一滴的手机时间连成一个整体来看。当看到全貌时，他深感不安。“我开始说，‘你知道吗？这样并不是真正的生活。这样就是想要创造出比我拥有的一切更快乐的现实体验，但这并不是一种好的生活方式’。”他说道，“我需要允许自己接纳当下的坏情绪，不去用能带来愉悦感的分心方式试图将这些情绪掩盖掉。我需要说，‘是的，我现在感觉不怎么好’或是‘没错，我很痛苦’等，允许坏情绪自然而然地存在。我认为，从终极角度来看，所有的上瘾过程，都是为了麻木自身的痛苦，就连拿着手机放不下来的毛病，也是出于同样的原因，都是为了去寻找比当下的状态更加开心的体验。”

伊万很早就开始利用技术。他十几岁时就成了技术天才，受到乔布斯等人的影响，从大学辍学。在技术圈里，他如鱼得水，也顺手将整个技术圈抱回了家。他以前和现在，都是一个彻头彻尾的技术狂。他家里的办公室，堆满了各种高科技、新科技和实验电子产品，而且他从来不会与世界断联。他根本无法将自己从中挣脱出来。孩子出生几年之后，他开始意识到，自己拿着手机和电脑时刻不断的多任务处理和分心状态，让自己从更加完整的真实生活和家庭生活中脱离了出来。而人与人之间真实的感情交流，是技术所无法触及，也不应该去触及的。

“对我来说，认识上的转变，主要是因为自己年龄越来越大了，眼看着时间飞逝——就是这么简单。”他说道。他的两个孩子，一个1岁，一个4岁，过不了几年就要上学了。看着孩子们一天天长大，他不禁感慨，时间过得真快。“我意识到，‘只要再过5年，孩子们就不再是现在这样了’。”想到最小的孩子马上也要上学，他恍然间有了危机感。他自己的父亲在他小时候就经常不在家，伊万说道：“所以，我真的不想将自己小时候没有父亲陪伴的感受传递给我的孩子们。”

两位父亲有了各自的顿悟之后，决定变得更加积极，在父亲的角色上更加投入，更有想法。对于两人来说，掌握技术有着重要的意义。两人的妻子，也都非常在意通过全家人面对面的对话和活动保持深层次的联结。但是，两位父亲的想法和策略又非常不同。最终，两个家庭在电子产品的使用原则上，形成了鲜明的对比。

伊莱的孩子只能在极其有限的情况下使用技术、屏幕和娱乐媒体。家中的台式电脑装有儿童安全显示屏。7岁的希艾娜和4岁的撒瑞塔只用电脑做作业。她们13岁的哥哥马特，被要求不允许网上聊天、玩视频游戏等。他可以用网站搜索信息，但家中的安全设备会将任何有问题的内容屏蔽掉。家里还有一台笔记本电脑，但这台电脑没有联网。伊莱和他的妻子约西娜都有自己的智能手机。家里还有一台全家人公用的电视机，但没有安装有线电视。因此，电视里基本没什么频道可选择，他们看得很少，一般一周也就看半个小时左右。他们会用电视机看影片。马特 12 岁时，获得了游戏机作为圣诞礼物，里面装了几个游戏。每天，他都可以玩 30 分钟的游戏机，也可以把时间攒起来，一次多玩一会。

伊万的孩子生活在一个处处连线的家庭之中，到处是技术和电子产品，包括一台大型平板电视机。他们会在电视上玩各类经过家长允许的游戏。《特种部队》（*Call to Duty*）是其中最暴力的一款。家里还有几部平板电脑，每个孩子都有自己的笔记本电脑和手机，可以在受限制的情况下发短信。在厨房里，有一台全家公用的电脑，孩子们都非常清楚家里的规则，那就是，不准将电子产品带到卧室里。买新的电子产品之前，孩子们必须要征得家长的允许，无论是电影、应用程序、视频还是游戏，都一样。伊万夫妻没有规定孩子使用电子产品的时间，而是基于孩子的整体时间安排进行灵活分配。作业做完了没有？家务活干完了没有？上次你是什么时候玩过这个游戏？我们是否需要全家人聚在一起聊点什么？一般来讲，周末是孩子们使用电子产品的时间，但他们用电脑做作业的时候，也可以和朋友们互发电子邮件和聊天。

两家人每年度假时都会相聚两次。每当谈起使用技术的规则时，两位父亲就会开始剑拔弩张的辩论。一开始，他们都认为对方应该考虑得更周全，尊重来访家庭在技术问题上的偏好。这个想法却带来了诸多问题。但是，他们还是坚持年复一年地磨合。他们兄弟之间的爱与承诺，对家人的关注，以及对共度假期这个仪式的尊重，帮助他们找到了共同之处和妥协的方法。

从这段为时多年，非常随意，完全不遵照科学方法进行的研究看来，这两个不同的家庭所采用的截然相反的模式，都很奏效。五个孩子都十分优秀。他们充满创造力，为人亲和、富有思想、慷慨大方，很是聪明，和许许多多孩子一样，无论有没有平板电脑、电视机、视频游戏、智能手机，或者聊天软件、微博、最新上映的电影等，五个孩子彼此之间关系都很好，每年两次的相聚，他们都能在一起玩好久。虽然两家人对技术的应用和作用有着大相径庭的思路，但每当我想到可持续家庭时，都能想到这两家人，因为他们称得上是坚强而充满爱的典型案例。这也反映了我在近30年的工作过程中所接触的各类家庭和孩子在面对媒体和技术对家庭生活的冲击时，所采取的典型做法。

参考伊莱和伊万这两种比较有代表性的家庭经验，再加上两者之间许许多多针对家庭技术问题的经验，我总结出了七个特质，可以作为数字时代可持续家庭的实践指南。这些特质至关重要，但无须精确。读者可结合自身的看法加以理解，因为这才是家庭生活的本质。

第一，可持续家庭认识到当今世界中无所不在的技术，并据此开发出一套针对技术使用的家庭理念，从而反映并支持全家人的价值观，并为全家人带来幸福感。每家人都有自己的方式去相处、去玩闹、去试验，无论是利用技术，还是不用技术。

与技术最富活力、最健康的关系，是从无到有建立起来的。最终，技术的最佳应用方式，还是要存在于我们为孩子们创造的安全而充满爱的环境之中。这个创造过程，是我们与孩子面对面共同进行的。这个过程毫无技术掺杂。这是因为，无论媒体和技术在家庭生活中占据多大比例，无论我们怎样使用它们、享受它们，我们的孩子在不与家庭脱节的前提下利用技术的能力，都源于孩子与我们所建立的深层联结。

由此可见，可持续家庭是从深层联结的构建起步的，是从全家人的情感协调起步的。孩子需要感觉安全、安心，而他们最初、最强大的安全体验，就是在与我们建立的关系中获取的。在我们与孩子共处的年月中，他们会不断地“研究我们”，不断地觉察我们是否可靠，是否可以接近。这其中也包括我们的电子产品使用习惯。许多小孩子都认为屏幕在和他们竞争父母的关注，而随着孩子慢慢长大，我们的电子产品使用习惯又成了他们的参照模式。很重要的一点是，我们要将多任务处理的工作模式仅留在工作环境中，坚决不要将孩子带入其中，就像我们不希望等他们长大了将我们列入他们的待办事项一样。面对面充满爱意的对话，尤为重要。无论孩子多大，都能从这样的方式中感受到他们对你的重要性。我们每天每晚重复不断地说“我爱你”，重复不断地说“我们都在这里保护你，在这里帮助你”，这样的话语对于孩子来说非常重要。知道有成年人希望去保护他们，对于孩子来说非常关键，也非常能让他们安心。同时，日后当我们为了保护孩子而设定界限（例如电脑的使用）或规定最晚回家时间时，也会让我们在孩子眼中更具可信度。合理的界限、惩戒和后果，可以帮助孩子理解，为了自身的安全，这世上有需要他们去遵守的规则，也能让孩子们感觉到他们对我们的重要性。

如今，在电子产品上进行的对话，已经成了每个人的第二语言。因此，可持续家庭也会在家中使用电子产品。无论你决定在家中保持无电子产品、少量电子产品还是大量电子产品，你的孩子都是属于这个世界的，他们需要知道在技术世界中如何行动。他们迟早要到外面看到一些家中不曾见过的东西，你希望他们愿意和你讲这些事情。另外，在技术使用的问题上，每个家庭都需要制定自己的家庭原则，立一份真正的合同，而且原则与合同还要不断修订，因为孩子成长的每个阶段都有不同的特征，而技术创新也有着日新月异的速度。我们希望孩子善于探究、善于思考，在与朋友们聊到自己家的事时，能轻松自如地说一说，也能讲明白为什么家里是这样的。从最宏大的角度来看，无论你对媒体和技术有着怎样的感觉，制定家庭规则，就是给了你机会：第一，承认家庭之外存在与此不同的现实情况和价值体系，而不对他人做妖魔化处理；第二，解释你为什么为家庭做出了这些选择，同时不对他人做妖魔化处理；第三，练习在孩子面前不表现出可怕、疯狂或毫无头绪的一面，平和地与孩子进行交流。要求 6 岁的孩子在看电视和玩电脑之前征求你的同意，就是在打好基础，等将来他到了青春期阶段，开始探索风险更大的疆域时，你与他进行的关于规则限制、责任感和后果的对话也会容易许多。

家人之间的对话，可以包括许多话题，例如网上生活、家庭电子产品的应用、学校的规则和法律法规、网络习俗、社交礼仪（是的，就是那种传统的老式礼仪，帮助我们的孩子认识到，有时候传统可以超越技术），以及数字时代的公民意识。将有关技术的对话，视作家中的固定活动。将技术话题放到桌面来讨论，是完全不同的另一件事，也开通了家人之间的对话渠道，可以无所不谈、深入沟通。

战略思维，听起来有些复杂，实则不难，而且远比危机干预要简单许多。无论是在家中还是在学校，一份关于媒体、电脑和电子产品使用的纸板合同，需要每一个人签字，通过这样的方法明确对所有人的期望，也能在不武断的情况下设定界限。当孩子的朋友来家中做客时，你的孩子也能更轻松地与朋友共同遵守规则。

无论这份合同是要严格执行还是具有一定的灵活性，只要合同在手，你就踏上了负责任的正轨，因为你在做的，就是设定界限、规定后果，以负责任的态度作为孩子们的行为模范。

可持续家庭的一些针对技术的原则：

- 家长承担起责任，积极与孩子互动。这就意味着，需要在家中安装具有保护功能的软件、防火墙或应用程序，以限制孩子们对网上内容的接触。这样，他们就看不到那些还没有准备好去看的内容，也看不到那些你不希望他们看的内容。
- 孩子们通过表现出责任感和巩固与家长之间的信任关系来获得特权。6 岁的孩子在全家外出度假时拿着你的手机玩，如果你不设定界限，他很可能会在无意间就在应用程序上花了 500 块钱。为什么要等到那时再处理问题呢？在上网的问题上，请建立起清晰明确的规则，下载什么，不下载什么，要有严格的规定，只有这样才能让技术成为安全而充满趣味的活动，无论你的孩子处在哪个年龄段。
- 如果孩子犯了错误，我们要将其看作宝贵的教育契机。我们要鼓励孩子勇于承认错误，允许他们从错误中习得经验教训。用斥责的方式让孩子为自己的行为感到羞耻，是不可取的。请听他们诉说，与他们对谈，在他们对事情理解的基础上进行补充，并让他们对事情负责。
- 在利用电子产品进行沟通的问题上，家庭成员要秉承同样的观点。你可以说，如果我给你发短信，告知你一个日期或计划，请务必立即回复。如果我发短信说我会给你留个语音留言，就请你务必立刻听一下。如果我打电话给你，并且响了 3 声以上，就说明有重要的事情，请务必接听。如果你说你会给我发短信，让我知道你现在很安全，那么就请务必发一下！对爱着你、关心你的另一个人来说，彼此之间应该有一种共有的责任感。我们可以每天提出新的规定，但相关的改变，需要在亲子之间达成共识。

当你交给孩子一部手机，允许他用手机发短信时，还有一些可供参考的要点。不需要为了此事大惊小怪。只要将手机交到孩子手里，你就是在表达对他的信任，相信他已经准备好为此负责。请拿出鼓励的态度，但也要提出明确的要求。

- 给你这部手机，就是给你一个特权，但这个特权也是可以被撤销的，就好像把车钥匙交给你一样。这并不是一个礼物。我给你手机，是为了让你使用，你要明白，我希望你以我们共同讨论过的方式来使用这部手机。如果要将手机拿到学校，也要遵守学校的规则，没有例外情况。不能用这部手机给别人发或者转发恶意内容或与性有关的内容。不许看色情内容，不许做任何法律不允许的事情。如果这部手机出了任何状况，无论是丢了还是被你弄坏了，你都要负责再买一部。
- 家长必须要有这部手机的密码。在我担心你的安全问题时，保留看你手机记录的权利。
- 这部手机不能替代与家人和朋友之间面对面的交流。我知道，手机早已不是仅供通话之用，而是一部小电脑。但请记住，真正重要的对话，都应该是面对面进行交流的。不要利用这部手机，去试图从周遭的现实中躲藏起来或逃脱出去。不要将你的人生转移到手机上。不要让你的手机成为你的人生。
- 安全、健康和良好的生活习惯，永远要放在第一位：过马路时不可以用手机，睡觉时不可以看手机，做作业和吃晚饭时不可以碰手机。我们很容易对这些电子产品产生依赖，不要被这种依赖所控制。

我见过太多的家长和孩子因为花样繁多的媒体传递出来的乱七八糟的信息，而彼此怨恨、长期冷战。家庭，就意味着我们要共同努力，让一家人步入正轨，无论需要花多少时间。

常识和礼貌非常重要，其重要性贯穿了技术辅助下的交流过程。讲礼貌的理念，可以让孩子明白这一点。在情绪激动时，请控制住自己，不发言辞激烈的短信和电子邮件。重大新闻、坏消息、令人悲伤的内容，有时甚至是令人开心的内容，都可能会触发一些敏感的反应。在许多家庭中，还是有许多人在网上读到某人的死讯或订婚消息时，出于各种各样的原因而感到伤心。和家人聊一聊吧，你们之间应该无话不谈。

第二，可持续家庭鼓励游戏与共同游戏。

在这个“忙碌到疯狂”的世界中，家庭成员需要在一起共同游戏。为写本书对孩子进行采访的过程中，我惊讶地得知，对于孩子来说，全家人共享欢乐有着特别重要的意义。有的孩子会讲到，“记得有一次我们全家”，紧接着就是一个关于最简单、最美好、最单纯的亲子时光或兄弟姐妹之间玩耍的故事。向大树扔雪球，沿着石头跳过小溪，玩字谜游戏，玩扑克牌或桌游，烤饼干，做一道谁也不知道是什么的大菜——这样的美好时光，不需要有多么精彩、华丽。来自各个种族和社会经济背景的孩子们，总是会分享类似的故事。故事中讲到的，都是家人聚在一起共同玩耍、欢笑，彼此陪伴的最简单的小事所带来的欢乐。

孩子们还会讲到技术是怎样干扰到家庭生活的。全家外出度假时，父母只会盯着手机不放，好不容易到周末了，父母却抱着笔记本电脑忙得不可开交。言而无信，是会让孩子伤心的。我们很容易忘却做孩子的滋味。各个年龄段的孩子都希望父母愿意和他们一起玩耍，无论是玩桌游，还是玩游戏机，或是跟着学校一起外出春游。当孩子们看到父母因为他们而开心时，就会觉得很骄傲，很与众不同。孩子们知道，当你主动选择和他们在一起时,你很享受这段时光。当你们轮流让孩子来选择一起玩什么游戏，当你们共同度过一段欢乐时光，当你坚守承诺，按约定与孩子共同玩耍时，孩子都会感到发自内心的幸福。所有的孩子都知道，有时父母难免会在家中处理一下工作，一旦“任务下达”，父母必须处理。如果你有说话不算数的毛病，又有太多的借口，那么你和你的孩子就失去了通过玩耍和共享时光而构建关键联结的大好机会。

一位父亲告诉我:“我们建立联结的方式，只不过就是出去散步、购物、看电影、遛狗、看电视、读书，等等——就是在一起相处。没什么了不得的风光体面的大事，只不过就是彼此陪伴。”

一位青春期少年的母亲告诉我：“我与孩子的许多联结，都是围绕着媒体构建起来的。我们会一起看《摩登家庭》(*Modern Family*)，也会一起看《欢乐合唱团》(*Glee*)、《我为喜剧狂》(*30 Rock*)。正是在边看电视边聊天的过程中，我对她的生活才有了一定的了解。”

与父母共度时光，而且是真正全身心彼此陪伴的时光，能让孩子变得更加自信、骄傲和富有安全感。孩子们会感受到归属感，感受到与父母的联结，也更愿意讲一些对他们来说很重要的事情。你可以将这种富有创意的、不带技术色彩的、毫无结构感而充满想象力的玩耍时光，设定为家人之间的固定活动和重要事情。除了家人间的玩耍之外，孩子独自玩耍和与同伴玩耍，也能培养好奇心、毅力、热情，以及与成功和幸福紧密相关的社会与情感技能。玩耍，就是孩子们发现自身天赋和灵感的关键，也是他们练习专注力，控制沮丧情绪的关键。对于成长中的孩子来说，玩耍是最佳的养料。

在家中对孩子进行培养和塑造的过程中，有两类玩耍尤为重要。第一类就是孩子独自玩耍，享受与自身想象力共处，走出无聊，找到一些让自己感兴趣的事情去做，学会在相当长的一段时间里自己独处。而你需要为孩子创造的环境，就是无论你们是在家里，还是在度假，或者是在旅行途中，都要有相对宽松的休闲时间段，就像旧时代人们的生活方式一样。无论孩子是在玩画板、捏彩泥，还是搭乐高、读书、堆积木，其实整个过程的关键，都是要孩子去发现“我和我自己”。另一种类型的玩耍，就是与家人共同玩耍，不仅仅是与同伴或兄弟姐妹玩，而且要跨越辈分，和家里的亲戚朋友共同玩耍。

无论是在后院独自玩耍，还是在客厅和大家一起玩耍，关键都在于，孩子要将自己的想象力调动起来。其实，这种玩法和每个人都抱着电脑坐在客厅里没什么不同，只不过没有电脑而已——烤点蛋糕，做点手工，发明点新的小物件。

创造力在孩子的头脑中有着无限的潜能。举例来说，伊莱的儿子马特正在亲手制作一本书，他用笔在纸上一点点地写写画画，其中还配有地图和神奇人物的画像。伊万的儿子卢卡对技术的热情和他父亲有得一拼，现在正在开发一个电脑游戏，学习写代码。无论是在纸上写字作画，还是在屏幕上编游戏代码，这两者其实并没有高下可分。两个孩子都利用他们手中的媒介，来表达自身真实而深刻的创造力与想象力。这种玩耍，比玩那些商业化屏幕游戏要高出许多层次，因为那些现成的屏幕游戏，只会用商业化的概念、脚本和行为去束缚孩子的想象力。事实上，当孩子自己制作游戏，帮助彼此理解规则，不断提升规则和策略的水平时，这种类型的玩耍就能教会孩子合作、同理心、耐心、共同创造、团队精神等关键技能，而这些技能，都是重要的领导技能。

而且，当孩子的家庭生活以家人和美好的价值观为基础时，每天的谈话，都围绕着我们的内心和对彼此的理解，我们关注的工作，我们在哪方面需要鼓励或帮助，我们在哪里感觉安全，与他人心灵相通，乐观、负面的网上或视频游戏内容对我们的影响，无意间接触到的令人不安的图像或语言等，这样的对话就可以一点点加深家人之间的理解，为人生经验的富饶花园浇灌更多的养料。

如果你不知道远离屏幕的游戏怎么玩，那就向你的孩子请教。孩子都是游戏专家，请享受让孩子成为专家的宝贵机会。孩子们很喜欢承担领导者的角色，在这样的时候，你也能从孩子身上学到新的东西，知道什么样的游戏对孩子有吸引力。如果你和孩子都想不出来该做怎样的游戏，那么你们就可以共同利用技术寻求帮助。技术的一大优势，就是可以上网寻找新点子。买点关于游戏的书，市面上有许多专门写给家长的游戏书，涉及各个年龄段孩子的非技术游戏设计。

通过游戏，我们可以了解到孩子的一些经历。我们总是在讨论孩子从游戏中获得的好处，但我们也通过研究和游戏疗法得知，游戏的同时，家长也可以倾听并了解到一些之前不知道的孩子的经历。在与孩子游戏或观察孩子游戏的过程中，我们能注意到他们在学习、创造、问题解决、好奇心和毅力方面的真实情况。有的孩子可能喜欢动手的游戏，有的孩子可能喜欢文字游戏，还有的孩子可能喜欢跑跑跳跳的游戏。孩子可以利用游戏的方式去处理那些令他们感到纠结的经历。请将游戏视为观察孩子内在世界的一个窗口。请享受通过游戏了解孩子的过程。

青春期的孩子也需要游戏。如今的高中和大学里年轻人的文化中，饮酒已成为不容忽视的一部分，而饮酒游戏也成了最常见的游戏类型。许多孩子根本不喜欢喝酒，但为了合群，为了显得自己很酷，不得不和朋友们一起喝酒。另一些孩子则待在家里或躲在寝室里，因为很难找到和他们有同样想法的朋友，也找不到不以喝酒为重点的公共场所。

有些孩子可能永远不会直接跟父母说，“我真的不喜欢那样”，但不喜欢在聚会和社交场合喝酒的孩子们，总是不知道周末的时间应该做些什么。虽然他们经常在电脑前面忙个不停，但他们也告诉我说，常常希望父母能有些好点子，能和他们共度周末时光。对于不喜欢饮酒游戏的孩子来说，周末的晚间时光会非常寂寞。许多人都找不到会玩、好相处的朋友。在焦点小组活动中，青春期的孩子告诉我说，他们喜欢玩猜字谜等传统的游戏，因为这些游戏其实非常好玩。如果你家里也有青春期的孩子，每到周末就独自在家不爱出门，总是自己看电影或玩电脑，那么就可以考虑请孩子们和你一起做游戏，或是一起做一些互动性很强又有意思的事。如果能叫来上大学的亲戚朋友一起玩游戏，效果就会更好，因为这样孩子就会觉得游戏很酷。

最重要的是，你要知道，不必等到孩子们主动提要求和你一起玩，才去行动。想想孩子可能会对什么感兴趣，再问问他们是不是愿意跟你起一玩。如果不想看电影，那就玩扑克。邀请他们和你一起修理电器，给某人亲手做个小物件，一起下厨。邀请孩子们帮你一起做事或做规划，为家里或社区出把力。在邀请孩子帮忙时，要想好怎么说，而且一定要是你们共同参与的事情，并且能在过程中享受快乐。

第三，可持续家庭不断培养有意义的联结和有思想的对话，在家人间分享感受、价值观、期望和乐观情绪。

家庭，是数字化时代的语言实验室。孩子们以技术联结的社交方式，已经让他们脱离了面对面的对话，局限了他们从实时对话和人际沟通中构建基本技能的机会。家人之间建立起共同讨论各种话题的相处模式，是非常重要的。这些话题包括内心的感受、冲突、周末的计划等，就相当于学校里的“圆圈时间”。利用这段时间进行富有思考的对话，听孩子说一些对他们来说非常重要的话题，让孩子感觉到有人倾听，有人尊重，有人帮助。从某种程度上讲，这样的方式不仅能促进孩子的个人成长，也能加强家人之间的关系纽带。虽然视频聊天是个很便捷的方法，但人类还是需要面对面的对话，才能学会交流之中的微妙艺术。如今的孩子，大部分时间都是和别的孩子在一起，而孩子之间的交流方式，大都依赖电子产品。因此，家长和教师作为交流导师的角色，就显得尤为重要。因为孩子在与我们进行实时对话的过程中，才能不断学习沟通的艺术，学会怎样融入与他人或群体的对话。家庭是学习这一技巧的最安全的场所，能帮助孩子走过人际关系之中的沟沟坎坎，学会如何相互交流。

这样的对话，可以让家中的每一个成员都练习积极投入、自我控制、问题解决、倾听、保持好奇心、分享思想与见解的能力，包括父母和孩子在内。与孩子之间进行的两类对话，能发挥很大的作用，要么很有益处，要么带来伤害。一类就是人们常说的晚餐时间的对话，另一类就是为解决冲突而进行的对话，这类对话是与各个年龄段孩子交流过程中不可缺少的一部分。本杰明·富兰克林曾说过，死亡与税赋，是人生中唯一确定的事情。在此基础上，我想补充一点，那就是，家庭生活中唯一确定的事情，就是吃东西和争论，而有时，这两件事是同时进行的。

先说晚餐。我们经常听说有许多相关研究，证实全家人共进晚餐的重要性。但我们也知道，全家人共进晚餐，还可能酿就大灾难。吃晚饭时，请不要讨论关于考试的话题。晚餐时间，应避免一切可能造成压力的谈话。家人聚在一起吃晚餐不是为了打架，不是为了兄弟姐妹之间互相讽刺、互相攻击。关于晚餐的重要性，指的是全家人在餐桌边建立联结。并不是所有的家庭都有能力坐下来一起吃饭。如果你们无法保证坐在同一张餐桌旁边不争吵，那么你可以在其他时间段创造类似的条件。

共进晚餐的一个非常重要的因素，就是你可以借此机会表现出对孩子的好奇心，而孩子也可以表达出对你的好奇心。因此，在晚餐时进行的对话，应该是那些能让他们滔滔不绝的话题。你做了什么事？你是怎么想出这个主意的？之后你又做了什么？如果在工作和学校遇到问题，此时是邀请彼此进行头脑风暴，想出解决办法的好时机。如果你在工作场合遇到了困境，不知道如何解决，不妨与孩子们分享你的困惑。用这样的方式，你就是以行为模范的身份告诉孩子，就连家长也会遇到没有安全感和令人困惑的时候，也会不知道该怎么办。在你困惑的时候，和孩子共同探讨问题，看看他们能想出什么样的解决办法。等到第二天晚上，你可以说："还记得你昨天给我的建议吗？"然后告诉孩子他们出的主意产生了什么效果。这样的交流方式，就是在教会孩子掌握解决问题的能力，增强他们的行动力，而且我也认为，这样的方式能激发他们的动力和自信。如果你希望加强孩子的信念和他们解决实际问题的能力，不妨邀请他们帮助你去解决一些你在工作上遇到的大大小小的问题。这样的交流方式，会让孩子感觉自己很有力量。当你总是批评孩子，总是吹毛求疵，总是说他们幼稚或愚蠢，年纪太小啥也不懂时，孩子就会心生厌烦。请将这样的话语从你们的交流过程中除去。

忙碌的一天过去了，一家人终于见面，坐在了一起。很多家长都本能地利用晚餐时间给孩子讲大道理，而不是讨论具体的问题。这样的交流方式，很容易将有压力的话题摆到桌面上。最好将大道理从餐桌上移开，这样孩子就不会迅速吃完饭然后尽快跑开了。理想的晚餐时间，是一家人共同分享彼此的故事、共同解决问题的时间，没有压力，没有挖苦，没有让人泄气的话，没有讽刺，也没有电子产品在手边让人分心。如果你希望孩子感觉他们对你而言真的很重要，你对他们真的感到好奇，那么你就不要在晚餐时进行多任务处理。有些家庭会在饭桌上放一部平板电脑，以便回答问题、寻找答案。这种方法有可能为你们的交流提供便利，也有可能让你们无话可说。

现在，说完吃饭，再来说说家人之间的争论。

冲突解决的原则，同样适用于家人，无论这个冲突是关于青春期孩子的派对计划，还是 8 岁孩子和别人打架。伊莱的本职工作包括调解争议，他与我分享了他在处理女儿们打架时所采取的步骤。

- 首先，将你手头所有的事情都放下，全身心地来到孩子身边。无论是做饭还是别的事情，都可以先等一等。
- 面对小孩子，请你单膝或双膝跪地，与孩子平视，问问孩子：谁在这次打架过程中受到的伤害最大？你认为刚才发生了什么？然后问另一个人：你觉得发生了什么？对于年龄稍大一些的孩子，将每个人都放在同等的位置，要么坐在沙发上，要么坐在椅子上，用实际行动保证公平公正。
- 树立起你自己的中立形象，表明你想要帮忙的态度。告诉孩子们，你是作为第三方参与此事的，帮助孩子们说出她们想要说的话，让她们觉得自己的意见有人听；保证每个人都有机会发表看法，能听明白另一方的意见，并且有机会说一说对方的看法对自己有何影响。

- 道歉是过程中的一部分，但道歉本身并不意味着事情就此结束。我们还要抓住机会，帮助每个孩子了解到是什么原因造成了冲突，必须有人为此负责，这样也可以为未来的交流奠定基础。你希望孩子们去思考：某人感觉自己受到了伤害，意味着什么？我在这件事里扮演的角色是什么？我想不想尝试不同的做法？不同的做法有哪些？

家庭是社交谈话艺术的训练场。伊万和卡门夫妻两人共同决定，从孩子很小时就开始教他们怎样参与到谈话之中，有哪些简单的礼节。“我们教孩子们，当我们坐下吃午饭时，有一个互惠的过程，你要知道怎样和别人谈话。我问你一个问题，你需要给出答案，并问一个问题回来。坐在那里默不作声，或是只给出一个字的答案，是不行的。要讲礼貌，说话时用上‘请、谢谢’等词汇。”卡门说道。

最后，我们还可以稍微调整一下谈论孩子成功时的说话方式，让孩子觉得我们的评论充满了中肯的赞扬。不要一上来就夸孩子真棒，要对孩子取得成功的每一个步骤、每一个选择都保持好奇，为什么他们能做出这样的选择，并有了随后的成就。请孩子和你一起再走一遍他们的成功之路。这样，我们就激发了孩子的成就感，让他们更幸福、更乐观、更有激情。简单地和孩子一起讲讲一天中发生的三件事，无论是在准备睡觉的时间，还是在餐桌边，都可以。请详细讲述你做了什么，一步一步地讲。这样的方式可以提升孩子的自我认识、自信心、乐观情绪和幸福感。这个方式对你自己和你的另一半也同样奏效。

第四，在可持续家庭中，家人之间理解每个人的独特之处，鼓励独立精神和个人兴趣，培养孩子在家庭环境中的独立性。

家中的每一位成员，都有独一无二的脾气秉性，自我解压的方式，独特的幽默感，独有的创造力，自身的脆弱之处和需要。某件事可能激励了一个孩子，但同时又会令另一个孩子丧失信心；有的事可能让这个孩子觉得很有挑战性，另一个孩子却觉得压力太大；有的音乐在某个孩子听来如同用指甲挠黑板，而另一个孩子听来却非常享受。我们越是深入了解家庭中的每一位成员，越是发自内心地去欣赏他们，就越能将自己的家打造成所有人安全而坚强的港湾。对于父母来说，我们要做的是真诚地去爱、去养育我们的孩子，而不是去爱那个我们自以为拥有的孩子，或希望拥有的孩子。成为家人，不是说我们在所有方面都要相似——都要喜欢阅读，都要喜欢健身，都要喜欢远足。一家人有可能培养出相同的兴趣，但请不要怀着这样的期望，更不要为此而向他人施加压力。在可持续家庭中，每个人都可以成为自己本来的样子。一个家之所以是温暖的港湾，就在于从本质上讲，虽然家庭成员之间有着许多令人焦躁的不同之处，但还是会互相接纳、互相尊重、互相关心。兄弟姐妹之间会打架，会说些刻薄的话。亲戚中可能有些人你根本都不想来往，但他们依然是你的家人。

多年以前，我曾经与一个家庭有过交流。这家有 4 个男孩。这家人非常喜欢全家出游，常常是全家外出度假，或是在孩子特定年龄段将他们送到外面去参加夏令营。从理论上讲，这样的做法非常值得称颂，家里的每个人看上去也都非常期待下一次旅行。但是，15 岁的三儿子，每次在出门前，都会变得很“难搞”，哭闹不停，不想在随后的两三天时间里参加任何活动。这家人有一个传统，就是孩子在九年级结束时，要让他进行一次夏季旅行。大儿子和二儿子在旅行结束后都收获满满，非常开心。三儿子却极度郁闷，非常想家，他妈妈不得不提前去接他回家。他根本无法完成旅行。没有人理解这究竟是为什么。“但是我们都很喜欢旅行呀！”他妈妈说道，其他人也会随声附和，“这就是我们全家人的特点，这是我们的固定节目。”

三儿子扎克在 17 岁时和我进行了约谈。很明显，扎克在旅行时非常恐慌，而且一直以来都有社交恐惧症和严重的分离焦虑症。他不喜欢走出家门，就连跟家人一起外出旅行都不喜欢。同时，我也认为他是一个非常聪明的男孩，只是有一些注意力和处理信息方面的问题。通过评估，我发现他的问题比较严重。花了很多时间，家里人才意识到，扎克有着和别人完全不同的情绪和秉性——不同，而不是不足。

现在，全家人共同努力，想办法让扎克能做自己，并想办法让他能接纳全家的共同出游。其中一个最大的承诺，就与技术有关。以前，这对家长非常严格地要求全家人不能在出游、吃晚饭或家庭活动中拿手机。扎克有一位非常要好的朋友，是一个理解他、能让他安静下来的女生。现在父母允许他在旅行中带上手机，因为他们知道，如果扎克和朋友聊天，就能平静下来。哪怕只是知道自己能用手机找到朋友，都会让他安静一些。手机让扎克能更轻松地与家人共同出游。当你用这样灵活的方式来强化你对孩子的爱、认可和接纳，孩子就会感觉到，你不仅仅是接受他，而且你对他有信心，因他能展露自己的个性而骄傲。

随着环境和人的改变，某位个性特别的孩子，可能会在我们面前展示出全新的自我，但全新的个性，对孩子本身来说也是真实存在的。这个自我可以是任何样子——追求我们从未想象过的兴趣爱好，打破孩子在我们心目中的印象，因自身的追求而受到打击，或是发现有严重的身心疾患。这些情况，都是对家庭凝聚力的测试。有幸的是，接纳他人的能力和灵活处理问题的能力，都是我们与生俱来的资源，随时可以付出。而遇到这类事情，就让我们所有人能有机会重新审视自己，去认识家庭中的全新维度。

一个夏天，当伊莱 11 岁的儿子马特去拜访住在西雅图的表兄弟时，他的叔叔注意到他脖子后面的一个包。很快，癌症的诊断书就发下来了。祖母拉拉很快便赶来给马特和整个家庭帮忙，因为父母两人都要外出工作，两个姐妹也要上学。祖母陪伴了马特整整 9 个月。

祖母负责照顾马特，每周都要带着马特赶两个小时的路去往西雅图进行治疗。她本人也接受过癌症放化疗，对副作用非常熟悉，也曾帮助朋友渡过难关。祖母有时会在马特家过夜，需要住多久就住多久。每一次都将马特照顾得无微不至。但这位充满智慧的祖母也知道，马特需要的不仅仅是身体上的照顾。于是，在父母的支持下，祖母和马特共同踏上了一段旅程：在治疗的 9 个月期间。他们一遍又一遍地在电脑上看《星球大战》。在这个摒弃技术的家庭里，突然之间，马特不仅有了平板电脑，而且他还能在床上玩平板电脑。祖母后来告诉我说,她知道,如果能跟孩子聊聊“命运、天赋使命、治愈的力量和破坏的力量、为生命而战”之类的话，可以帮助年仅 11 岁的孩子想清楚自己面对的挑战。11 岁的孩子和 70 岁的祖母，共同迎接了化疗副作用、等待结果、虚弱得连汤都喝不下等低谷，也共同经历了感觉更好、准备迎接下一场战役的高潮。平板电脑和电影都是良药，是治愈的力量。

第五，可持续家庭拥有正确对待不同意见的内在机制。家长设定界限，在深思熟虑之后行使家长的权威，并坚持执行艰难的家长责任——用实际行动展示出可信度、权威、开放心态、透明公正。不仅仅是要求孩子信任家长，还要证明为什么家长值得信任。

一位十几岁的女生跟我说过，她希望她妈妈在对待“重要事项”时，不要那么灵活地处理问题，随便放弃家里的规矩。有时，当朋友们请她一起做某事时，她感到有压力或根本不想去做，就会说要去问问妈妈。朋友们都会盯着手机屏幕，看上面的信息，还言之凿凿地说她妈妈一定会妥协，因为她妈妈一贯如此。等到她妈妈回短信说没问题时，女生的心就跟着沉了下去。

“其实我是真不想拒绝朋友们，希望妈妈能帮我这个忙……”她告诉我说。

孩子希望家长能为他们设定清晰明确的界限，保持公开透明，灵活处理，但也不要没有原则。无论哪个年龄段的孩子，都需要知道，特权和责任是共存的，无论新事物的吸引力多大，他们都需要用传统的方式去赢得接触新事物的权利：在适合自己年龄发展的状态下，表现出自身的责任感和可信度，以及处理问题的能力。否则，我们如果缺乏清晰的界限，就会让孩子觉得自己拥有特权，对物质、电子产品的使用，都会不加限制。

理想的情况下，父母设定界限的原因，首先是为了保护孩子免受消极因素的影响或免于陷入受威胁的境地，或仅仅是让孩子不要接触不符合他们年龄段的东西。之后再为孩子提供引导，直到父母认为孩子有能力为自己做出明智、安全的选择。负责任的界限规定，不是为了事无巨细地管理孩子，也不是为了满足家长的控制欲。大多数孩子都希望家长在他们学习骑自行车时能稳稳地抓牢，绝不会要求你松手，这样他们就能放心地在路上骑车。而当他们想要某件东西时，则不会做出这样的反应。比如，他们可能会想要一碗糖，想要电脑密码，想要汽车钥匙，而你和你划定的界限则凭空添了麻烦。这种权利间的争论，是父母与孩子之间常常发生矛盾的原因，而父母的责任，就是帮助孩子发展出自我管理、自我控制的能力。孩子需要一个过程，才能真正掌握这种本领，需要父母给他们提供一个明确的行为模式，直到他们能将这种行为模式内化，表现出他们有能力管理新的自由和新的责任。

这种现象中最具挑战性的一部分，就是当孩子与我们展开争论，失去控制，或不断挑战我们的底线时，我们的第一个反应就是反击，至少是口头上的反击。正如我们在前一章中了解到的一样，有时我们会表现出在孩子看来可怕、疯狂、毫无头绪的样子，根本起不了一点正面的帮助作用。因此，当你将自己的情绪稳定下来之后，教会孩子进行自我控制的最有效的方法，首先就是对限制规定和事后惩罚进行始终如一的坚持，其次，将对话从纠正孩子转换到与孩子建立联结，利用话语帮助孩子与他们的“内在力量”进行对话，并倾听孩子的意见。这样的做法，是将控制权交回到孩子的内在处理能力上，而不是让孩子依赖外界力量并产生反抗心理。

下面举个例子。

- 纠正式语言（家长是老大）：你是不是在上网呢？你现在不是应该做作业吗？
- 联结式语言（孩子的内在力量）：还是在周末前完成作业吧，这样就能踏踏实实地度个周末了。你是要坚持自己的决定，还是履行自己之前定下的做作业的承诺？

你如果希望能帮助孩子学会自己制订计划，控制自己的人生，就不应该说“你现在没有在做你应该做的事情”，而是说“你没有坚持你给自己定下来的计划”。这是完全不同的两个切入点。对于有些坚持完美主义的孩子来说，他们被强悍的内在力量所控制，学会拒绝，也有着同样的重要性：“我听你说你已经很累了，但就是停不下手，还要继续做。也许你现在可以先去睡觉，相信自己已经做得很好了，你觉得呢？”你要帮助孩子将内在的声音放大，实现自我控制，而不是你时刻不停地通过外部声音来强加控制。

当你和孩子有了不同意见时，诉诸内心的调解力，可以帮助你保持冷静，提出建设性的意见。我常听伊莱对孩子们说："你知道的，我真的只能做到这里。有没有其他办法解决问题，我们一起想一想？"

第六，可持续家庭拥有正确的价值观、智慧，与过去和未来的联结，以及全家人共用的语言。

"我这个老太太过生日，享受到了三代同堂的快乐。孩子们和我们老年人依然能玩到一起，说到一起。放眼望去，根本看不到电子产品。没有电视，没有平板电脑，没有笔记本电脑，甚至连聊天都说不到当下的媒体内容。我们所做的，就是从下午一直到日落之后，彼此陪伴，享受当下心与心的联结。所有需要发生的情感交融，都有充分的时间和空间去发展。没有矫揉造作，没有故弄玄虚，只不过是在生日聚会时相互陪伴，在没有媒体干扰的情况下全然享受彼此的存在。"拉拉后来写下了这样一段话。

拉拉马上就要 72 岁了，我们聚在一起共进晚餐，为她庆生。到场的客人一共 9 位，分别代表了三代家人和朋友，其中包括她的儿子伊莱和伊莱的 3 个孩子。这是家人团聚，享受天伦之乐的美好夜晚。女孩子们做了心形剪纸，送给每一位到场的客人，谁也没有落下。之后，孩子们静悄悄地在一起玩。整个晚上，大概有三次，当孩子们觉得需要蹦蹦跳跳地玩闹一场时，就会请爸爸用吉他弹奏一曲，所有人聚在一起，大声唱歌。

随后，孩子们安安静静地玩耍、倾听。没有人打扰大人说话，也没有人哭闹。每个人都对自己当时的状态感到轻松舒适。马特溜到楼上去读书画画，女孩子们围着大人坐下，享受着亲近与被爱的感觉。而当她们觉得自己需要空间时，就会站起身来走到别处。

这样的夏日傍晚，能让孩子的心灵沉寂下来，在家人和亲戚朋友的陪伴下，培养自身的创造力，强化自身的安全感以及归属感，享受充满爱的一家人的关心与陪伴。如果电视开着，手机响着，人们忙着发短信，就不可能体会到如此的恬静安然。聚会中，大家一起品尝了奶酪、饼干、红酒、气泡水，然后就是一顿丰盛的正餐。整个过程完美得天衣无缝。

几天后，拉拉回忆起那个美好的傍晚，说道："周六晚间的生日聚会，对于我来说，和记忆中的那些聚会没什么两样。那还是第二次世界大战期间，以及 20 世纪 50 年代的事。"她从一种超越时光的角度去回忆这次家庭聚会，记忆中全是美好。"就是那种慢时光的感觉，好像一辈子很长很丰满，永远也走不完。虽然那个时候动不动就拉空袭警报，还要发粮票，更别说每个人心中对战争的恐惧了。但是，大人永远都在我们身边，要么谈话，要么阅读，要么织毛衣，要么坐在那里看我们玩耍。那个时候根本没有电视。我家是很久之后才买的电视，买回来就放在地下室了。家里人规定我们每周只能看一个节目，而且是周日晚间全家人一起看。"

她还记得玩桌游的时候。没有屏幕的年代，就有桌游了。她还和朋友发明了一些小游戏，表演音乐剧中的歌曲，大声读书，在聚会场合给大家背诗，当年的活动就是这些。孩子们打扮起来，为成年人表演话剧，还会在想象中的乐器上弹奏，互相比赛单词拼写。孩子们会为了谁能在话剧表演中戴那顶旧帽子而争吵不休。

"媒体的缺位，让我们拥有了自己的想象力，"拉拉说道，"我们相信自己的想象力，任其在表演的时候自由发挥……故事都来自我们的玩耍，而不是来自电视。但是，大人们就围坐在孩子们身边，看着孩子们玩。就好像那些大人围成了一个坚实的保护圈，任由小孩子们进入，离开，再回来。直到现在，我还清晰地记得没有媒体的日子。那时只有一部收音机，能听一听关于战争的新闻，还有一个儿童节目。唯一的联结，就是跑去和大人拥抱，倾听他们彼此之间的谈话。最重要的事情就是，我们都在一起，不管当时的‘我们’究竟包括谁在内。”

多年之后，拉拉养育了自己的孩子，现在又有了孙辈。令她感到珍惜的，仍然是那种慢时光的永恒感，“仿佛时间永远也走不完”。

我和弗莱德刚刚做父母时，很努力地想要让自己的孩子也能保留这样的品位，虽然周围的其他人都有着紧凑的时间表和压力巨大的生活状态。每逢夏季，我们都要去缅因州的一个小房子度假。唯一的“进步”，就是四年前在房子里添置了一部大屏幕电视，供全家人一起看电影。孩子们的童年时光，全是在玩各类桌游中度过的，要么就是躺在户外野餐桌上数星星。全家人一起围坐在壁炉旁，互相讲故事，这种经历既让人心动，又给人以稳定而坚实的感受，以一种古老的讲故事的传统实现心与心的联结。老朋友、新朋友、家人、社区，一个夏天接一个夏天，我们共同打造出一种与当下流行文化截然相反的家庭文化，与工作时那种疯狂忙碌、与屏幕为伴的状态大相径庭。

随着家人年龄渐长，心态成熟，随着孩子长大成人，有了自己的伴侣，维持一个家庭的任务，就成了多方合作才能完成的事。家庭成员将变得越来越相互依赖，拥有共同的责任感，对谈话方式的共同理解，这些都会影响到我们作为一个大家庭的成长与变迁。我们也可以将朋友视为家人，共享仪式和传统。我们说出的每一句话，一遍又一遍地讲述着关于我们家庭的故事。而家庭成员中的每一个人都是其中的一部分，没有人会被忽略。

可持续家庭是开放的、可适应的、包容的、忍让的、灵活的，而且永远处于不断进步的过程之中。可持续性并非静态，不是某个衡量标准或某个分数，供你去达标，去炫耀你的成就。可持续家庭是一种历练。当挑战出现，当家人犯了错误，当家庭成员做了令人失望或受伤的事情，或当任何困难出现在我们面前时，历练的机会也随之到来。

第七，可持续家庭能让家庭成员拥有更多线下生活的经历，帮助孩子培养充实的内心，拥有独处和与大自然相联结的能力。

独处、深度思考、稳定、全然感知空无一物的满足感，以及从内心出发的感恩，是无法从网络上找到的。我们需要帮助孩子培养出这种平静的能力，培养出这种对灵性的渴望，对探寻深远意义的渴望。无论是在林间，还是在某个圣地，可持续家庭都会提供机会，利用这些外在力量调动起我们内心的体验。请不要再塞上耳机，请倾听你内心的声音，寻找你内心的罗盘，搜索属于你自己的人生体验，进入你的灵魂深处。孩子需要与网络世界断开，才能发展出这种与自我的内在关系，才会拥有深刻的反思，才能知道独处并非无聊、孤独或可怕的事情。

大自然也在时刻提醒我们，我们是与所有人共享一个地球。从终极角度讲，我们都属于同一个家庭，共享着同一片土地。当我们称其为自然之母时，就是在提醒自己，我们是一家人。和其他任何类型的家庭一样，我们都面临艰难的挑战，巨大的冲突，在相处和分享资源的过程中不断磨合。在战争和恐怖主义的影响下，我们忘却了伟大的自然母亲。走入大自然，也是在提醒我们，我们可以有自己的政治观点，为和平、可持续性、分享的理念去不断呼吁。请时刻守护你的花园，无论是家门口的，还是整个地球，无论你的孩子是在沙滩上弄潮，还是在家看《蓝色星球》。在当下，我们都无法与自己的家园相隔离，更无法与全球大家庭断开联系。

对于许多人来说，我们都是在大自然中建立与自我的深层联结的。荒野教会我们要放慢脚步，与他人共存，彼此温柔相待。坐在独木舟中或悬崖边上，静悄悄地体会当下的时刻，平和的心情似乎很容易把握。这就是孩子们特别喜欢给你讲夏令营中发生的故事的原因。萤火虫闪着神奇的光芒，钓鱼多么有趣。在大自然中，我们可以找回纯天然的自我。这种联结非常强而有力。

电视节目和纪录片能向我们展示出大自然中卓越而生动的细节，屏幕可以将大自然带到我们的客厅，这是好事——并不是所有人都可以随时随地去远足的。虽然这么说，但在家看电视和真正踏足到大自然中的体验完全是两码事。我认识的一个年轻人，在新罕布什尔州的林区长大，现在就读于一所城市大学。他每天一大早就会打开电脑，通过摄像头向人们展示林间小路。他在大自然中的多年生活经验，为他的在线虚拟远足活动提供了灵感。正是他深度内化的大自然荒野体验，以一种富有意义的方式将他与虚拟图像联结为一体。

大自然教会我们另一种生存策略，也是我所知道的最优秀的教室。我们可以从中了解巨大力量带来的危险，滥砍滥伐带来的后果，暴力、囤积和过度开采酿成的灾难。而且，在大自然面前，我们才能体会到自己多么渺小。与人工智能的“无限潜能”相反，与大自然相处，教会了我们约束与分享的重要性，让我们知道，从本质上讲，万事万物都是相互联结的，而不仅仅是技术上的互联。

《纽约时报》专栏作家尼古拉斯·克里斯托夫（Nicholas Kristoff）写了一篇关于和女儿远足的文章，指出：“简而言之，荒野让人谦卑。这就是为什么荒野不可取代。”

技术不会让我们懂得谦卑，反而令人自负。

“在现代社会之中，我们将这个世界打造成适合我们的结构，经常用键盘或遥控器就能改变周围的环境。”克里斯多夫写道，“然而，所有这样旨在让我们更加舒适的电子产品，并不总能让我们更加满足，更加心安。许多感到困惑无助的人，都会去荒野中寻找开解。”

伊万和7岁的儿子彼得进行了一场关于网络基本素养的对话，向孩子解释了什么叫“云”。在“云”中，存储着大量的数据，而在网上分享出来的私人信息，也会放入云端，这就是为什么你不应该将真实姓名和家庭住址输入网络游戏。

我们总是将强大的技术视为一种更高层次的力量，认为其有着无限的影响力，是将我们所有人联合为一体的网络星空中的伟大力量。技术是一种工具，当我们正确使用这种工具时，它就能给我们帮大忙。但我们也见过技术的黑暗面，它甚至被心怀恶意的人所利用，并造成恶果。不能让新工具的炫目外观将我们的注意力从古老的真理上移开：人类只有在良好关系的环境中才能兴旺发展，而我们也都从本质上彼此联结，与某些比我们伟大的事物有着联结。这才是最神奇的。

当我们都被屏幕所吸引，被网络所吸引，与道德文化和所有宗教都秉承的人类价值观脱节时，我们就会忘却那些将我们连为一体，让我们心有所属的力量。我们忘记要心怀感恩，我们忘记心怀感恩是什么样的感觉。可持续家庭认识到，为家庭的下一代打造出可持续的未来，需要我们为孩子赋予一种使命感。正如克里斯托夫写的那样：“为了保证荒野能长期存在，我们首先要确保足够力度的支持。”同样，我们也可以为富有同情心的文化创造出足够强大的支持，让这种文化去保护孩子的童年，为孩子和家庭的繁荣发展添砖加瓦。这就是家长和家庭的职责。

这不是个简单的时代，而关于我们如何利用媒体和技术的问题，也没有简单的答案。相关的答案非常微妙，我们需要把握住其中的复杂性，深刻地思考其映像，拒绝表面化、快速响应式的回答，坚持认为“孩子没啥事”。孩子们并非一切平安。互联网让我们能够上网看到、听见并感觉到我们之前从未敢想象的联结力。这样的时代，要求我们认清现实，了解我们所有人在很多深刻而显而易见的层面上都是彼此互联的，而这种联结，为孩子和我们都带来了不小的挑战。

可持续性说到底，就是孩子在成长过程中的步伐和顺序。对于人类来说，可持续性是值得长期维持的健康幸福，而其中又有环境、经济、社会和精神层面的内容。最终，可持续家庭是有关掌控力的。作为家长，我们掌控着孩子，而我们的孩子则掌控着未来。

随着技术不断打开全新的可能性，我们所面临的挑战，就是不让新的机会和新的应用程序掩盖掉古老的真理。孩子需要我们的关注；孩子在努力团结在一起的一家人的保护下，才能茁壮成长。我们还没有用实际行动证实，彼此能和谐地共存于全球大家庭之中。有幸的是，我们能在家庭中，将人性和技术在更小的范围内融为一体，也能教会孩子如何在这个新世界中生存。这样，我们就能深化彼此之间的联结，培养亲密感，按下暂停键，去品味时间的馈赠和家庭的重要性。

慢时光，永远走不完。